AF543063

प्रयोजनमूलक हिन्दी : सिद्धान्त और प्रयोग

प्रयोजनमूलक हिन्दी
सिद्धान्त और प्रयोग

दंगल झाल्टे

वाणी प्रकाशन

वाणी प्रकाशन

4695, 21-ए, दरियागंज, नयी दिल्ली 110 002

फ़ोन : +91 11 23273167 फ़ैक्स : +91 11 23275710

शाखाएँ

अशोक राजपथ, पटना 800 004, बिहार

कॉफ़ी हाउस कैम्पस, महात्मा गांधी मार्ग, इलाहाबाद 211 001, उत्तर प्रदेश

महात्मा गांधी अन्तरराष्ट्रीय हिन्दी विश्वविद्यालय, वर्धा 442 001, महाराष्ट्र

www.vaniprakashan.com
marketing@vaniprakashan.in
sales@vaniprakashan.in

Prayojanmoolak Hindi : Siddhant Aur Prayog
by Dangal Jhalte

ISBN : 978-81-7055-432-5
Applied Linguistics

© लेखकाधीन

हार्डबैक संस्करण 2006, 2009, 2015, 2018
हार्डबैक पाँचवाँ संस्करण 2022

मूल्य : ₹ 595

इस पुस्तक के किसी भी अंश को किसी भी माध्यम में प्रयोग
करने के लिए प्रकाशक से लिखित अनुमति लेना अनिवार्य है।

आर.के. ऑफ़सेट, शाहदरा, दिल्ली-110 032 में मुद्रित

वाणी प्रकाशन का लोगो मक़बूल फ़िदा हुसेन की कूची से

श्रद्धेय,
डॉ. नामवर सिंह
डॉ. सी.एल. प्रभात
डॉ. सूरजभान सिंह
डॉ. वी.रा. जगन्नाथन
डॉ. गंगाप्रसाद विमल, और,
डॉ. पी. एच. सेतु माधवराज
को सादर–

प्रस्तावना

हिन्दी विश्व में विद्यमान समृद्धतम भाषाओं में एक है। संरचना की सौन्दर्य-शीलता, भाव-भंगिमाओं की गहनता, अभिव्यक्ति की तीव्रता तथा शैलियों की विविधता को समेटती हुई हिन्दी भाषा अनेक उन्नत रूपों में प्रवहमान है। आधुनिक युग में विश्व फलक पर विज्ञान और प्रौद्योगिकी के अभूतपूर्व प्रस्फुटन व फैलाव के साथ भारतवर्ष के ज्ञान-विज्ञान के विभिन्न क्षेत्रों, सरकारी कार्य-विधि के ऊर्ध्वगामी दायरों तथा भाषागत अन्तर्प्रवाहों के सम्पर्क सूत्रों को यथावत अभिव्यक्त कर परिभाषित करने हेतु हिन्दी भाषा की वृत्तियों, प्रवृत्तियों एवं प्रायोगिक स्तरों में आमूल परिवर्तन की युगीन आवश्यकता महसूस की गई जिसके तहत हिन्दी का सर्वथा नया प्रयोगधर्मी रूप उभरकर सामने आया जो 'प्रयोजनमूलक हिन्दी' कहलाया।

"प्रयोजनमूलक हिन्दी" आधुनिक भाषाविज्ञान की अनुप्रयुक्त भाषाविज्ञान (Applied Linguistics) के अन्तर्गत अत्याधुनिक उप-शाखा के रूप में विकसित हुई है। "प्रयोजनमूलक" एक पारिभाषिक शब्द है जो भाषा की अनुप्रयुक्तता और प्रायोगिकता के निश्चित अर्थ में प्रयुक्त किया गया है। प्रयोजनमूलक भाषा का स्पष्ट, एकार्थक तथा अभिधापरक होना नितान्त आवश्यक है ताकि उसे प्रयोग करने वाले व्यक्ति के भावों एवं विचारों को विषयगत परिप्रेक्ष्य में सही तथा निश्चित रूप से समझा जा सके। भारतवर्ष में प्रयोजनमूलक हिन्दी की जरूरत को तब महसूस किया गया जब वह संघ की राजभाषा की चुनौतिपूर्ण कँटीले पद पर आसीन की गई। तब अनेकविध अग्नि-परीक्षाओं का सामना करते हुए उसे नये भाषिक दायित्वों के निर्वाह स्वरूप ज्ञान-विज्ञान के अनछुए क्षेत्रों की सघन अभिव्यक्ति का शक्तिशाली माध्यम बनने की आवश्यकता पड़ी। और, फलस्वरूप वह एक अधुनातन भाषा वैज्ञानिक शाखा के रूप में तीव्र गति से विकसित होती गई। किन्तु, कुछ छुटपुट प्रयासों के बावजूद उस पर विद्वानों ने अभी तक गम्भीरतापूर्वक ध्यान नहीं दिया। अतः इसी

युगीन आवश्यकता पर विचार करते हुए नई प्रयोगधर्मिता का निर्वाह कर प्रयोजनमूलक हिन्दी के अनेक अलक्षित रूपों का सैद्धान्तिक विश्लेषण कर उसे वैज्ञानिकता प्रदान करने का यह प्रामाणिक प्रयास सुधी मनीषियों के समक्ष प्रस्तुत है।

–दंगल झाल्टे

अनुक्रम

भाग एक
प्रयोजनमूलक हिन्दी : सिद्धान्त विश्लेषण

भाग एक

प्रयोजनमूलक हिन्दी : सिद्धान्त विश्लेषण

प्रकरण 1

प्रयोजनमूलक हिन्दी का उद्गम स्रोत हिन्दी भाषा का स्वरूप

प्रयोजनमूलक हिन्दी आधुनिक विधा शाखाओं के अन्तर्गत हिन्दी भाषा का एक अत्याधुनिक एवं अपेक्षाकृत गत्यात्मक प्रयुक्ति-परक रूप है। जब प्रयोजनमूलक हिन्दी की बात की जाती है, तब हिन्दी के मुख्यतः तीन रूप सामने आते हैं—बोलचाल की हिन्दी, साहित्यिक हिन्दी तथा प्रयोजनमूलक हिन्दी। इन तीनों रूपों का उद्गम स्रोत मुख्यतः हिन्दी भाषा ही है। अतः प्रयोजनमूलक हिन्दी के सैद्धान्तिक तथा प्रायोगिक पक्ष पर विचार करने से पहले हिन्दी भाषा की प्रकृति, प्रवृत्ति तथा अन्तर्वृत्ति को संक्षिप्त रूप से जानना उचित एवं उपादेय होगा।

हिन्दी भाषा का स्वरूप

भाषा मानव के विचार-विनिमय का ही साधन न होकर चिंतन-मनन तथा विचारादि का भी साधन माना जाता है। सामान्यतः जिन ध्वनि-चिह्नों के माध्यम से मनुष्य परस्पर विचार-विनिमय करता है, उनकी समष्टि को भाषा कहते हैं। 'भाषा' शब्द संस्कृत की भाष्' धातु से बना है जिसका अर्थ है—'बोलना' अथवा 'कहना'। अर्थात जिसे बोला जाय या जिसके द्वारा कुछ कहा जाय वह भाषा है। प्रसिद्ध भाषाविद स्वीट के अनुसार—"ध्वन्यात्मक शब्दों द्वारा विचारों को प्रकट करना ही भाषा है।" बेन्द्रिए के अनुसार,—"भाषा एक तरह का चिह्न है। चिह्न से आशय उन प्रतीकों से है जिनके द्वारा मानव अपना विचार दूसरों पर प्रकट करता है। ये प्रतीक कई प्रकार के होते हैं, जैसे नेत्रग्राह्य, श्रोत्रग्राह्य और स्पर्शग्राह्य। वस्तुतः भाषा की दृष्टि से श्रोत्रग्राह्य प्रतीक ही सर्वश्रेष्ठ है।"

डॉ. भोलानाथ तिवारी के अनुसार, "भाषा उच्चारण-अवयवों से उच्चरित मूलतः प्रायः यादृच्छिक (Arbitrary) ध्वनि-प्रतीकों की वह व्यवस्था है, जिसके द्वारा किसी भाषा-समाज के लोग आपस में विचारों का आदान-प्रदान करते हैं।" संघटनात्मक

भाषाविज्ञान के विचारकों ने भाषा की परिभाषा इस प्रकार दी है—"भाषा यादृच्छिक वाचिक प्रतीकों की वह संघटना है, जिसके माध्यम से एक मानव समुदाय परस्पर व्यवहार करता है।" व्यापक रूप में कहा जाय तो भाषा वह साधन है जिसके माध्यम से हम सोचते हैं तथा विचारों या भावों को अभिव्यक्ति प्रदान करते हैं। सामान्यतः भाषा की मुख्य विशेषताएँ इस प्रकार हैं—

(अ) भाषा एक सुव्यवस्थित योजना या संघटना है।

(आ) भाषा की दूसरी विशेषता है उसकी प्रतीकमयता।

(इ) तीसरी विशेषता है—भाषा मानव समुदाय के परस्पर व्यवहार का महत्त्वपूर्ण माध्यम है।

(ई) भाषा में यादृच्छिक ध्वनि-प्रतीक होते हैं।

(उ) भाषा निश्चित प्रयत्न के फलस्वरूप मनुष्य के उच्चारण अवयवों से निकली ध्वनि समष्टि होती है।

(ऊ) भाषा का प्रयोग एक विशिष्ट मनुष्य-वर्ग अथवा मानव समाज में होता है। उसी में वह समझी और बोली जाती है।

(ए) भाषा में एक व्यवस्था (System) होती है और व्याकरण में ऐसी व्यवस्था का विश्लेषण रहता है।

इस प्रकार, मनुष्य के जीवन में भाषा का स्थान एक अनिवार्य आवश्यकता के रूप में सर्वोपरि माना जा सकता है। भाषा का मूल सम्बन्ध बोलने से है और इस दृष्टि से वह मनुष्य जाति से अटूट नाते से जुड़ी हुई है। प्रसिद्ध भाषाविद डॉ. बाबूराम सक्सेना के शब्दों में—"भाषा वह है जो बोली जाती है, जो विशिष्ट समुदाय में बोली जाती है, और जो मनुष्य और उसके समाज के भीतर की ऐसी कड़ी है जो निरन्तर आगे जुड़ती रहती है।"

(क) हिन्दी : शब्द प्रयोग

'हिन्दी' शब्द मुख्यतः तीन स्वरों पर प्रयुक्त किया जाता है—

(अ) हिन्दुस्तान के निवासी होने के अर्थ में, अर्थात ऐसे लोग जो हिन्दुस्तान में बसे हुए हैं, रहते हैं। हिन्दुस्तान अर्थात् हिन्द का जो निवासी वह हिन्दी।

(आ) 'हिन्दी' का दूसरा प्रयोग भाषाविज्ञान के स्तर पर किया जाता है। हिन्दी एक भाषा है। भौगोलिक दृष्टि से वह मध्यदेश और भाषाई इतिहास की दृष्टि से भारोपीय परिवार की आधुनिक भारतीय भाषा है। भाषाविज्ञान की दृष्टि से संस्कृत की 'स' ध्वनि का उच्चारण फारसी में 'ह' के रूप में किया जाता है। अतः सिन्धु नदी के तट पर निवास करने वाले आर्यों को जब फारसी लोगों ने पुकारना चाहा तो 'सिन्धी' के स्थान पर 'हिन्दी' कहकर सम्बोधित किया। इस प्रकार, संस्कृत के 'सिन्धु' तथा 'सिन्धी' शब्द फारसी रूप के अनुसार

'हिन्दु' तथा 'हिन्दी' में परिवर्तित हो गये। 'हिन्दी' को 'हिन्दवी', 'हिन्दुई', 'दक्खिनी' तथा 'खड़ी बोली' के नाम से भी जाना जाता है। परन्तु, हिन्दी भाषा का मूलाधार 'खड़ी बोली' कहा जा सकता है।

हिन्दी में भारतीय आर्य भाषा से विकसित 46 ध्वनियाँ हैं, जिनमें 11 स्वर तथा 33 व्यंजन हैं। हिन्दी वाक्य में सामान्यतः कर्ता, कर्म तथा क्रिया का क्रम विद्यमान रहता है। हिन्दी देवनागरी लिपि में लिखी जाती है जो ब्राह्मी लिपि का विकसित रूप माना जाता है। डॉ. जी.ए. ग्रियर्सन के अनुसार हिन्दी की मुख्य रूप से आठ बोलियाँ हैं—पूर्वी हिन्दी अर्थात अवधी, बघेली, छत्तीसगढ़ी तथा पश्चिमी हिन्दी अर्थात् खड़ी बोली, बाँगरू, ब्रज, कन्नौजी तथा बुन्देली। किन्तु इसके अलावा भी अनेक बोलियाँ विद्यमान हैं। यथा—मैथिली, मगही, भोजपुरी, कुमाउँनी, गढ़वाली, मेवाड़ी तथा राजस्थानी आदि।

(इ) संवैधानिक दृष्टि से हिन्दी भारतीय संघ की राजभाषा के रूप में लगभग 80 करोड़ जनसमुदाय की भाषा है। भारतीय संविधान के अनुच्छेद 343 (1) के अनुसार "संघ की राजभाषा देवनागरी लिपि में लिखी हिन्दी होगी।" अर्थात आधुनिक काल में हिन्दी को भारतीय संध की राजभाषा के रूप में मान्यता प्राप्त हुई है। संविधान की आठवीं अनुसूची में जिन सत्रह भारतीय भाषाओं (Indian Languages) को समाविष्ट किया गया है, उनमें हिन्दी भाषा का समावेश है। राजभाषा नियम 1976 के अनुसार पूरे भारतवर्ष को भाषाई दृष्टि से (हिन्दी में कामकाज करने की सुविधा हेतु) तीन भागों में बाँटा गया है—क्षेत्र 'क', 'ख' और 'ग'। इनके क्षेत्र 'क' के अनुसार हिन्दी भाषी क्षेत्र के रूप में उत्तर प्रदेश, मध्य प्रदेश, बिहार, राजस्थान, हिमाचल प्रदेश, हरियाणा के राज्य तथा दिल्ली एवं अंडमान-निकोबार द्वीप समूह आदि संघ शासित क्षेत्र को मान्यता दी गई है। इन प्रदेशों में मुख्य भाषा के रूप में हिन्दी को अपनाया गया है। फलतः इस प्रदेश को 'हिन्दी प्रदेश' भी कहा जाता है।

(ख) हिन्दी भाषा का इतिहास

भाषाई सर्वेक्षणों के अनुसार विश्व-भर में करीब तीन हजार भाषाएँ बोली जाती है, परन्तु इसके अतिरिक्त सैकड़ों ऐसी भाषाएँ भी विद्यमान हैं जिनका सम्यक ज्ञान जगत को नहीं के बराबर है। भाषा वैज्ञानिकों ने इन समस्त भाषाओं का वर्गीकरण उनकी उत्पत्ति अर्थात पारिवारिक सम्बन्धों को दृष्टिगत रखते हुए किया है। भाषाई संस्कृति तथा तत्त्व की दृष्टि से साम्य रखने वाली भाषाओं को विद्वानों ने एक विशिष्ट परिवार के अन्तर्गत रखा है। विश्व में जो भाषाएँ अधिकृत रूप से जानी और मानी जाती हैं उन्हें मुख्यतः बारह परिवारों में विभाजित किया गया है—

(*i*) **सेमेटिक कुल**—हजरत नौह के सबसे बड़े पुत्र 'सैम' के नाम के अनुसार इस परिवार का नामाभिधान हुआ है। इस कुल की भाषाओं का क्षेत्र फिलिस्तीन, अरब, इराक, मध्य एशिया तथा मिस्र, इथोपिया, अल्जीरिया, मोरक्को तक माना जाता है। यहूदियों की प्राचीन भाषा हिब्रू तथा अरबी इसी परिवार की भाषाएँ हैं।

(*ii*) **हेमेटिक परिवार**—हामी परिवार को ही हेमेटिक परिवार कहा जाता है। इस परिवार की प्रमुख भाषाओं में कुशीय, लीबीयन, सोमाली तथा हौसा आदि की गणना की जाती है।

(*iii*) **तिब्बती-चीनी कुल**—नाम से ही स्पष्ट है कि तिब्बत तथा चीन में इसकी प्रधानता है। जापान को छोड़कर अन्य सभी बौद्ध धर्मावलम्बी देश—तिब्बत, चीन, ब्रह्मदेश तथा स्याम आदि में इस परिवार की भाषाएँ बोली जाती हैं। चीनी भाषा इस परिवार की मुख्य भाषा मानी जाती है।

(*iv*) **युराल-अल्लाई परिवार**—इस भाषा परिवार का लोगों के युराल तथा अल्ताई पर्वतों में निवास करने के कारण यह नामाभिधान हुआ है। इस परिवार की भाषाएँ चीन के उत्तर में मंचूरिया, मंगोलिया तथा साइबेरिया क्षेत्र में बोली जाती है। तुर्की, तातारी, मंचू, मंगोली तथा किरगिज इस परिवार की प्रमुख भाषाएँ हैं।

(*v*) **द्रविड़ परिवार**—द्रविड़ जाति द्वारा बोली जाने वाली समस्त भाषाओं का सामूहिक नाम द्रविड़ कुल या द्रविड़ परिवार है। इस कुल की भाषाएँ बोलने वाले मुख्य रूप से दक्षिण भारत तथा लक्षद्वीप के निवासी लोग माने जाते हैं। भारत के बाहर श्रीलंका एवं विलोचिस्तान में भी इस परिवार के लोग बसते हैं। इस कुल की मुख्य भाषाएँ हैं—तमिल, मलयालम, तेलुगु तथा कन्नड़।

(*vi*) **आस्ट्रोनेशिया कुल**—इस परिवार की प्रमुख भाषाओं में इंडोनेशिया की मलय, फिजी की फिजीयन, जावा की जावानीज तथा न्यूजीलैण्ड की मओरी आदि उल्लेखनीय है।

(*vii*) **बाँटु परिवार**—बाँटु का अर्थ है मनुष्य। 'बाँटु' अफ्रिका खण्ड का मुख्य भाषा परिवार माना जाता है। इस परिवार की मुख्य भाषाओं में जुलु, काफिर, सेंसतों तथा स्वाहिली आदि प्रमुख है।

(*viii*) **काकेशीय कुल**—काला समुद्रा तथा कैस्पियन सागर के मध्य काकेशस पहाड़ के निकटवर्ती प्रदेश में इस कुल की भाषाएँ बोली जाती हैं। इस परिवार की मुख्य भाषा है—जार्जियन।

(*ix*) **अमेरिकी भाषा-परिवार**—इस परिवार में उत्तरी तथा दक्षिणी अमेरिका के मूल निवासियों की करीब चार सौ भाषाएँ आती हैं। इस परिवार की भाषाओं में कुकूचुआ और गुअर्नी प्रमुख हैं। इन भाषाओं के माध्यम से ही पादरियों ने

ईसाई धर्म का प्रचार-प्रसार किया था।

(*x*) **फिनी उग्रिक कुल**–इस परिवार का मुख्य क्षेत्र हंगेरी, फिनलैण्ड, एस्थोनिया तथा लेयलैण्ड आदि है। फिनी, हंगेरियन, आदि इस परिवार की प्रमुख भाषाएँ हैं।

(*xi*) **एस्किमो भाषा कुल**–ग्रीनलैण्ड तथा एलुशियन द्वीपमाला का प्रदेश इस परिवार का प्रमुख क्षेत्र माना जाता है। इस परिवार की भाषाओं का सम्बन्ध उत्तरी अमेरिका की भाषाओं से जोड़ा जाता है।

(*xii*) **भारोपीय परिवार**–यह परिवार भारत से यूरोप तक फैला हुआ है। इसलिए इसे भारोपीय, परिवार कहा गया है। इस परिवार को 'आर्य परिवार' तथा 'इण्डो-यूरोपियन' परिवार के नामों से भी जाना जाता है। यह परिवार विश्व के सभी भाषा-परिवारों से अधिक बड़ा तथा प्रमुख होने के साथ इस परिवार की भाषाएँ अत्यन्त समृद्ध एवं उन्नत मानी जाती हैं। इस परिवार की भाषाएँ समस्त यूरोप, अफगानिस्तान, ईरान, नेपाल एवं रूस के कुछ हिस्सों में तथा दक्षिण भारत को छोड़कर शेष सभी भारतवर्ष में बोली जाती हैं। ग्रीक, अवस्ता, लैटिन, पाली तथा संस्कृत आदि प्रसिद्ध भाषाएँ इसी परिवार की हैं। भारोपीय परिवार अनेक भाषा परिवारों में विभाजित हैं, जैसे—केन्टुम समुदाय के अन्तर्गत ग्रीक, इटालिक, केल्टिक, जर्मनिक, तोखारी, हिट्टाइट तथा शतम् समुदाय के अन्तर्गत आरमेनियन, अलबेनियन, बाल्टा स्टेबोनिक तथा आर्य व भारत-ईरानी उपकुल की भारतीय आर्य भाषाओं के अन्तर्गत आती हैं। भारतीय आर्य भाषा समस्त भारोपीय परिवार में सबसे गौरवशाली परम्परायुक्त समृद्धतम भाषा है।

(ग) आधुनिक हिन्दी का विकास क्रम

भारतीय आर्य भाषाओं का इतिहास लगभग साढ़े तीन हजार वर्षों का है अर्थात इनका इतिहास ईसा से लगभग पन्द्रह सौ वर्ष पूर्व से प्रारम्भ होता है। इस दीर्घतम कालखण्ड को भाषागत विशेषताओं तथा विभिन्नताओं के कारण मुख्य रूप से तीन विकास-खण्डों में विभाजित किया जाता है–

(*i*) प्राचीन काल (1500 ई. पू. से 500 ई. पू.)

(*ii*) मध्यकाल (500 ई. पू. से 1000 ई.)

(*iii*) आधुनिक काल (1000 ई. से आगे)

प्राचीन भारतीय आर्य भाषाओं में वैदिक तथा संस्कृत प्रमुख मानी जाती है। इसका रूप ऋग्वेद में देखने को मिलता है। पाणिनी ने ई. पूर्व 500 में इस भाषा को व्याकरणिक रूप देकर 'अष्टाध्यायी' की रचना की।

हिन्दी भाषा का विकास

विश्व के भाषा-परिवार

1. सेमेटिक कुल
2. हेमेटिक परिवार
3. तिब्बती-चीनी कुल
4. युराल-अल्ताई परिवार
5. द्रविड़ परिवार
6. आस्ट्रोनेशिया कुल
7. बाँटु परिवार
8. काकेशीय कुल
9. अमेरिका भाषा-परिवार
10. फिनी उग्रिक कुल
11. एस्किमो भाषा कुल
12. भारोपीय परिवार
    - केन्टुम् समुदाय
        - ग्रीक
        - इटालिक
        - केल्टिक
        - जर्मानिक
        - तोखारी
        - हिट्टाइट
    - शतम् समुदाय
        - आरमेनियम
        - अलबेनियन
        - स्टेवोनिक
        - आर्य व भारत-ईरानी
            - ईरानी शाखा
            - दरद शाखा
            - भारतीय आर्यभाषा
                - प्राचीन
                - मध्यकालीन
                - आधुनिक
                    - सिन्धी
                    - लहंदी
                    - पंजाबी
                    - गुजराती
                    - हिन्दी
                    - मराठी
                    - बिहारी
                    - असमी
                    - राजस्थानी
                    - उड़िया

मध्यकालीन आर्य भाषाओं में प्राकृत, पाली तथा अपभ्रंश प्रमुख हैं। भगवान बुद्ध और महावीर ने अपने उपदेशों को जनभाषा 'पाली' में दिया। सम्राट अशोक ने इसी 'पाली' भाषा में शिलालेख खुदवाये। 'पाली' साहित्य की भाषा बनी और बोलचाल की भाषा 'प्राकृत कहलाई'। ईसा की पाँचवीं शताब्दी तक का काल 'प्राकृत काल' माना जाता है। कालांतर से साहित्यिक प्राकृत से जन बोलियाँ अलग होती गईं और इन्हें 'अपभ्रंश' (बिगड़ी हुई भाषा) का नाम दिया गया। प्रत्येक प्राकृत का एक अपभ्रंश रूप माना गया।

आधुनिक भारतीय भाषाओं के काल का प्रारम्भ दसवीं शताब्दी से माना जाता है। इन भाषाओं की उत्पत्ति प्राकृत से मानी जाती है तथा इनका सम्बन्ध किसी-न-किसी रूप में अपभ्रंश से जोड़ा जाता है : यथा–संस्कृत > प्राकृत > अपभ्रंश > आधुनिक भारतीय आर्य भाषाएँ। भाषाविदों के मत में उस समय के शोरसेनी, पेशाची, ब्राचड़, खस, महाराष्ट्री, अर्धमागधी तथा मागधी अपभ्रंशों से ही आधुनिक आर्य भाषाएँ विकसित हुई हैं। हिन्दी भाषा का सम्बन्ध इन सभी भाषाओं से माना जाता है। हिन्दी के क्रमागत विकास के इतिहास को भी भाषा वैज्ञानिकों ने तीन मुख्य कालों में विभाजित किया है–

(*i*) आदिकाल (सन् 1000 से 1500 ई.)
(*ii*) मध्यकाल (सन् 1500 से 1800 ई.)
(*iii*) आधुनिक काल (सन् 1800 से आज तक)

(*i*) आदिकाल–आधुनिक आर्यभाषा हिन्दी का आदिकाल अपभ्रंश तथा प्राकृत से अत्यधिक प्रभावित था। आदिकालीन नाथों और सिद्धों ने इसी भाषा में धर्म प्रचार किया था। इस काल में हिन्दी में मुख्य रूप से वही ध्वनियाँ मिलती हैं जो अपभ्रंश से प्रयुक्त होती थीं। अपभ्रंश के अलावा आदिकालीन हिन्दी में 'ड़', 'ढ़' आदि ध्वनियाँ आई हैं। मुसलमान शासकों के प्रभाव से अरबी तथा फारसी के कुछ शब्दों के कारण भी कुछ नये व्यंजन–ख, ज, फ आदि आ गये। ये व्यंजन अपभ्रंश में नहीं मिलते थे। अपभ्रंश तक तीन लिंग थे किन्तु प्राचीन हिन्दी में नपुंसक लिंग समाप्त हो गया। प्राचीन काल में चारण भाटों ने इसी भाषा में डिंगल साहित्य अर्थात 'रासो' ग्रंथों का निर्माण किया।

(*ii*) मध्यकाल–इस काल में अपभ्रंश का प्रभाव लगभग समाप्त हो गया और हिन्दी की तीन प्रमुख बोलियाँ विशेषकर अवधी, ब्रज तथा खड़ी बोली स्वतन्त्र रूप से प्रयोग में आने लगी थीं। साहित्यिक दृष्टि से इस युग में मुख्यतः ब्रज और अवधी में साहित्य निर्माण हुआ। कृष्णभक्ति शाखा के संत कवियों ने ब्रज भाषा में अपने ग्रन्थों का निर्माण किया तथा रामभक्ति शाखा के कवियों ने अवधी भाषा में अपनी रचनाओं का निर्माण किया। इसके साथ ही प्रेमाश्रयी शाखा के सूफी कवियों ने भी अवधी में अपनी रचनाएँ लिखीं। ब्रज तथा अवधी के साथ-साथ खड़ी बोली का

भी प्रयोग इस युग में काफी पनपा। मुसलमान शासकों के प्रभाव से खड़ी बोली में अरबी तथा फारसी शब्द प्रचलित हुए और उसके विकास का श्रीगणेश हुआ।

***(iii)* आधुनिक काल**–अठारहवीं शती में ब्रज तथा अवधी भाषा की शक्ति तथा प्रभाव क्षीण होता गया और राजनीतिक परिवर्तनों के कारण उन्नीसवीं शती के प्रारम्भ से ही खड़ी बोली का मध्यदेश की हिन्दी पर भारी प्रभाव पड़ा। बोलचाल, राजकाज तथा साहित्य के क्षेत्र में खड़ी बोली हिन्दी का व्यापक पैमाने पर प्रयोग होने लगा था। भाषाविज्ञान की दृष्टि से हिन्दी भाषा के पाँच उपभाषा वर्ग माने गये हैं–

(1) **पश्चिमी हिन्दी**–इसके अन्तर्गत कौरवी, बागरू/हरियाणवी, ब्रज, कन्नौजी एवं बुंदेली आदि बोलियाँ आती हैं।

(2) **पूर्वी हिन्दी**–इसके अन्तर्गत अवधी, छत्तीसगढ़ी तथा बघेली बोलियाँ आती हैं।

(3) **बिहारी हिन्दी**–इसके अन्तर्गत भोजपुरी, मैथिली तथा मगही आदि बोलियाँ आती हैं।

(4) **राजस्थानी हिन्दी**–इसके अन्तर्गत मुख्यतः मारवाड़ी, जयपुरी/हाड़ोती, मेवाड़ी और मालवी आदि बोलियाँ आती हैं।

(5) **पहाड़ी हिन्दी**–इसके अन्तर्गत मुख्य रूप से गढ़वाली तथा कुमाउँनी बोलियाँ आती हैं।

देश की स्वतन्त्रता प्राप्ति के पश्चात हिन्दी की चहुमुखी विकास प्रक्रिया शुरू हुईं। भारतीय संविधान ने हिन्दी को संघ की राजभाषा के रूप में अपनाया और राष्ट्रपति के आदेश के अनुसार 1961 में भारत सरकार ने वैज्ञानिक तथा तकनीकी शब्दावली आयोग की स्थापना की। इस आयोग ने अब तक आयुर्विज्ञान, पौध विज्ञान, रसायन, भौतिकी, अभियांत्रिकी, जीव विज्ञान, गणित, भूविज्ञान, समुद्री विज्ञान, अंतरिक्ष विज्ञान, विधि एवं न्याय तथा वाणिज्य आदि अनेक तकनीकी एवं वैज्ञानिक विषयों से सम्बन्धित हिन्दी शब्दावली का निर्माण किया है। जो हिन्दी के अनुप्रयुक्त एवं प्रयोजनमूलक प्रयुक्ति के लिए अत्यंत वरदान सिद्ध हुए हैं।

(घ) नागरी लिपि एवं वर्तनी का स्वरूप

किसी भी भाषा का गठन उसकी लिपि एवं वर्तनी पर निर्भर करता है। भाषा की संरचना में इन दोनों की भूमिका अत्यंत महत्त्वपूर्ण होती है। भाषा अपने मूल रूप में विभिन्न प्रकार की ध्वनियों पर आधृत है तो लिपि में उन ध्वनियों एवं शब्दों को विविध प्रकार की रेखाओं के माध्यम से अभिव्यक्त करते हैं। विकासक्रम के अनुसार निम्नलिखित लिपियाँ प्राप्त होती हैं–

1. चित्रलिपि,
2. सूत्रलिपि,

3. प्रतीकात्मक लिपि,
4. भावमूलक लिपि,
5. भाव-ध्वनिमूलक लिपि,
6. ध्वनिमूलक लिपि।

लिपि का ही एक मूलभूत अंग वर्तनी माना जाता है। वर्तनी से लिपि को दृश्य-स्वरूप प्राप्त होता है और लिपि से भाषा को। इस प्रकार, किसी भी मानक अथवा परिनिष्ठित भाषा के गठन एवं गत्यात्मकता में लिपि तथा वर्तनी का अहम् योगदान रहता है।

(अ) नागरी लिपि

भारतवर्ष में प्राचीन काल अर्थात मौर्यकाल में समस्त भाषाओं के लिए ब्राह्मी लिपि प्रचलित थी। तत्पश्चात पाँचवीं शताब्दी में गुप्तकाल में शक्तिशाली गुप्त साम्राज्य के प्रभाव के कारण गुप्त लिपि का प्रचलन हुआ। नागरी लिपि का आविर्भाव लगभग आठवीं शताब्दी में हुआ। इस उत्तरी लिपि का प्रयोग सर्वप्रथम दक्षिण में हुआ। यही नेपाल की राजलिपि है। भारत की राष्ट्रलिपि और संविधान के अनुसार राजलिपि यही 'नागरी लिपि' है। नामकरण कैसे हुआ इसमें मतभेद पाए जाते हैं। इस सम्बन्ध में कुछ तर्क इस प्रकार हैं–

(*i*) यह लिपि प्रमुख रूप से नगरों में प्रचलित है, अतः इसका नाम 'नागरी' पड़ा।
(*ii*) 'देव नगर' अर्थात काशी में प्रचार के कारण यह 'देवनागरी' कहलाई।
(*iii*) तांत्रिक चिह्न 'देवनागर' से साम्य के कारण इसे 'देवनागरी' और फिर 'नागर' कहा गया।
(*iv*) कुछ विद्वानों के अनुसार ललितविस्तार में उल्लिखित 'नाग लिपि' ही 'नागरी' है।
(*v*) गुजरात के नागर ब्राह्मणों द्वारा विशेष रूप से प्रयुक्त होने के कारण इसका नामाभिधान 'नागरी' हुआ।

परन्तु नागरी नाम की व्युत्पत्ति के विषय में अभी तक कोई निश्चित मान्यता स्थापित नहीं हो सकी है। प्राचीन नागरी लिपि से ही आधुनिक नागरी, गुजराती राजस्थानी, कैथी, मैथिली, बँगला एवं असमिया आदि लिपियों का विकास हुआ है।

नागरी लिपि का विकास–नागरी लिपि का उद्भव आठवीं शताब्दी में पाया जाता है। आठवीं शताब्दी से निरन्तर नागरी लिपि में विकास हो रहा है। दसवीं शताब्दी की उत्तरी भारत की मूल नागरी लिपि में भी कुटिल लिपि की अ, आ, ध, प, म, य, ष तथा स के सिर दो अंशों में विभाजित पाये जाते हैं। तदुपरांत ग्यारहवीं शताब्दी की नागरी लिपि में सिर के ये दोनों उपर्युक्त अंश मिलकर सिर की एक ही लकीर (शिरोरेखा) बन जाती है और प्रत्येक अक्षर का सिर उतना लम्बा रहता

है, जितना कि उस अक्षर की चौड़ाई रहती है। आधुनिक नागरी लिपि में इस लिपि का ढाँचा मिलता-जुलता पाया जाता है। इस प्रकार नागरी लिपि में सुधार होते-होते बारहवीं शताब्दी में आकर आधुनिक नागरी लिपि का रूप तैयार हुआ। बारहवीं शताब्दी से लेकर आज तक छुटपुट सुधारों को छोड़कर नागरी लिपि का एक ही रूप चलता आ रहा है। नागरी लिपि की इस हजार वर्षीय विकास-यात्रा में उसमें कुछ विशेष बातों का भी समावेश हो गया है; जैसे–

(*i*) सबसे मुख्य बात है–फारसी लिपि का उस पर बहुत प्रभाव पड़ा। नागरी लिपि में जो नुक्ते या बिंदु प्रयुक्त होते हैं, वे फारसी का ही प्रभाव हैं।

(*ii*) नागरी लिपि पर मराठी लिखावट का भी प्रभाव लक्षित होता है। जैसे, ल > ळ, ई > अी, उ > अु आदि।

(*iii*) नागरी लिपि पर अंग्रेजी (रोमन) विराम चिह्नों का भी प्रभाव पड़ा है। पूर्ण विराम के लिए खड़ी पाई (।) के स्थान पर अंग्रेजी बिन्दु (.) का प्रयोग चल पड़ा है।

(*iv*) गुजराती लिखावट का भी प्रभाव नागरी पर देखा जा सकता है। गुजराती में शिरोरेखा नहीं है, इधर कुछ लोग नागरी लिखते समय शिरोरेखा का प्रयोग नहीं करते।

इस प्रकार फारसी, उर्दू, मराठी, अंग्रेजी, बंगला, गुजराती तथा अरबी एवं ध्वनियों के ज्ञान ने भी नागरी लिपि को प्रभावित किया है। नागरी की यह विकास-यात्रा निरन्तर जारी है और अनेक विशेषताओं को समेटे चल रही है।

नागरी लिपि की विशेषताएँ–विश्व भर की समस्त आधुनिक लिपियों में नागरी लिपि का श्रेष्ठत्व निर्विवाद होने का कारण है, उसकी वैज्ञानिकता और उसमें निहित कुछ प्रमुख विशेषताएँ। नागरी लिपि की कुछ महत्त्वपूर्ण विशेषताएँ इस प्रकार हैं–

(अ) नागरी लिपि की सबसे प्रमुख विशेषता है, उसके उच्चारण तथा लेखन की एकरूपता। हिन्दी में जैसा बोला जाता है, वैसा ही नागरी लिपि में लिखा जाता है। उच्चारण की दृष्टि से नागरी लिपि उर्दू तथा रोमन से श्रेष्ठतम मानी जाती है।

(आ) नागरी लिपि में स्पष्टता का गुण विशेष रूप में पाया जाता है। नागरी की वर्णमाला परिष्कृत होने के साथ अत्यंत स्पष्ट भी है।

(इ) इस लिपि की एक अन्य विशेषता, उसकी सरलता। नागरी की वर्णमाला विश्व की अन्य वर्णमालाओं से काफी सरल व वैज्ञानिक है। रोमन जैसा उसमें छोटे-बड़े अक्षरों का भेद नहीं है–वर्णमाला एक ही है।

(ई) इस लिपि की विशेषता यह भी रही है कि इसमें प्रत्येक ध्वनि के लिए एक ही निश्चित सांकेतिक चिह्न है। इसके अतिरिक्त कुछ अक्षरों में वर्ण-साम्य होने पर भी प्रत्येक के लिए अलग-अलग संकेत-चिह्न हैं।

(उ) पूर्णता एवं सम्पन्नता नागरी लिपि की एक और विशेषता है। इसमें कुल बावन वर्ण हैं जो विश्व की किसी भी अन्य लिपि में नहीं हैं।

(ऊ) नागरी लिपि का ध्वन्यात्मक मूल्य (honetic value) के कारण ही नागरी ने अनेक नए ध्वनि-चिह्नों को अपना लिया है जिससे उसकी क्षमता के साथ सम्पन्नता में भी वृद्धि हुई है।

(ए) वर्ण-विन्यास वर्गीकरण नागरी की एक और विशेषता मानी जाती है। सभी बावन वर्णों को विभिन्न वर्गों में विभाजित कर दिया गया है।

(आ) मानक हिन्दी वर्तनी

भाषा के गठन में उसकी वर्तनी (spelling) का काफी महत्त्व होता है और यह वर्तनी सम्बन्धित भाषा की लिपि के साथ जुड़ी रहती है। वर्तनी की अव्यवस्था भाषा-लेखन में अनेक प्रकार की उलझनें पैदा करती है। अतः सुव्यवस्थित रूप एवं सरलीकरण के लिए भाषा की वर्तनी के मानक रूप की ओर ध्यान दिया जाना आवश्यक है। हिन्दी भाषा की वर्तनी में एकरूपता लाकर उसके मानक रूप को निर्धारित करने के लिए भारत सरकार के शिक्षा मंत्रालय तथा केन्द्रिय हिन्दी निदेशालय, नई दिल्ली ने सक्षम प्रयास किये हैं। भारत सरकार द्वारा निर्धारित हिन्दी भाषा की वर्तनी सम्बन्धी अद्यतन नियम इस प्रकार हैं–

1. संयुक्त वर्ण

(क) खड़ी पाई वाले व्यंजन

खड़ी पाई वाले व्यंजनों का संयुक्त रूप खड़ी पाई को हटाकर ही बनाया जाना चाहिए।

जैसे–राष्ट्रीय, स्वीकृति, उल्लेख, ख्याति, व्यास, नगण्य, पथ्य, न्यास आदि।

(ख) अन्य व्यंजन

(*i*) 'क' और 'फ' के संयुक्ताक्षर–

जैसे–संयुक्त, दफ्तर, पक्का आदि की तरह लिखे या बनाये जाने चाहिए।

(*ii*) ङ, छ, ट, ठ, ड, ढ, द और ह के संयुक्ताक्षर हल चिह्न लगाकर ही बनाये या लिखे जाने चाहिए।

जैसे–वाङ्मय, चिह्न, ब्रह्मा, विद्या आदि, न कि वांग्मय, चिह्न विद्या, ब्रह्मा।

(*iii*) संयुक्त 'र' के प्रचलित तीनों रूप यथावत रहेंगे।

जैसे–राष्ट्र, धर्म, प्रकार आदि।

(*iv*) 'श्र' का प्रचलित रूप 'श्र' ही मान्य है, अतः वही लिखा जाना चाहिए। इसे

'श्न' के रूप में नहीं लिखा जाना चाहिए। त् + र के संयुक्त रूप के लिए 'त्र' और 'त्र' दोनों रूपों में से किसी एक का प्रयोग किया जा सकता है।

(*v*) हल् चिह्न युक्त वर्ण से बनने वाले संयुक्ताक्षर के द्वितीय व्यंजन के साथ 'इ' की मात्रा का प्रयोग सम्बन्धित व्यंजन के तत्काल पूर्व ही किया जायेगा, न कि पूरे युग्म से पूर्व।

जैसे—द्‌वितीय, बुद्‌धिमान, चिह्‌नित आदि लिखा जाए, न कि द्वितीय, बुद्धि मान, चिह्नित आदि।

(*vi*) संस्कृत में संयुक्ताक्षर पुरानी शैली में भी लिखे जा सकेंगे।

जैसे—विद्वान, द्वितीय, बुद्धि, विद्या आदि।

2. विभक्ति-चिह्न

(क) हिन्दी के विभक्ति चिह्न सभी प्रकार के संज्ञा शब्दों में प्रतिपादिक से पृथक लिखे जाने चाहिए।

जैसे—राम ने, सचिन ने, लेखाकार से, मंत्री को, अधिकारी से आदि इस प्रकार अलग-अलग लिखे जाने चाहिए, न कि रामने, सचिवने, लेखाकारसे, मंत्रीको आदि। किन्तु सर्वनाम शब्दों में ये चिह्न प्रातिपदिक के साथ मिलाकर लिखे जाने चाहिए।

जैसे—उसने, उसपर, उसको, उससे आदि।

(ख) सर्वनामों के साथ यदि दो विभक्ति चिह्न हों तो उनमें से पहला मिलाकर और दूसरा पृथक लिखा जाना चाहिए।

जैसे—उसके लिए, इसमें से, उनके पास, हमारे साथ आदि।

3. क्रियापद

संयुक्त क्रियाओं में सभी अंगभूत क्रियाएँ पृथक-पृथक (अलग-अलग) लिखी जानी चाहिए।

जैसे—कार्य करता है, कर सकता है, लिखा करता था, काम करता रहेगा आदि लिखा जाना चाहिए, न कि कार्यकरता है, करसकता है, लिखाकरता था, कामकरता रहेगा आदि।

4. हाइफन

शब्दों-शब्दों में स्पष्टता के लिए हाइफन का विधान किया गया है।

(क) द्वन्द्व समास में पदों के बीच हाइफन रखा जाना चाहिए।

जैसे—लेन-देन, देख-रेख, चाल-चलन, हँसी-मजाक, आदान-प्रदान, राम-लक्ष्मण आदि।

(ख) "सा", "जैसा" आदि से पूर्व हाइफन रखा जाना चाहिए। जैसे—तुम-सा, हुंडी-जैसा, फटे-से आदि।

(ग) तत्पुरुष समास में हाइफन का प्रयोग केवल वहीं किया जाना चाहिए, जहाँ उसके बिना भ्रम होने की सम्भावना हो सकती है, अन्यथा नहीं। जैसे—भू-तत्त्व। किन्तु सामान्यतः तत्पुरुष समासों में हाइफन लगाने की आवश्यकता नहीं है। जैसे—महासचिव, महामंत्री, प्रधानमंत्री, नलकूप, राजकुमार, गंगाजल, ग्रामवासी आदि।

(घ) कठिन संधियों से बचने के लिए भी हाइफन का प्रयोग किया जा सकता है। जैसे—द्वि-अक्षर, द्वि-दिवसीय, द्वि-अर्थक आदि।

5. अव्यय

हिन्दी भाषा में "यहाँ", "वहाँ", "कहाँ", "ही", "सो", "भी", "तब", "कब", "जब", "रो", "ओह", "आह", "सदा", "क्या", "जी", "तक", "भर", "किन्तु", "मगर", "लेकिन", "चाहे", "या", "अथवा", "तथा", "यथा", "और", "मात्र", "श्री", "सा. थ", आदि अनेक प्रकार के शब्दों का बोध कराने वाले अव्यय हैं। कुछ अव्ययों के आगे विभक्ति-चिह्न भी आते हैं।

जैसे—तब से, अब से, यहाँ से, वहाँ से, सदा से आदि।

(क) अव्यय सदा पृथक लिखे जाने चाहिए।
जैसे—पत्र के साथ, दिन भर, कार्यालय तक, लिपिक, अथवा टंकक, दस रुपये मात्र आदि।

(ख) सम्मानार्थक "श्री" तथा "जी" अव्यय भी अलग से लिखे जाने चाहिए। जैसे—श्री श्यामसुन्दर जी, मंत्री जी, डॉ. दुर्गा दीक्षित, महात्मा जी, माचवे जी आदि।

(ग) समस्त पदों में "प्रति", "मात्र", "यथा" आदि अव्यय पृथक नहीं लिखे जाने चाहिए।
जैसे—प्रतिदिन, निमितमात्र, प्रतिशत, यथोचित, यथासमय, यथासम्भव आदि।

6. श्रुतिमूलक

हिन्दी में "य" एवं "व" को श्रुतिमूलक माना गया है। इनके प्रयोग के बारे में निम्नलिखित नियम हैं—

(क) जहाँ श्रुतिमूलक "य" तथा "व" का प्रयोग विकल्प से होता है, वहाँ इसका प्रयोग न किया जाय अर्थात "किए", "नई", "हुआ" आदि रूपों का ही प्रयोग किया जाये, न कि "किये", "नयी", "हुवा" आदि का। यह नियम क्रिया, विशेषण तथा अव्यय आदि सभी रूपों और स्थितियों में लागू माना जाए। जैसे—दिखाए गये, निदेशक के लिए, नई दिल्ली, नई किताब आदि।

(ख) जहाँ "य" श्रुतिमूलक व्याकरणिक परिवर्तन न होकर शब्द का ही मूल तत्त्व हो वहाँ वैकल्पिक श्रुतिमूलक स्वरात्मक परिवर्तन की आवश्यकता नहीं है। जैसे—स्थायी, दायित्व, स्वामित्व आदि।

7. अनुस्वार तथा चंद्रबिन्दु

मानक हिन्दी प्रणाली में, अनुस्वार (ं) तथा अनुनासिकता चिह्न अर्थात चंद्रबिंदु (ँ) दोनों प्रचलित रहेंगे।

(क) संयुक्त व्यंजन के रूप में जहाँ पंचम अक्षर के बाद स वर्गीय शेष चार वर्णों में से कोई वर्ण हो तो एकरूपता और लेखन की सुविधा के लिए अनुस्वार का प्रयोग किया जाना चाहिए।

जैसे—चंचल, संध्या, संपादक, गंगा, ठंडा आदि लिखा जाना चाहिए। चञ्चल, सन्ध्या, गङ्गा, सम्पादक, ठण्डा जैसे नहीं लिखना चाहिए।

(ख) यदि पंचमाक्षर के बाद किसी अन्य वर्ग का कोई वर्ण आये अथवा वही पंचमाक्षर दुबारा आये तो पंचमाक्षर अनुस्वार के रूप में परिवर्तित नहीं होगा। जैसे—वाङ्मय, अन्य, सम्मति, उन्मुख, सम्मेलन आदि। अतः इन शब्दों को वांग्मय, अंय, संमति, उंमुख जैसा कदापि नहीं लिखा जाना चाहिए। क्योंकि ये रूप स्वीकार्य नहीं हैं।

(ग) चंद्रबिंदु या अनुनासिकता-चिन्ह के बिना प्रायः अर्थ में भ्रम की सम्भावना रहती है।

जैसे—हँस : हंस, अंगना, अँगना आदि। अतः ऐसे भ्रम को दूर करने के लिए चंद्रबिन्दु का उपयोग अवश्य किया जाना चाहिए। किन्तु जहाँ (विशेषकर शिरोरेखा के ऊपर जुड़ने वाली मात्रा के साथ) चंद्रबिन्दु के प्रयोग से लेखन आदि में बहुत कठिनाई हो और चन्द्रबिन्दु के स्थान पर केवल बिन्दु (अनुस्वार) का प्रयोग किसी प्रकार का भ्रम उत्पन्न न करें, वहाँ चंद्रबिन्दु के स्थान पर केवल बिन्दु का ही प्रयोग किया जा सकता है।

जैसे—मैं, में, नहीं आदि।

किन्तु जहाँ अत्यावश्यक हो वहाँ चंद्रबिन्दु का यथास्थान सर्वत्र प्रयोग किया जाना चाहिए।

जैसे—आँगन, हँसना, सँवरना, कहाँ, वहाँ, आँचल आदि।

8. हल् चिन्ह

संस्कृतमूलक तत्सम शब्दों की वर्तनी में सामान्यतः संस्कृत रूप ही रखा जाना चाहिए। किन्तु जिन शब्दों के प्रयोग में हिन्दी हल् चिन्ह लुप्त हो चुका है, उनमें उसको फिर से लगाने का प्रयास नहीं किया जाना चाहिए।

जैसे—महान, विद्वान आदि।

9. स्वप्न-परिवर्तन

(क) संस्कृतमूलक तत्सम शब्दों की वर्तनी को ज्यों का त्यों ग्रहण किया जाना चाहिए। अतः ब्रह्मा को ब्रह्मा, चिह्न को चिह्न, ऋण को रिण लिखना सर्वथा अनुचित है। इसी प्रकार गृहीत, द्रष्टव्य, प्रदर्शनी अत्यधिक तथा अनधिकार ही लिखा जाना चाहिए।

(ख) जिन तत्सम शब्दों में तीन व्यंजनों के संयोग की स्थिति में एक द्वित्वमूलक व्यंजन लुप्त हो गया है उसे नहीं भी लिखा जाये तो चल सकता है।
जैसे—अर्द्ध के लिए अर्ध, उज्जवल के लिए उज्वल, तत्त्व के लिए तत्व आदि।

10. विसर्ग

संस्कृत के जिन शब्दों में विसर्ग का प्रयोग होता है, वे यदि तत्सम रूप में प्रयुक्त हों तो विसर्ग का प्रयोग अवश्य किया जाना चाहिए।

जैसे—दुःखानुभूति में।

यदि उस शब्द के तद्भव रूप में विसर्ग का लोप हो चुका हो तो उस रूप में विसर्ग के बगैर भी काम चल जायेगा।

जैसे—दुख-सुख के साथ।

11. ऐ, औ का प्रयोग

हिन्दी में ऐ (ै) तथा औ (ौ) का प्रयोग दो प्रकार की ध्वनियों को व्यक्त करके लिए होता है। पहले प्रकार की आदि में हैं तथा दूसरे प्रकार ध्वनियों को व्यक्त करने के लिए इन्हीं चिन्हों (ऐ, ै, और, ौ) का प्रयोग किया जाना चाहिए, न कि, "गवय्या", "कव्वा" आदि का।

12. पूर्वकालिक प्रत्यय

पूर्वकालिक प्रत्यय "कर" क्रिया से मिलाकर लिखा जाना चाहिए। जैसे—मिलाकर, खुलकर, दिलाकर, खा-पीकर, भुलाकर आदि।

13. विराम-चिन्ह

पूर्ण विराम को छोड़कर हिन्दी लेखन में भी शेष सभी विराम आदि चिन्हों का प्रयोग किया जाना चाहिए, जो अंग्रेजी (या अंतर्राष्ट्रीय स्तर पर प्रचलित) में प्रचलित हैं।

जैसे— –, :–, ;, ,, ?, ।, :, =, '–', "–", आदि। – हिन्दी में पूर्ण विराम के लिए खड़ी पाई (1) का प्रयोग किया जाना चाहिए।

14. शिरोरेखा

हिन्दी अर्थात देवनागरी लिपि की लेखन-प्रणाली में शिरोरेखा के सम्बन्ध में काफी विवाद है किन्तु फिलहाल इसके लेखन में शिरोरेखा का प्रयोग प्रचलित रहेगा।

(ङ) हिन्दी भाषा की संरचना

भाषा का अस्तित्व पहले होता है, बाद में उसके व्याकरण का। इस अर्थ में व्याकरण भाषा का अनुगामी होता है। किसी भी भाषा में व्याकरण का प्रमुख कार्य उस भाषा के नियमों को ढूँढ़कर उन्हें क्रमबद्ध तथा स्थिर करना होता है। अर्थात भाषा के गठन को विश्लेषित कर उसके सही व परिनिष्ठित स्वरूप को स्पष्ट करके उस भाषा को विशुद्ध रूप से लिखने, बोलने तथा समझने की प्रणाली का सम्यक ज्ञान व्याकरण ही कराता है। फलतः किसी भी भाषा के गठन में व्याकरण अर्थात लिंग, वचन, वाक्य-विन्यास, पद-विन्यास, रूपिम, स्वनिम आदि का विशिष्ट एवं अनिवार्य स्थान रहता है। यही भाषा की संरचना-प्रक्रिया है। हिन्दी भाषा की संरचना में उसके व्याकरण के अंतर्गत संज्ञा, सर्वनाम, विशेषण, अव्यय, कारक, क्रिया, लिंग तथा वचन आदि के साथ पद-विन्यास, वाक्य-विन्यास, रूपिम एवं शब्द समूह का महत्त्वपूर्ण स्थान है।

(अ) पद-विन्यास

किसी भी भाषा की संरचना में वाक्य से अलग स्वतन्त्र अस्तित्व रखने वाले शब्द "शब्द" कहलाते हैं किन्तु वाक्य में प्रयुक्त होने के बाद वे "पद" का रूप धारण कर लेते हैं अर्थात पद कहलाते हैं। शब्द पर ही पद निर्भर होते हैं। शब्दों के दो रूप होते हैं—एक मूल रूप जो कोश या शब्दावली में प्राप्त होता है तथा दूसरा जो किसी प्रकार के सम्बन्ध-तत्त्व से युक्त होता है। शब्द का यह दूसरा रूप जो वाक्य में प्रयोग करने के लिए उपयोगी होता है, "पद" कहलाता है। योगात्मक भाषाओं में पद बनाने के लिए शब्द में सम्बन्ध-तत्त्व को जोड़ना बहुत जरूरी होता है। सम्बन्ध-तत्त्व पद के ही लिए नही अपितु भाषा के लिए भी महत्त्व रखता है क्योंकि सम्बन्ध-तत्त्व द्वारा काल, लिंग, पुरुष, वचन तथा कारक आदि की अभिव्यक्ति होती है। हिन्दी भाषा में स्वतन्त्र शब्द तथा स्थानादि से प्रकट होने वाले सम्बन्ध-तत्त्वों की बहुलता है। इसके अलावा पदों में कुछ विस्मयादिबोधक, समुच्चयादिबोधक, उपसर्ग, परसर्ग आदि प्रकार के अव्यय भी होते हैं।

वैयाकरणों ने पदों के अनेक भेद या प्रकार निरूपित किए हैं। ग्रीक व्याकरणों में भी पदों के दस भेद बतलाए गए हैं। किन्तु संस्कृत के वैयाकरणों द्वारा की गई पद-व्याख्या सबसे अधिक योग्य व सुसंगत मानी जाती है। पदों के रूप हमेशा एक जैसे न रहकर परिवर्तनशील रहते हैं। पदों के रूप-परिवर्तन के मुख्य कारण हैं : नियमन, बहुप्रयुक्त रूपों का प्रभाव, ध्वनि-परिवर्तन, स्पष्टता, अज्ञान, बल, आवश्यकता तथा नवीनता।

(आ) रूपिम

भाषा की व्यवस्था में वाक्य का महत्त्वपूर्ण स्थान है। शब्द, रूप अथवा पद वाक्य की गठन-प्रक्रिया में अनिवार्य घटक के रूप में कार्य करते हैं। पद का स्वरूप एक-सा नहीं होता। स्थितियों के अनुसार पदों अथवा रूपों का आकार-प्रकार भी संक्षिप्त या विस्तृत अर्थात छोटा-बड़ा रहता है। वाक्य अथवा भाषा की लघुतम सार्थक इकाई को ही रूपिम (Morpheme) कहते हैं। "उसका कार्य वही करता है" इस वाक्य में "उस", "का", "कार्य", "वह", "ई", "करता", "है", आदि सात रूपिम मौजूद हैं। मुख्यतः दो आधारों पर रूपिम के अनेक भेद होते हैं। ये आधार हैं :

(अ) रचना और प्रयोग के आधार,

(आ) अर्थ और कार्य के आधार।

रचना और प्रयोग : रचना और प्रयोग के आधार पर रूपिम के निम्नलिखित प्रकार होते हैं :

(*i*) **मुक्त रूपिम** (Free Morpheme) : जो रूपिम अलग-अलग स्वतंत्र रूप से अर्थात मुक्त रूप से प्रयोग में आ सकते हैं, उन्हें मुक्त रूपिम कहा जाता है।

(*ii*) **बद्ध रूपिम** (Bound Morpheme) : जो रूपिम स्वतन्त्र रूप से प्रयोग में न आकर किसी से बँधकर या किसी के साथ प्रयोग में आते हैं, उन्हें बद्ध रूपिम कहा जाता है।

उदाहरणतः—"ता" > एकता, सुन्दरता, चंचलता आदि।

ई > लड़की, घोड़ी, छड़ी आदि।

(*iii*) **मुक्तबद्ध रूपिम :** इसे बद्ध मुक्त, अर्द्धमुक्त रूपिम आदि नामों से भी जाना जाता है। इस प्रकार के रूपिम आधे मुक्त होते हैं और आधे बद्ध होते हैं। अर्थात एक दृष्टि से वे मुक्त कहे जाते हैं और दूसरी दृष्टि से बद्ध। हिन्दी के परसर्ग जैसे ने, को, में, से आदि जब संज्ञा शब्दों के साथ में आते हैं अर्थात राम ने, सीता से, लक्ष्मण को आदि, तब स्वतन्त्र रहते हैं, परन्तु सर्वनाम के साथ बद्ध रूप में जैसे—उसने, तुमको, मुझसे आदि आते हैं। इस प्रकार मुक्त तथा बद्ध दोनों का मिश्रण इसमें होता है, इसी कारण इसे "मिश्रित रूपिम" भी कहा जाता है।

अर्थ और कार्य : अर्थ और कार्य के आधार पर रूपिम के दो प्रकार है :

(अ) **अर्थदर्शी रूपिम :** जो रूपिम केवल अर्थ को व्यक्त करते हैं अर्थात जिनका सम्बन्ध केवल अर्थ से होता है वे अर्थदर्शी रूपिम कहलाते हैं। ये रूपिम भाषा के मूल आधार माने जाते हैं। सुन्दर, अच्छा, खा, भू, हो, पुस्तक बड़ा आदि अर्थदर्शी रूपिम हैं।

(आ) **सम्बन्धदर्शी रूपिम :** इन्हें कार्यात्मक रूपिम भी कहते हैं। व्यापारिक-कार्य अथवा सम्बन्ध-दर्शन ही इनका प्रमुख कार्य होता है। इनमें अर्थ की

प्रधानता लगभग नहीं रहती। फलतः इन्हें कभी-कभी सम्बन्ध-तत्त्व भी कहा जाता है।

इनकी संख्या प्रत्येक भाषा में अर्थदर्शी रूपिमों की तुलना में बहुत कम पाई जाती है। ई, आ, इयाँ, ए, और आदि सम्बन्धदर्शी रूपिम जोड़कर लड़की, लड़का, लड़कियाँ, लड़कों, लड़के आदि संयुक्त रूपिम या पद बनाए जाते हैं।

(इ) वाक्य-विन्यास

पदों का समूह वाक्य है और वाक्यों का समूह भाषा। एक अर्थ में वाक्य ही भाषा की सार्थक इकाई होता है। मनुष्य की भाषागत अभिव्यक्ति का सबसे महत्तम उपादान वाक्य है। वाक्य के द्वारा ही मनुष्य चिंतन, मनन तथा अभिव्यक्ति करता है। भाषा का सौन्दर्य उनकी वाक्य-रचना पर ही निर्भर करता है। मनुष्य के विचारों, इच्छाओं तथा भावों को वाक्य के माध्यम से ही सार्थकता से अभिव्यक्त किया जा सकता है। वस्तुतः वाक्य सार्थक शब्दों का वह समूह होता है जो भावाभिव्यक्ति के लिए स्वयं पूर्ण होता है। पतंजलि के अनुसार "पूर्ण अर्थ की प्रतीति कराने वाले शब्द-समूह को वाक्य कहते हैं।" अर्थात जिस शब्द-समूह से कोई एक बात पूरी तरह समझ में आ जाए उसे वाक्य कहा जाता है। अतः वाक्य-रचना ऐसी होनी चाहिए जो सरल, सुव्यवस्थित तथा सुबोध होने के साथ दूसरों को तुरन्त समझ में आ सके। सामान्यतः व्याकरण-सम्मत वाक्य में निम्नांकित विशेषताएँ होती हैं :

(अ) वाक्य भाषा की सहज-सरल इकाई है।
(आ) वाक्य में एक या अनेक पद हो सकते हैं।
(इ) वाक्य में अर्थ की परिपूर्णता हो भी सकती है और नहीं भी।
(ई) वाक्य व्याकरणिक दृष्टि से परिपूर्ण होता है।
(उ) वाक्य की व्याकरणिक पूर्णता कभी-कभी संदर्भ पर भी निर्भर करती है।
(ऊ) वाक्य में प्रत्यक्ष अथवा परोक्ष रूप से कम से कम एक समायिका क्रिया का भाव अवश्य विद्यमान रहता है।

उपर्युक्त बातों को दृष्टिगत रखते हुए तथा उनका समावेश करते हुए डॉ. भोलानाथ तिवारी ने वाक्य को इस प्रकार परिभाषित करने का प्रयास किया है : "वाक्य भाषा की वह सहज इकाई है जिसमें एक या अधिक शब्द (पद) होते हैं तथा जो अर्थ की दृष्टि से पूर्ण हो या अपूर्ण, व्याकरणिक दृष्टि से अपने विशिष्ट संदर्भ में अवश्य पूर्ण होती है, साथ ही उसमें प्रत्यक्ष या परोक्ष रूप से कम से कम एक समायिका क्रिया अवश्य होती है।"

वाक्य रचना : वाक्य की संरचना विभिन्न पदों से होती हैं जिसमें निम्नलिखित बातों की ओर विशेष ध्यान दिया जाना आवश्यक है :

पदक्रम : किसी भी भाषा में पदक्रम का, शब्दक्रम का विशेष महत्त्व होता है।

वाक्य में पद या शब्दों का एक विशिष्ट क्रम होता है। हिन्दी की वाक्य-रचना में पहले कर्ता, बाद में कर्म तथा अंत में क्रिया आती है। इसके विपरीत अंग्रेजी भाषा में क्रिया बीच में आकर अंत में कर्म आता है। जैसे–

हिन्दी–राम ने रावण को मारा।

अंग्रेजी–Ram killed Ravana.

इसी प्रकार, विशेषण, क्रिया विशेषण, पदबंधों एवं उपवाक्यों आदि का भी प्रत्येक भाषा में विशिष्ट क्रम रहता है।

अन्वय : "अन्वय" से तात्पर्य है व्याकरण की अनुरूपता। विभिन्न प्रकार की व्याकरणिक कोटियों में लिंग, वचन, पुरुष एवं मूल तथा विकृत रूप आदि की अनुरूपता होती है। यही अन्वय है। प्रत्येक भाषा में विभिन्न बातों का अन्वय पाया जाता है : जैसे, संस्कृत में कर्ता-क्रिया में लिंग का अन्वय नहीं है। किन्तु हिन्दी में है–

रामः गच्छति–राम जाता है।

राधा गच्छति–राधा जाती है।

इसी प्रकार हिन्दी में विशेषण में भी वचन एवं लिंग का अन्वय पाया जाता है, परन्तु अंग्रेजी में नहीं–

अच्छा लड़का–good boy.

अच्छी लड़की–good girl.

अच्छे लड़के–good boys.

लोप : वाक्य-रचना में कभी-कभी अपेक्षित शब्दो का लोप हो जाता है। यह लोप निश्चित रहता है तथा कुछ ही के बारे में होता है। जैसे–"राम जाता है"। वाक्य का नकारात्मक रूप होगा "राम नहीं जाता"। यहाँ "है" का लोप है। यह लोप कर्ता का, कर्म का, क्रिया का तथा वाक्यांश का हो सकता है।

आगम : वाक्य में कभी-कभी अनावयश्क रूप में भी अतिरिक्त शब्द जोड़ दिए जाते हैं। अर्थात उनका आगम कर दिया जाता है। जैसे–

(अ) कृपया मुझे पुस्तक देने की कृपा करें।

(आ) पीला पीताम्बर बहुत जँच रहा था।

(ई) वहाँ से मैं वापस लौट आया।

उक्त तीनों वाक्यों में "कृपया", "पीला", तथा "वापस" आगम के उदाहरण हैं।

(ई) हिन्दी शब्द-समूह

भाषा की समृद्धि तथा गत्यात्मक विकास के लिए उसका शब्द-समूह विशेष महत्त्व रखता है। भाषा-विकास के साथ उसकी अभिव्यक्ति शक्ति में भी वृद्धि होती है। इस प्रकार भाषा में नित्य परिवर्तन होता रहता है। भाषा का सम्बन्ध विश्व भर की भाषाओं से होता है। विभिन्न भाषा-भाषियों के विचारों, भावों के आदान-प्रदान

से भाषाओं के विशिष्ट शब्दों का भी विनिमय होता है। इस प्रकार भाषाओं के शब्द-भण्डार को उस भाषा का शब्द-समूह कहा जाता है। विश्व भर की अन्य भाषाओं की तरह हिन्दी के शब्द-समूह को चार भागों में विभाजित किया जा सकता है—

(*i*) परम्परागत शब्द
(*ii*) प्रादेशिक शब्द
(*iii*) विदेशी शब्द
(*iv*) अनार्य शब्द

(*i*) **परम्परागत शब्द :** परम्परागत शब्द भाषा को विरासत में मिलते हैं। हिन्दी में ये शब्द संस्कृत, प्राकृत तथा अपभ्रंश की परम्परा से आए हैं। ये शब्द तीन प्रकार के हैं—

तत्सम शब्द : तत्सम का अर्थ है : तत् + सम। अर्थात उसके समान। तत्सम शब्द वे हैं जो प्राचीन संस्कृत के समान होते हैं। जैसे—कवि, कार्य, धर्म, प्राण, दया, दान, देवता, भ्राता, प्रातः, बन्धु, मुक्ति, विज्ञान, शिक्षा आदि शब्द तत्सम हैं।

तद्भव शब्द : इसका अर्थ है : तत् = उस एवं भव = उत्पन्न अर्थात उससे उत्पन्न। संस्कृत से उत्पन्न शब्दों को तद्भव शब्द कहा जाता है। ये शब्द मूलतः संस्कृत से विकसित होकर अल्प परिवर्तित हो गए हैं। जैसे—

अंधकार > अँधेरा
अग्नि > आग
रात्रि > रात
सत्य > सच

***(ii)* प्रादेशिक शब्द :** हिन्दी का प्रयोग भारतवर्ष के विभिन्न प्रदेशों में विभिन्न भाषा-भाषियों द्वारा किया जाता है। अतः प्रादेशिक भाषाओं के शब्द भी हिन्दी शब्द-समूह में आ गये हैं। जैसे, मराठी के पावती, आवक जावक, चालू; बंगला के उपन्यास, संदेश, विधुर, गमछा तथा गुजराती के गरबा, हड़ताल आदि शब्द।

***(iii)* विदेशी शब्द :** जो शब्द हिन्दी में विदेशी भाषाओं से लिये गये हैं अथवा आ गये हैं, वे विदेशी शब्द कहलाते हैं। मुस्लिम तथा अंग्रेज शासकों के कारण उनकी भाषाओं के शब्द हिन्दी में अत्यधिक मात्रा में आये हैं। फारसी, अरबी तथा तुर्की शब्द भी हिन्दी में अपनाये गये हैं। जैसे—फारसी शब्द—खत, खुदा, दरवाजा, जुकाम, मजबूर, फरिश्ता आदि। अंग्रेजी शब्द—पेपर, स्कूल, टेबल, कोर्ट, पेन, मोटर, इंजिन, आदि। अरबी शब्द—एहसान, किताब, ईमान, आदि। तुर्की शब्द—बेगम, लाश, बारूद, कैंची आदि।

(*iv*) **अनार्य शब्द :** भारत में बोली जाने वाली द्रविड़ परिवार की तमिल, तेलुगु, मलयालम तथा कन्नड़ आदि भाषाओं को अनार्य भाषाएँ कहा जाता है। इन भाषाओं से जो शब्द हिन्दी में आये उन्हें अनार्य शब्द कहते हैं। जैसे—नीर, जल, अण्णा, इडली, अम्मा, साँभार, ऊरवल, ताला, पिल्ला, डांगर आदि।

इस प्रकार हिन्दी भाषा ने देश-विदेश की अनेक भाषाओं से शब्द ग्रहणकर अपने शब्द भण्डार में महत्त्वपूर्ण वृद्धि कर ली है।

प्रकरण 2

प्रयोजनमूलक हिन्दी : सिद्धान्त एवं प्रविधि

विश्व में मानव सभ्यता, संस्कृति और ज्ञान-विज्ञान की उन्नत धरोहर को अक्षुण्ण रखने में भारतवर्ष का जो योगदान रहा है उसमें भाषिक दायित्वों के निर्वाहस्वरूप भारतीय भाषाओं की समन्वयक हिन्दी भाषा की अहम् भूमिका है। हिन्दी एक मात्र ऐसी भाषा है जिसने भारतीय साहित्य, कला, ज्ञान तथा संस्कृति को न केवल सघन सार्थक अभिव्यक्ति प्रदान की है बल्कि उनकी अनुरक्षा करते हुए उन्हें नित्य गत्यात्मक भी बनाए रखा है। आंतरिक संरचना की सौन्दर्यशीलता, भाव-भंगिमाओं की गहनता, अभिव्यक्ति की तीव्रता एवं शैलियों की विविधता को समेटे हिन्दी साहित्य अनेक उन्नत रूपों में प्रवाहमान है। परन्तु आधुनिक युग में विज्ञान और प्रौद्योगिकी के अभूतपूर्व प्रस्फुटन एवं फैलाव के कारण हिन्दी भाषा की उपादेयता और प्रयोजनमूलकता अनेक नये क्षेत्रों में स्वयं-सिद्ध होने के फलस्वरूप उसके नये प्रयुक्ति रूप भी उभरकर सामने आये हैं जिनमें 'प्रयोजनमूलक हिन्दी' सर्वोपरि माना जा सकता है।

प्रयोजनमूलक हिन्दी की आवश्यकता

भारतवर्ष में समृद्धतम साहित्यिक हिन्दी की पार्श्वभूमि पर प्रयोजनमूलक हिन्दी की आवश्यकता वस्तुतः तब महसूस की गई जब हिन्दी राजभाषा के पद पर आसीन हुई। विश्व में विज्ञान और प्रौद्योगिकी के तेजी से फैले प्रसार के साथ भारत में भी इस नवीनतम ज्ञान-विज्ञान और टेक्नोलॉजी की आँधी उमड़ पड़ी। इसके फलस्वरूप हिन्दी को नये महत्त्वपूर्ण भाषिक दायित्वों और अभिव्यक्ति के सर्वथा नवीनतम क्षेत्रों से गुजरना पड़ा। आर्थिक, राजनीतिक, सामाजिक तथा वैज्ञानिक सन्दर्भों के बदलाव के साथ बदलती हुई स्थितियों की जरूरत के प्रयोजन-विशेष के सन्दर्भ में हिन्दी के एक ऐसे रूप की तीव्र आवश्यकता पड़ी जो प्रशासन और ज्ञान-विज्ञान एवं प्रौद्योगिकी के क्षेत्रों को अभिव्यक्त कर सक्षमता से रूपायित कर सके।

राजभाषा के पद पर आसीन होने से पूर्व हिन्दी सरकारी कामकाज तथा प्रशासन आदि की भाषा कभी नहीं रही थी। मुसलमान शासकों के शासन की भाषा उर्दू और अरबी-फारसी रही। अंग्रेजों के शासन काल में उनके प्रशासन की भाषा अनिवार्यतः अंग्रेजी ही रही। अतः भारत की राजभाषा बनने के बाद हिन्दी को सरकारी कामकाज तथा प्रशासन के सर्वथा नये अनछुए क्षेत्र से गुजरना पड़ा और तब ऐसी हिन्दी की आवश्यकता पड़ी जो पारिभाषिक शब्दावली, भाषिक गठन, वस्तुनिष्ठ एकार्थता, अभिव्यक्ति की स्पष्टता आदि से युक्त हो ताकि सरकारी कामकाज के लिए माध्यम के रूप में उसका इस्तेमाल किया जा सके।

भारत में विज्ञान और टेक्नोलॉजी के प्रस्फुटन और फैलाव के कारण भी इनको अभिव्यक्ति करने के माध्यम के रूप में हिन्दी को अपने आपको सर्वथा नवीनतम रूप में ढालने की सख्त जरूरत महसूस हुई। ऐसा नया रूप जो विज्ञान और टेक्नोलॉजी के गुणसूत्रों, सिद्धान्तों, नवीनतम प्रयोग विधियों तथा भाषिक संरचना को वैज्ञानिक रूप में यथास्थिति अभिव्यक्त कर सके। वैसे, न्याय, दर्शन, तर्कशास्त्र, नाट्यशास्त्र, चिकित्साशास्त्र, मनोविज्ञान, ज्योतिष, गणित तथा अन्य सामाजिक शास्त्र आदि ज्ञान-विज्ञान क्षेत्रों की चिन्तन परम्परा की अभिव्यक्ति संस्कृत एवं हिन्दी भाषाओं द्वारा सहज सम्भव थी किन्तु इन ज्ञान क्षेत्रों तथा पश्चिम से आयी नयी टेक्नोलॉजी एवं भौतिकशास्त्र, रसायन, कम्प्यूटर, इंजीनियरी, अंतरिक्ष विज्ञान, इलेक्ट्रानिक, दूरसंचार आदि अनेक अनछुए विज्ञान के क्षेत्रों से सम्बद्ध तकनीकी एवं प्रयोजनमूलक शब्दावली के निर्माण एवं प्रयोग की आवश्यकता हिन्दी भाषा के लिए अनिवार्य रूप में सामने आयी। इसी के साथ प्रशासन, विधि, दूरसंचार, व्यवसाय, वाणिज्य, खेलकूद, पत्रकारिता आदि से सम्बन्धित पारिभाषिक शब्दावली, पदावली तथा संकल्पनाओं के पुनः स्थापन, पुनः नियोजन एवं पुनरुत्थान हिन्दी भाषा के लिए एक अहम् जरूरत बनकर उभरी। फलतः हिन्दी का एक विशिष्ट प्रयुक्तिपरक रूप उभरकर सामने आया है। वस्तुतः जीवन और जगत की विविध स्थितियों तथा आवश्यकताओं की पूर्ति के लिए प्रयोग में लाया जाने वाला यही भाषा-रूप 'प्रयोजनमूलक हिन्दी' कहलाता है।

प्रयोजनमूलक हिन्दी बनाम व्यावहारिक हिन्दी

प्रयोजनमूलक हिन्दी और व्यावहारिक हिन्दी को प्रायः एक ही मानकर बहुत बड़ी गलती की जाती है। वस्तुतः दोनों में स्पष्ट अन्तर और भेद है। व्यावहारिक हिन्दी का सीधा सम्बन्ध मुख्यतः बोलचाल तथा जीवन के सामान्य व्यवहार आदि से है। इन क्षेत्रों में सामान्यतः आपसी बातचीत, दैनदिन व्यवहार, यातायात, सब्जी-मण्डी, बाजार, पर्यटन, सामाजिक एवं राजनीतिक व्यवहार, व्यापार तथा साहित्य के अनेकविध अंग

आदि का समावेश किया जा सकता है। अतः व्यावहारिक हिन्दी से स्पष्ट तात्पर्य है कि रोजमर्रा के दैनिक जीवन और जगत की कार्य-सिद्धी हेतु माध्यम के रूप में प्रयुक्त ऐसी हिन्दी जिसमें विशिष्ट भाषिक संगठन और प्रयुक्ति-स्तर की अपेक्षा उसके व्यावहारिक प्रयोग पर ही अधिक बल रहता है। व्यावहारिक हिन्दी का प्रयोग क्षेत्र सीमित है और साथ-ही-साथ उसमें भाषा की वैज्ञानिकता संदिग्ध बनी रहती है।

इसके विपरीत, प्रयोजनमूलक हिन्दी का प्रयुक्ति-क्षेत्र तथा व्याप्ति प्रशासन परिचालन, प्रौद्योगिकी तथा ज्ञान-विज्ञान के क्षेत्रों तक फैली हुई है। प्रयोजनमूलक हिन्दी की संकल्पना उसके अनुप्रयुक्त रूप को विशिष्ट भाषिक संरचना, पारिभाषिक शब्दावली तथा सामाजिक संदर्भों के परिप्रेक्ष्य में वैज्ञानिकता प्रदान करती है। प्रयोजनमूलक हिन्दी भाषा के समस्त मानक (Standard) रूपों को अपने में समेटे हुए होती है जिसमें अनिवार्यतः स्पष्टता, एकरूपता, सुनिश्चितता एवं औचित्य का निर्वहण किया जाता है। प्रयोजनमूलक हिन्दी की अपनी विशिष्ट प्रयोजनपरक तकनीकी शब्दावली तथा पदावली होती है जो सरकारी कार्यालय, मानविकी, तन्त्रज्ञान, विज्ञान, अंतरिक्ष विज्ञान तथा कम्प्यूटर आदि सभी ज्ञान एवं विधा शाखाओं को सार्थक अभिव्यक्ति प्रदान करती है। अतः स्पष्ट है कि व्यावहारिक हिन्दी की अपेक्षा प्रयोजनमूलक हिन्दी अधिक प्रयोजनीय, तर्क-संगत, वैज्ञानिक तथा सार्थक मानी जा सकती है। इसीलिए, उसकी व्याप्ति, अर्थवत्ता तथा मूल्यवत्ता स्वयंसिद्ध है।

प्रयोजनमूलक हिन्दी : स्वरूप और व्याख्या

'प्रयोजनमूलक हिन्दी' भाषाविज्ञान की महत्त्वपूर्ण शाखा अनुप्रयुक्त भाषा विज्ञान (Applied Linguistics) के अन्तर्गत विकसित अत्याधुनिक बहुआयामी तथा बहुउपयोगी शाखा है। 'प्रयोजनमूलक' विशेषण हिन्दी भाषा के प्रायोगिक Applied तथा व्यावहारिक Functional पक्ष को अत्यधिक स्पष्ट करने के उद्देश्य से किया जाता है क्योंकि परम्परागत साहित्य तथा ज्ञान-विज्ञान एवं प्रशासन आदि के लिए प्रयुक्त साहित्य में अन्तर रखते हुए उनसे प्रयुक्ति के आधार पर जुड़े भाषा-भेदों या भाषा-रूपों को स्पष्टतः अलग करना बहुत आवश्यक होता है। विभिन्न ज्ञान-विज्ञान के क्षेत्रों एवं सरकारी प्रशासन, जनसंचार, विधि, खेलकूद आदि के कार्य-विधियों के सूक्ष्मतम अर्थों को व्यापक स्तर पर अभिव्यक्त करने हेतु हिन्दी भाषा की अन्तर्बाह्य-वृत्तियों, प्रवृत्तियों, प्रयुक्तियों तथा प्रायोगिक स्तरों में आमूलाग्र परिवर्तन की युगीन आवश्यकता महसूस की गई, जिसके तहत हिन्दी का नया भाषिक संरचना का रूप उभरकर सामने आया। आधुनिक समाज-जीवन, सरकारी प्रशासन, वाणिज्य और ज्ञान-विज्ञान एवं टेक्नोलॉजी की अनेकविध स्थितियों तथा आवश्यकताओं की प्रायोगिक प्रतिपूर्ति हेतु प्रयुक्त हिन्दी भाषा के इसी प्रयुक्तिपरक रूप को 'प्रयोजनमूलक'

Applied अथवा Function कहते हैं।

प्रयोजनमूलक हिन्दी की चर्चा के सन्दर्भ में सवाल उठाये गये हैं कि क्या कोई हिन्दी 'निष्प्रयोजन' भी हो सकती है? किन्तु यह प्रश्न उन तथाकथित हिन्दी विद्वानों ने उठाया है जिनका बादरायण सम्बन्ध भी प्रयोजनमूलक हिन्दी के अध्ययन आदि से नहीं है। वस्तुतः निष्प्रयोजन हिन्दी की कल्पना इनके दिवालिया सोच की उपज कही जा सकती है। हिन्दी का कोई भी पक्ष या रूप निष्प्रयोजन ना कभी था ना है ना कभी होगा। हिन्दी भाषा के लिए प्रयोजनमूलक विशेषण उसके प्रयुक्तिपरक अथवा प्रायोगिक पक्ष को स्पष्ट करने के लिए प्रयुक्त किया जाता है। 'प्रयोजनमूलक' व्यावहारिक या सामान्य शब्द नहीं किन्तु एक पारिभाषिक शब्द है। जिसका स्पष्ट और परिभाषित अर्थ है "एक ऐसी विशिष्ट भाषिक संरचना से युक्त हिन्दी जिसका प्रयोग किसी विशेष प्रयोजन के लिए ही किया गया हो"। प्रयोजनमूलक हिन्दी के रूप का उद्भव और आधुनिक ज्ञान-विज्ञान के उत्पादन और उनके व्यावहारिक वितरण एवं प्रयोग से सम्बन्धित माना जा सकता है। अतः प्रयोजनमूलक हिन्दी का प्रयोग सभी प्रकार के अत्याधुनिक विज्ञान तथा टेक्नोलॉजी के क्षेत्रों के साथ, सभी सरकारी प्रशासनिक कार्यों, कार्यालयीन प्रविधि, साहित्य, दूरसंचार, जनसंचार के माध्यम, विधि-साहित्य, बैंक, कम्पनियाँ, खेलकूद, पत्रकारिता, अंतरिक्ष विज्ञान, कम्प्यूटर तथा समाज एवं राजनीति शास्त्र आदि में अपेक्षित है।

प्रयोजनमूलक हिन्दी पर विचार करने पर हिन्दी के मुख्यतः तीन रूप सामने आते हैं—बोलचाल की हिन्दी, साहित्यिक हिन्दी तथा प्रायोगिक अर्थात प्रयोजनमूलक हिन्दी। 'प्रयोजनमूलक हिन्दी' संकल्पना के अन्तर्गत 'प्रयोजनमूलक' शब्द अंग्रेजी के फंक्शनल (Functional) के पर्यायी शब्द के रूप में प्रयुक्त किया जा रहा है। कोश ग्रन्थों के अनुसार Functional से तात्पर्य है कार्यात्मक, क्रियाशील अथवा वृत्तिमूलक। अतः स्पष्ट है कि Functional शब्द से 'प्रयोजनमूलक' या 'व्यावहारिक' संकल्पना स्पष्ट नहीं हो पाती है। इसके विपरीत व्यावहारिक, प्रयुक्त, अनुप्रयुक्त अथवा प्रायोगिक—प्रकारान्तर से प्रयोजनमूलक संकल्पनां को अंग्रेजी शब्द अप्लाइड (Applied) सर्वाधिक स्पष्टतः सटिक बैठता है और 'प्रयोजनमूलक' संकल्पना को सार्थकता से रूपायित करता है। अतः प्रयोजनमूलक हिन्दी संकल्पना को अंग्रेजी के Functional Hindi की बजाय Applied Hindi के पर्याय के रूप में ग्रहण किया जाना सर्वथा उचित और अत्याधिक उपयोगी होगा।

प्रयोजनमूलक हिन्दी को 'व्यावहारिक हिन्दी' कहने की बहुत बड़ी भूल कुछ तथाकथित हिन्दी विद्वान और विश्वविद्यालयों के कुछेक प्राध्यापकगण करते दिखाई देते हैं। भाषा का व्यावहारिक रूप उसके सीमित व्यवहार क्षेत्र को उजागर करता है

और जिसमें पारिभाषिक शब्दावली, विशिष्ट पद-विन्यास तथा विज्ञान एवं प्रौद्योगिकी को अभिव्यक्त करने के लिए माध्यम बनने की कोई बात स्पष्टतः नहीं दिखाई देती। इसके विपरीत भाषा का प्रयोजनमूलक रूप उसकी प्रायोगिक तथा अनुप्रयुक्त क्षमता को स्पष्ट रूप से दर्शाता है और जिसमें पारिभाषिक शब्दावली, भाषिक संरचना एवं अनुप्रयुक्तता और ज्ञान-विज्ञान एवं प्रौद्योगिकी के सर्वकष तकनीकी क्षेत्रों को रूपायित करने की प्रयोजनीयता दृष्टिगत होती है। वस्तुतः हिन्दी के प्रयोजनमूलक रूप को व्यावहारिक कहना उसके प्रयोग क्षेत्र और व्याप्ति को संकुचित अर्थों में ग्रहण करना है। अतः प्रयोजनमूलक हिन्दी को व्यावहारिक हिन्दी कहना निरर्थक तथा अनुप्रयुक्त होगा। इसीलिए Functional अथवा Applied हिन्दी के पर्याय के रूप में 'प्रयोजनमूलक हिन्दी' ही सर्वथा उचित एवं उपयोगी होगा।

पहले कहा जा चुका है कि 'प्रयोजनमूलक हिन्दी' भाषाविज्ञान (Linguistics) की महत्त्वपूर्ण शाखा अनुप्रयुक्त भाषाविज्ञान (Applied Linguistics) के अन्तर्गत एक अत्याधुनिक उप-शाखा के रूप में विकसित हुई है। 'प्रयोजनमूलक' एक पारिभाषिक शब्द है जो भाषा की अनुप्रयुक्तता और प्रायोगिकता के निश्चित अर्थ में प्रयुक्त किया गया है।

प्रयोजनमूलक हिन्दी के संदर्भ में 'प्रयोजन' विशेषण में 'मूलक' उपसर्ग लगने से 'प्रयोजनमूलक' पद बना है। 'प्रयोजन' से तात्पर्य है उद्देश्य अथवा प्रयुक्त (Purpose of use)। 'प्रयोजन' का सम्बन्ध भाषा में उसकी प्रयोजनीयता (Applicability) से जुड़ा हुआ है तथा 'मूलक' उपसर्ग से तात्पर्य है–आधारित ('Based on' or 'depending on')। अतः प्रयोजनमूलक भाषा से तात्पर्य हुआ किसी विशिष्ट उद्देश्य के अनुसार प्रयुक्त भाषा। इसी संदर्भ में प्रयोजनमूलक हिन्दी का अर्थ हुआ : ऐसी विशिष्ट हिन्दी जिसका प्रयोग किसी विशिष्ट प्रयोजन (उद्देश्य) के लिए किया जाता है। प्रयोजनमूलक हिन्दी संकल्पना में प्रयुक्ति के स्तर, विषय-वस्तु, संदर्भ आदि के अनुरूप पारिभाषिक शब्दावली तथा विशिष्ट भाषिक संरचना समादृत है। इस दृष्टि से प्रयोजनमूलक हिन्दी की व्याख्या होगी–

"प्रयोजनमूलक हिन्दी से तात्पर्य है, हिन्दी का वह प्रयुक्तिपरक विशिष्ट रूप जो विषयगत, भूमिकागत तथा संदर्भगत प्रयोजन के लिए विशिष्ट भाषिक संरचना द्वारा प्रयुक्त किया जाता है और जो सरकारी प्रशासन तथा विज्ञान एवं प्रौद्योगिकी के अनेकाविध क्षेत्रों को अभिव्यक्ति प्रदान करने में सक्षम सिद्ध होता है।"

प्रयोजनमूलक हिन्दी : विशेषताएँ

प्रयोजनमूलक हिन्दी की संरचना, संचेतना एवं संकल्पना के विश्लेषण से उसमें अन्तर्निहित

प्रयोजनमूलक हिन्दी का विकास

हिन्दी भाषा

अनुप्रयुक्त भाषा-विज्ञान

प्रयोजनमूलक हिन्दी

1. मुख्य तत्त्व
   - पारिभाषिक शब्दावली
   - अनुवाद प्रक्रिया
   - भाषिक संरचना

2. मुख्य प्रयुक्तियाँ
   - साहित्यिक
   - वाणिज्यिक
   - कार्यालयी
   - राजभाषा
   - विज्ञापन भाषा
   - विधि एवं कानूनी भाषा
   - वैज्ञानिक एवं तकनीकी भाषा

3. मुख्य शैलियाँ
   - बोलचाल
   - संवाद
   - भावात्मक
   - सामाजिक
   - पत्र लेखन
   - प्रशासनिक

4. मुख्य विशेषताएँ
   - अनुप्रयुक्त
   - वैज्ञानिकता
   - सामाजिक
   - भाषिक विशिष्टता

5. मुख्य रूप भेद
   - ◆ साहित्यिक हिन्दी
   - ◆ कार्यालयी हिन्दी
   - ◆ सामाजिक हिन्दी
   - ◆ व्यावसायिक हिन्दी
   - ◆ विधि एवं कानून के कार्य से संबंधित हिन्दी
   - ◆ जन संचार के माध्यम के लिए प्रयुक्त हिन्दी
   - ◆ वैज्ञानिक और तकनीकी हिन्दी

कुछ महत्त्वपूर्ण विशेषताएँ उद्घाटित होकर सामने आती हैं, जिनमें प्रमुख हैं—

(अ) अनुप्रयुक्तता

(आ) वैज्ञानिकता

(इ) सामाजिकता

(ई) भाषिक विशिष्टता

(अ) अनुप्रयुक्तता—प्रयोजनमूलक हिन्दी का सबसे बड़ा गुण या विशेषता है, उसकी अनुप्रयुक्तता (Appliedness) अर्थात प्रयोजनीयता। जीवन के भिन्न भिन्न क्षेत्रों में हिन्दी का विशिष्ट रूप विशिष्ट प्रयोजन के अनुसार अनुप्रयुक्त होता है। विश्व भर में बहुत सारी भाषाएँ ऐसी हैं जिनका अस्तित्व व्यवहार तथा साहित्य के क्षेत्र से ही बना हुआ है। प्रशासन, प्रचालन तथा विज्ञान-प्रौद्योगिकी के क्षेत्रों को अभिव्यक्त करने की उनकी क्षमता उचित मात्रा में विकसित नहीं हो पाती है। अर्थात उन भाषाओं का अनुप्रयुक्त पक्ष अत्यधिक कमजोर होता है। ऐसी भाषाओं के नवीकरण तथा आधुनिकीकरण की प्रक्रिया कालान्तर में लगभग समाप्त-सी हो जाती है। फलतः उनका बहुमुखी सर्वांगीण विकास सम्भव नहीं हो पाता। हिन्दी के प्रयोजनमूलक रूप का सर्वकष विकास इसीलिए सम्भव हो सका है कि उसमें अनुप्रयुक्तता की महत्तम विशेषता विद्यमान रही है। अनुप्रयुक्तता की दृष्टि से हिन्दी के प्रयोजनमूलक रूपों में राजभाषा, कार्यालयी, वाणिज्यिक, व्यावसायिक, वैज्ञानिक तथा प्रौद्योगिकी क्षेत्रों में प्रयुक्त हिन्दी का समावेश होता है।

(आ) वैज्ञानिकता—प्रयोजनमूलक हिन्दी की दूसरी अहम् विशेषता है उसकी वैज्ञानिकता। स्पष्ट किया जा चुका है कि प्रयोजनमूलक हिन्दी प्रायोगिक या अनुप्रयुक्त भाषाविज्ञान (Applied Linguistics) के अन्तर्गत एक विशिष्ट अध्ययन क्षेत्र है। किसी भी विषय के तर्क-संगत, कार्य-कारण भाव से युक्त विशिष्ट ज्ञान पर आश्रित प्रवृत्ति को वैज्ञानिक कहा जा सकता है। इस दृष्टि से प्रयोजनमूलक हिन्दी सम्बन्धित विषय-वस्तु को विशिष्ट तर्क एवं कार्य-कारण सम्बन्धों पर आश्रित नियमों के अनुसार विश्लेषित कर रूपायित करती है। प्रयोजनमूलक हिन्दी की अध्ययन तथा विश्लेषण की प्रक्रिया विज्ञान की विश्लेषण एवं अध्ययन प्रक्रिया से भी अत्यधिक निकटता रखती है। प्रयोजनमूलक हिन्दी का मुख्य आधार पारिभाषिक शब्दावली और तकनीकी प्रवृत्ति है जिन्हें विज्ञान के नियमों के अनुसार सार्वकालिक तथा सार्वभौमिक कहा जा सकता है। इसी के साथ-साथ प्रयोजनमूलक हिन्दी के सिद्धान्तों एवं प्रयुक्ति में कार्य-कारण भाव की नित्यता भी दृष्टिगत होती है जिसे किसी भी विज्ञान का सबसे प्रमुख आधार माना जाता है। विज्ञान की भाषा

तथा शब्दावली के अनुसार ही प्रयोजनमूलक हिन्दी की भाषा तथा शब्दावली में स्पष्टता, तटस्थता, विषय-निष्ठता तथा तर्क-संगतता विद्यमान है। अतः स्पष्ट है कि प्रयोजनमूलक हिन्दी अपनी अन्तर्वृत्ति, प्रवृत्ति, प्रयुक्ति, भाषिक संरचना और विषय विश्लेषण आदि सभी स्तरों पर वैज्ञानिकता से युक्त है।

(इ) **सामाजिकता**–हिन्दी की प्रयोजनमूलकता मूलतः सामाजिक गुण या विशेषता है। सामाजिकता का सम्बन्ध मानविकी से है। अतः प्रकारान्तर से प्रयोजनमूलक हिन्दी का अभिन्न सम्बन्ध मानविकी से माना जा सकता है। प्रयोजनमूलक हिन्दी के निर्माण एवं परिचालन का सम्बन्ध समाज तथा उससे जुड़ी विभिन्न ज्ञान-शाखाओं से है। सामाजिक परिस्थिति, सामाजिक भूमिका तथा सामाजिक स्तर के अनुरूप प्रयोजनमूलक हिन्दी के प्रयुक्ति-स्तर तथा भाषा-रूप प्रयोग में आते हैं। इतना ही नहीं, सामाजिक विज्ञान की तरह प्रयोजनमूलक हिन्दी में अन्तर्निहित सिद्धान्त और प्रयुक्त-ज्ञान मनुष्य के सामाजिक प्रयुक्तिपरक क्रियाकलापों का कार्य-कारण सम्बन्ध से तर्क-निष्ठ अध्ययन एवं विश्लेषण किया जाता है। अतः प्रयोजनमूलक हिन्दी में सामाजिकता के तत्त्व एवं विशिष्टता अनिवार्यतः विद्यमान देखे जा सकते हैं।

(ई) **भाषिक विशिष्टता**–यह वह विशेषता है जो प्रयोजनमूलक हिन्दी की स्वतन्त्र सत्ता और महत्ता को रूपायित कर उसे सामान्य या साहित्यिक हिन्दी से अलग करती है। अपनी शब्द-ग्रहण करने की अद्भुत शक्ति के कारण प्रयोजनमूलक हिन्दी ने अनेक भारतीय तथा पश्चिमी भाषाओं के शब्द-भण्डार को आवश्यकतानुसार ग्रहण कर अपनी शब्द-सम्पदा को वृद्धिगत किया है। प्रयोजनमूलक हिन्दी में तकनीकी एवं पारिभाषिक शब्दावली का प्रयोग अनिवार्य रूप से विद्यमान रहता है जो उसकी भाषिक विशिष्टता को रेखांकित करता है। प्रयोजनमूलक हिन्दी की भाषा सटिक, सुस्पष्ट, गम्भीर, वाच्यार्थ प्रधान, सरल तथा एकार्थक होती है और इसमें कहावतें, मुहावरे, अलंकार तथा उक्तियाँ आदि का बिल्कुल प्रयोग नहीं किया जाता है। इसकी भाषा-संरचना में तटस्थता, स्पष्टता तथा निर्वैयक्तिकता स्पष्ट रूप से विद्यमान रहती है और कर्मवाच्य प्रयोग का बाहुल्य दिखाई देता है। इसी प्रकार, प्रयोजनमूलक हिन्दी में जो भाषिक विशिष्टता तथा विशिष्ट रचनाधर्मिता दृष्टिगत होती है, वह बोलचाल की हिन्दी तथा साहित्यिक हिन्दी में दिखाई नहीं देती। यही उसकी विशेषता है।

प्रयोजनमूलक हिन्दी के विविध रूप

भाषा प्रयोग और व्यवहार की सामाजिक वस्तु है। भाषा के अनुप्रयुक्त तथा व्यवहार-क्षेत्र की सीमा उसकी प्रयोजनमूलक शैलियों को नियंत्रित करती है।

प्रयोजनमूलक हिन्दी के मुख्य रूप-भेद

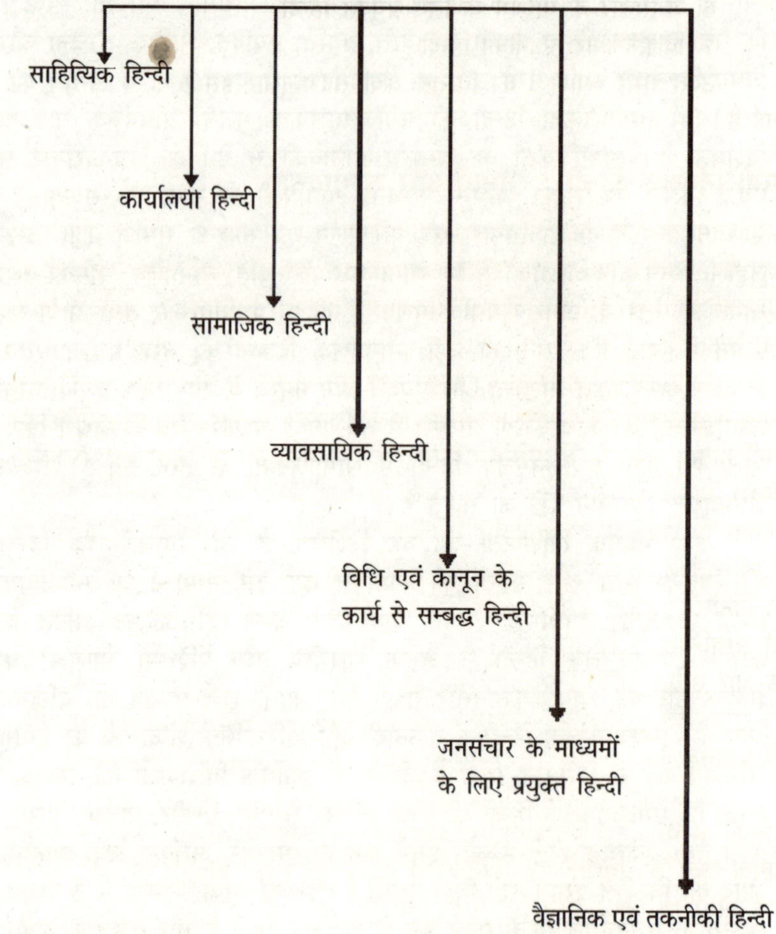

आधुनिक युग में सामाजिक-जीवन के अनेक क्षेत्रों में प्रयोग में लायी जाने वाली भाषा प्रयोजनमूलक भाषा कहलाती है और भाषा प्रकार्य के अनुसार उसके अनेक रूप-भेद होते है। प्रयोजनमूलक हिन्दी के मुख्य रूप से सात रूप-भेद माने जा सकते हैं : ये हैं—

1. साहित्यिक हिन्दी
2. कार्यालयी हिन्दी
3. सामाजिक हिन्दी
4. व्यावसायिक हिन्दी

5. विधि एवं कानून कार्य सम्बद्ध हिन्दी

6. जनसंचार के माध्यम के लिए प्रयुक्त हिन्दी

7. विज्ञान और तकनीकी हिन्दी

उक्त सभी रूप-भेदों की विस्तृत चर्चा संदर्भानुसार इस ग्रन्थ में अन्यत्र की गई है।

प्रयोजनमूलक हिन्दी : सीमाएँ और सम्भावनाएँ

प्रयोजनमूलक हिन्दी का अध्ययन एवं विश्लेषण की प्रक्रिया में उसके प्रयुक्तिस्तर, रूप-भेद, भाषिक गठन तथा प्रचलन आदि स्तरों पर कुछ दोष और समस्याएँ भी दृष्टिगत होती हैं। इन दोष और समस्याओं को संक्षेप में निम्नानुसार रेखांकित किया जा सकता है—

1. प्रयोजनमूलक हिन्दी की सबसे बड़ी समस्या है : विज्ञान और तकनीकी से सम्बन्धित अत्यंत दुरूह पारिभाषिक शब्दावली। वास्तव में कोई शब्द सरल या कठिन नहीं होता। शब्द या तो परिचित होता है या अपरिचित। परिचित शब्द (प्रचलित शब्द) आसान या सरल लगता है, इसके विपरीत अपरिचित शब्द कठिन या दुरूह लगता है। भौतिक, रसायन, गणित, विधि, अंतरिक्ष, कम्प्यूटर तथा मानविकी से सम्बन्धित लाखों नये शब्दों का निर्माण वैज्ञानिक और तकनीकी शब्दावली आयोग ने किया है। किन्तु समस्या उनके प्रचलन की है। विशुद्ध विज्ञान और टेक्नोलॉजी से सम्बन्धित ये पारिभाषिक शब्द प्रचलित नहीं थे इसलिए दुरूह या कठिन लगते हैं और उचित मात्रा में प्रचलित नहीं हो पा रहे हैं। अतः विज्ञान और टेक्नोलॉजी से सम्बन्धित पारिभाषिक शब्दावली को विषयवस्तु एवं संदर्भानुसार अधिक मात्रा में प्रचलित करने के लिए सघन प्रयास किये जाने की आवश्यकता है।

2. प्रयोजनमूलक हिन्दी की दूसरी प्रमुख समस्या है : अनुवादी-रूप के कारण उसकी संरचना की क्लिष्टता तथा अटपटापन। अनुवाद प्रयोजनमूलक हिन्दी का प्रमुख तत्त्व है। विज्ञान एवं टेक्नोलॉजी का प्रस्फुटन एवं विकास पश्चिमी देन है जो आयातित होकर भारत में आई। इन ज्ञान क्षेत्रों से सम्बन्धित ग्रन्थ यूरोप की भाषाओं में विद्यमान थे जो परिस्थितिजन्य तथा युगीन आवश्यकता के रूप में हिन्दी में अनुवाद के रूप में लाये गये। इसी के साथ, भारत की राजभाषा के पद पर आसीन होने के बाद हिन्दी सरकारी प्रशासन की भाषा बनी और उन दायित्वों से गुजरी जिससे पहले वह कभी नहीं गुजरी थी। भारतवर्ष में हिन्दी पहले कभी भी राजकाज की भाषा नहीं थी। मुगलों के काल में उर्दू तथा अरबी-फारसी प्रशासन की भाषा रही। ब्रिटिश शासन काल में लगभग डेढ़-सौ वर्षों तक अंग्रेजी ही प्रशासन की भाषा रही। ऐसी स्थिति में हिन्दी कार्यालय तथा प्रशासन की भाषा बनी। अतः उसे प्रशासनिक स्तर पर अभिव्यक्ति तथा प्रयुक्ति के लिए अनुवाद का ही एकमात्र

सहारा लेना पड़ा। 'राजभाषा अधिनियम 1963' ने तो लगभग हिन्दी को पूर्णतः अनुवादाश्रित कर दिया। वस्तुतः प्रशासनिक कार्यों, मैन्युअलों, करारों, प्रतिवेदनों तथा अन्य प्रविधि साहित्य का अनवुाद वे लोग (अनुवादक) करने लगे जिन्हें इन क्षेत्रों की विधियों का सूक्ष्म ज्ञान एवं अनुभव नहीं था। परिणामस्वरूप पुस्तकीय अनुवाद के क्लिष्ट तथा अटपटे नमूने उभरने लगे जिसके कारण प्रयोजनमूलक हिन्दी को जबर्दस्त आघात पहुँचा और कुछ हद तक उसे हास्यास्पद स्थिति में भी पहुँचा दिया।

विधि, भौतिकी, रसायन, गणित, अंतरिक्ष, दूरसंचार, कम्प्यूटर, प्रौद्योगिकी तथा कुछ मानविकी ग्रन्थों के अंग्रेजी से हिन्दी में किये गये अनुवाद के कारण उसकी भाषिक संरचना में काफी क्लिष्टता तथा दुरूहता आई है। फलतः प्रयोजनमूलक हिन्दी पर आरोप लगाया जाता है कि उसमें विशुद्ध वैज्ञानिक तथा प्रौद्योगिकी के ज्ञान-क्षेत्रों को अभिव्यक्त करने की क्षमता नहीं है। वस्तुतः यह आरोप बिल्कुल गलत और तर्काधारित है तथा अनुवादी-रूप के कारण भाषा-गठन एवं शब्दावली प्रयुक्ति में अत्यधिक क्लिष्टता और अटपटापन आने की वजह से वैसा दिखाई देता है।

अतः उक्त समस्या के निराकरण के लिए आवश्यकता इस बात की है कि विज्ञान और प्रौद्योगिकी से सम्बन्धित ग्रन्थों का निर्माण ही मूलतः हिन्दी में किया जाना चाहिए ताकि मूल सोच हिन्दी में होने के कारण उसकी अभिव्यक्ति भी स्वतः प्रवाही एवं सरल होगी और भाषायी अटपटापन दूर होगा। यदि ऐसे ग्रन्थों का अनुवाद करना पड़े तो भाषा की संरचना हिन्दी की प्रकृति के अनुसार हो तथा विज्ञान के सूत्रों आदि का अनुवाद करने के बजाय उन्हें मूल रूप में लिप्यंतरण के साथ प्रस्तुत किया जाना चाहिए। जहाँ तक कार्यालयी कामकाज का प्रश्न है मूल सोच और विचार हिन्दी में हो। अनुवाद की स्थिति में सरल भाषा का प्रयोग किया जाए तथा हिन्दी भाषा की प्रकृति के अनुसार छोटे वाक्यों का प्रयोग किया जाना चाहिए।

3. प्रयोजनमूलक हिन्दी की तीसरी समस्या उसकी नयी पारिभाषिक शब्दावली निर्माण तथा नयी प्रयुक्तियाँ (Register) बनाने सम्बन्धी है। प्रयोजनमूलक हिन्दी की प्रवृत्ति प्रयोगशील तथा प्रक्रिया विकासशील है। इसकी अनुप्रयुक्ति तथा विकास प्रक्रिया में विषय, सन्दर्भ तथा आवश्यकतानुसार नयी पारिभाषिक शब्दावली का निर्माण यथाशीघ्र किया जाना अत्यंत आवश्यक है। किन्तु ऐसी शब्दावली को केवल कोश-ग्रन्थों तक ही सीमित न रखकर उसके प्रचलन एवं परिचालन हेतु नियोजनबद्ध पद्धति से प्रयास किये जाने चाहिए।

प्रयोजनमूलक हिन्दी विकासमान स्थिति में है। जीवन के सामाजिक, मानविकी, तन्त्र-ज्ञान, कम्प्यूटर एवं अन्तरिक्ष विज्ञान से सम्बन्धित अभी भी ऐसे अनेक अत्याधुनिक ज्ञान-क्षेत्र मौजूद हैं जिनके प्रयोग के लिए 'प्रयुक्ति' (Register) निर्मित होने बाकी हैं। अतः विषयगत स्थिति, सन्दर्भ एवं जरूरत के अनुसार ऐसे 'रजिस्टर' तैयार करके उन्हें व्यवहार-योग्य बनाया जाना चाहिए।

प्रकरण 3

प्रयोजनमूलक हिन्दी : प्रयुक्ति के माध्यम

विश्व की समस्त प्रगत भाषाओं के अध्ययन से पता चलता है कि भाषा के तीन प्रमुख रूपों–बोलचाल, साहित्यिक तथा प्रयोजनमूलक–की तुलना में उसके बोलचाल सम्बन्धी तथा साहित्यिक रूपों की अपेक्षा प्रयोजनमूलक रूप के कारण भाषा में अधिक गत्यात्मकता आती है जो उसे चिरंजीवी रखने के लिए अहम् भूमिका अदा करती है। आज साहित्य तो संस्कृत, प्राकृत, मागधी तथा पाली का भी उपलब्ध है परन्तु प्रयोजनमूलकता का तत्त्व नदारद रहने से वे लगभग मृतपाय मानी जाती हैं। आधुनिक हिन्दी भाषा में उसकी प्रयोजनमूलकता के कारण ज्ञान-विज्ञान के क्षेत्र में अत्याधिक उपयोगी सिद्ध हो रही है और इसी के कारण उसका भाषागत विकास भी चरमोत्कर्ष तक पहुँच रहा है। प्रयोजनमूलक हिन्दी ज्ञान-विज्ञान तथा राजकाज के सरकारी कार्यों में वैसे तो खड़ी बोली के माध्यम से अधिकाधिक प्रयुक्त की जा रही है फिर भी हिन्दुस्तानी की सम्भावना बराबर बनी रही है। इसी के साथ-साथ सम्पर्क भाषा के रूप में वह देश के लगभग पच्चीस राज्यों तथा अनेक संघ शासित प्रदेशों में अहम् भूमिका निभा रही है। सरकार द्वारा आविर्भूत 'द्विभाषा सूत्र' के कारण उसके प्रचारप्रसार में वृद्धि होने के साथ वह अनेक भारतीय भाषाओं के बीच सम्पर्क तथा एकता की कड़ी के रूप में भी कार्यरत है। प्रयोजनमूलक हिन्दी की प्रयुक्ति के इन माध्यमों का विस्तृत अध्ययन आवश्यक है। यथा–

(क) खड़ी बोली

आधुनिक हिन्दी, जिसे भारतीय संविधान ने संघ की राजभाषा के रूप में अपनाया है और जो ज्ञान-विज्ञान के अनेकविध प्रयोजनमूलक रूपों में प्रयुक्त हो रही है, वह वास्तविक खड़ी बोली का ही मानक एवं परिष्कृत रूप है। भाषाविज्ञान की दृष्टि से भी खड़ी बोली मानक हिन्दी (Standard Hindi), उर्दू तथा हिन्दुस्तानी की मूलाधार बोली है। खड़ी बोली निम्नलिखित स्थानों के ग्रामीण क्षेत्रों में बोली जाती है–अम्बाला,

बिजनौर, मेरठ, मुजफ्फरनगर, सहारनपुर, देहरादून के मैदानी भाग, दिल्ली, करनाल, रोहतक, हिसार, रायपुर तथा मुरादाबाद।

'खड़ी बोली' शब्द प्रयोग के बारे में भाषा वैज्ञानिकों में काफी मतभेद पाये जाते हैं। 'खड़ी' शब्द के कुछ विद्वान–'उठी हुई' (अर्थात–उन्नत), कुछ विद्वान 'ठेठ' या 'कर्कश', कुछ विद्वान अंग्रेजी उच्चारण के कारण 'खरी' आदि अनेक भेद करते हैं। उर्दू कोशों में 'खड़ी बोली' के लिए 'मर्दानी बोली' शब्द मिलता है। कुछ विद्वान इसे 'गँवार' कहते हैं तो कुछ दूसरे इसे 'परिष्कृत' अथवा शुद्ध रूप में ग्रहण करते हैं। 'खड़ी बोली' शुरू में एक बोली ही थी, बाद में अपनी उन्नति की चरम सीमा में पहुँचकर 'हिन्दी' भाषा बन गई। प्रसिद्ध भाषाविद जार्ज अब्राहम ग्रियर्सन ने इसे 'वर्नाक्यूलर हिन्दुस्तानी' तथा सुनीति कुमार चटर्जी ने 'जनपदीय हिन्दुस्तानी' के नाभाभिधान से सम्बोधित किया है। मूलतः खड़ी बोली दिल्ली तथा मेरठ के आसपास बोली जाने वाली ठेठ बोली रही है जिसे मुसलमानों ने अपनाकर अन्तःप्रान्तीय रूप दिया। वास्तव में खड़ी बोली का जन्म ग्यारहवीं शती में मुसलमानों के आगमन से ही हुआ है। इसके उपरांत भी दिल्ली पर मुस्लिम शासकों का वर्चस्व रहने से उन्होंने अपने शासन तथा व्यवहार में फारसी, अरबी तथा तुर्की के साथ ठेठ खड़ी बोली को अपनाया जिससे इसके विकास की गति बढ़ गई। साथ-ही-साथ उसके शब्द भण्डार में फारसी तथा अरबी शब्दों का भी बाहुल्य हो गया।

वैसे साहित्य के क्षेत्र में 'खड़ी बोली' के आदि प्रयोग गोरखवाणी तथा बाबा फरीद शररगंज की बानियों में भी मिलते हैं परन्तु 'खड़ी बोली' शब्द का प्रयोग सर्वप्रथम सन् 1803 में फोर्ट विलियम कॉलेज के भाषाविद लल्लूजीलाल ने अपने ग्रन्थ 'प्रेमसागर' तथा सदल मिश्र ने अपने ग्रन्थ 'नासिकेतोपाख्यान' में किया। यहीं से खड़ी बोली के विकास की प्रक्रिया को अत्याधिक गति प्राप्त हुई। खड़ी बोली नागरी लिपि में लिखी जाती है और गद्य साहित्य के विकास हेतु उसने रीढ़ की हड्डी का कार्य किया। धीरे-धीरे इसमें उर्दू, फारसी, अरबी, तुर्की, अंग्रेजी तथा भारत की अन्य भाषाओं के शब्द आते गये और उसका व्यावहारिक तथा प्रयोजनमूलक रूप विकसित होता गया जिससे आधुनिक हिन्दी की बहुमुखी विकास हुआ। आधुनिक युग में प्रयुक्त हिन्दी खड़ी बोली का ही विकसित रूप है। इसमें अनेक तकनीकी तथा वैज्ञानिक शब्दों का तथा ग्रन्थों का निर्माण भी हुआ है और हो रहा है। समय परिवर्तन के साथ खड़ी बोली हिन्दी एक सर्वसमावेश प्रगत भाषा के रूप में उन्नति के चरमोत्कर्ष पर पहुँच गई है जिसने हिन्दुस्तानी तथा अन्य भारतीय भाषाओं के प्रयुक्ति रूपों को आत्मसात कर लिया है।

(ख) हिन्दुस्तानी

हिन्दी भाषा का वह रूप, जो उर्दू से अत्याधिक प्रभावित है तथा जिसमें संस्कृत के शब्द बहुत कम और अरबी-फारसी एवं उर्दू के अधिक पाये जाते हैं, 'हिन्दुस्तानी' कहलाता है। वास्तव में हिन्दुस्तानी उर्दू-उन्मुख (Urdu Oriented) ही है। भाषा के सन्दर्भ में सरल हिन्दी अथवा सरल उर्दू का बोलचाल वाला रूप हिन्दुस्तानी कहलाता है। तात्पर्य यह कि उच्चारण तथा व्याकरण की दृष्टि से हिन्दी, उर्दू और हिन्दुस्तानी में कोई विशेष अन्तर नहीं पाया जाता है। हिन्दी की लिपि देवनागरी है और उसमें संस्कृत का बाहुल्य है। हिन्दी संस्कृत-उन्मुख (Sanskrit Oriented) है। उर्दू की लिपि फारसी है और उसमें फारसी शब्दों की प्रधानता रहती है। इन्हीं दोनों का बाजारू रूप हिन्दुस्तानी कहलाता है।

'हिन्दुस्तानी' शब्द का प्रयोग सबसे पहले बाबर के समय में उसी भाषा के लिए उसी (सामान्य और क्लिष्ट) अर्थ में हुआ, जिस भाषा के लिए, जिस अर्थ में हिन्दी या हिन्दवी शब्द का हुआ था। कुछ भाषाविदों के मतानुसार 'हिन्दुस्तानी' शब्द यूरोपीय लोगों का दिया हुआ है। किन्तु यूरोपियन पादरियों ने इस शब्द का प्रयोग अत्यधिक रूप से मुसलमानों की भाषा के लिए ही किया है। फोर्ट विलियम कॉलेज (1800ई.) से पहले हिन्दुस्तानी, हिन्दी तथा हिन्दवी शब्द समानार्थी थे तथा एक ही अर्थ में प्रयुक्त भी होते थे किन्तु फोर्ट विलियम कॉलेज के गिलक्राइस्ट ने खड़ी बोली हिन्दी के नाम पर उर्दू को ही हिन्दुस्तानी माना और हिन्दुस्तानी विभाग में उर्दू को पढ़ाया। उन्होंने हिन्दुस्तानी की तीन शैलियाँ मानी—दरबारी शैली (उर्दू), मध्यम शैली (हिन्दुस्तानी) तथा ग्रामीण शैली (हिन्दवी)। किन्तु अर्थ की दृष्टि से हिन्दुस्तानी से उनका तात्पर्य उर्दू से ही था।

स्वतन्त्रता आन्दोलन के दौरान भारतीय राष्ट्रीय कांग्रेस (Indian National Congress) ने राष्ट्रभाषा के लिए पहले हिन्दुस्तानी नाम को ही चुना क्योंकि तब तक 'हिन्दुस्तानी' शब्द का प्रयोग व्यापक अर्थ में होने लगा था। हिन्दुस्तानी ने उत्तरी हिन्दुस्तान में बोली जाने वाली समस्त भाषाओं के रूपों को आत्मसात कर लिया था। अन्य कुछ भारतीय एवं विदेशी भाषाओं की शब्दावली इस प्रकार घुलमिल गई थी कि एक नई नजाकत के साथ वह उभरकर सामने आयी थी। फारसी के साथ हिन्दुस्तानी के लिए अब नागरी लिपि का भी प्रयोग किया जाने लगा था। साम्प्रदायिक तालमेल तथा राष्ट्रीय एकता के लिए महात्मा गांधी, मौलाना आजाद तथा जवाहरलाल नेहरू ने भी भारत की राष्ट्रभाषा/राजभाषा के रूप में 'हिन्दुस्तानी' के प्रयोग पर अधिक जोर दिया था। परन्तु स्वतन्त्रता पश्चात बहुसंख्यक लोगों ने इसका विरोध किया क्योंकि हिन्दुस्तानी से उनका तात्पर्य उर्दू से ही था और उन्हें डर था कि हिन्दुस्तानी के बहाने उर्दू ही देश की राष्ट्रभाषा/राजभाषा बनाई जायेगी।

इसीलिए संविधान सभा ने 14 सितम्बर, 1949 को हिन्दुस्तानी के बदले हिन्दी को भारतीय संघ की राजभाषा के रूप में स्वीकार किया। दरअसल राजभाषा के रूप में स्वीकृत और विकसित हिन्दी भाषा 'हिन्दुस्तानी' का ही परिष्कृत तथा परिवर्धित रूप माना जा सकता है, क्योंकि हिन्दी ने हिन्दुस्तानी की शैली, शब्दावली तथा प्रयुक्ति के रूपों को अपने में पूर्णत समेट लिया है।

(ग) मानक भाषा

किसी भी भाषा का उसके विभिन्न रूपों की अभिव्यक्ति के माध्यम के लिए उसका मानक (Standard) रूप ही प्रयुक्त होता है। इसीलिए हिन्दी को प्रयोजनमूलक प्रयुक्ति के माध्यम के परिप्रेक्ष्य में उसके मानक रूप पर विचार करना आवश्यक हो जाता है।

भाषाविज्ञान के अनुसार मानक भाषा को आदर्श भाषा, टकसाली तथा परिनिष्ठित भाषा (Standard Language) भी कहते हैं। सभ्यता के विकास के साथ किसी विशिष्ट भाषाक्षेत्र की बोली को आदर्श मानकर उसका प्रयोग पूरे क्षेत्र के सम्बन्धित कार्यों के लिए किया जाता है। इसे ही आदर्श या मानक भाषा कहा जाता है। मानक भाषा साहित्य के साथ शिक्षित वर्ग के लोगों की शिक्षा, पत्राचार तथा व्यवहार आदि की भाषा हो जाती है। आदर्श या मानक भाषा के तत्कालीन स्वरूप को ग्रहण कर उसका व्याकरण तथा उच्चारण आदि की प्रक्रिया लगभग निश्चित कर दी जाती है और इस प्रकार मानक भाषा स्थिर तथा सुस्थापित हो जाती है। मानक भाषा पर प्रादेशिक बोलियों का भी प्रभाव अवश्य दृष्टिगत होता है, यह प्रभाव शब्द-समूह, व्याकरण तथा उच्चारण आदि रूपों में देखा जा सकता है। मानक भाषा के मौखिक और लिखित रूप प्रचलित हैं किन्तु मौखिक रूप की अपेक्षा लिखित रूप अत्यधिक संस्कारक्षम या सुसंस्कृत होता है।

मानक भाषा की उपर्युक्त कसौटियों को दृष्टिगत रखकर देखें तो हम पायेंगे कि आज की मानक हिन्दी का रूप 'खड़ी बोली' से विकसित हुआ है और इसमें अनेक देशी तथा विदेशी भाषाओं की अनुप्रयुक्त शब्दावली का समावेश हो गया है। इसकी लिपि देवनागरी है और उसमें आवश्यकता एवं समयानुसार परिवर्तन कर लिये गये हैं। इसकी वर्तनी का स्वरूप भी लगभग निश्चित है और साहित्य के साथ-साथ अनेक राज्य (उत्तर प्रदेश, बिहार, मध्य प्रदेश, राजस्थान, हिमाचल प्रदेश तथा दिल्ली एवं अंडमान निकोबार द्वीप समूह संघ शासित प्रदेश) एवं भारतीय संघ की राजभाषा के रूप में वह प्रतिष्ठित हो चुकी है। इतना ही नहीं, इस मानक हिन्दी का अध्ययन-अध्यापन भारत के अलावा विश्व के लगभग एक सौ दस विश्वविद्यालयों में हो रहा है तथा वह विश्व भाषा के रूप में प्रस्थापित होने की दिशा में तेजी से अग्रसर है। यह तथ्य लगभग सर्वमान्य हो गया है कि विश्व की तीन हजार भाषाओं की तुलना में हिन्दी की देवनागरी लिपि कम्प्यूटरों के लिए सर्वाधिक सुविधाजनक

एवं वैज्ञानिक है।

हिन्दी भाषा के इसी मानक रूप के माध्यम से उसमें अनेकविध वैज्ञानिक, तकनीकी एवं मानविकी आदि का सन्दर्भ साहित्य निर्माण हो रहा है और देश की राजभाषा के रूप में यही रूप प्रयुक्त किया जा रहा है।

(घ) सम्पर्क भाषा

वस्तुतः सम्पर्क भाषा (Contact Language or Link Language) कोई भाषा-भेद नहीं है, उसे हम भाषा-प्रयुक्ति के अन्तर्गत रख सकते हैं। और इसी संकल्पना (Concept) के परिप्रेक्ष्य में उसका विचार तर्क संगत होगा। सम्पर्क भाषा की संकल्पना वास्तव में देश की बहुभाषायी स्थिति अथवा अन्तर्राष्ट्रीय मंच पर अनेकविध भाषाओं के कारण उपस्थित होकर सामने आती है। परिभाषा के रूप में कहा जा सकता है कि—"अनेक भाषाओं की उपस्थिति के कारण जिस सुविधाजनक विशिष्ट भाषा के माध्यम से व्यक्ति-व्यक्ति, राज्य-राज्य, राज्य-केन्द्र तथा देश-विदेश के बीच सम्पर्क स्थापित किया जाता है, उसे सम्पर्क भाषा (Contact or Inter Language) की संज्ञा दी जा सकती है।"

सम्पर्क भाषा एक व्यापक संकल्पना है जो व्यक्ति, राज्य, राष्ट्र एवं अन्तर्राष्ट्रीय रूप में द्विपक्षीय भाषिक सम्बन्धों के बीच भावात्मक एवं व्यावहारिक कड़ी का महत्तम कार्य करती है। किसी बहुभाषी देश की प्रमुख राष्ट्रभाषा अथवा राजभाषा राज्य-समुदाय तथा जनसामान्य की सुविधानुसार सम्पर्क भाषा का रूप धारण कर प्रस्थापित हो जाती है। दूसरे शब्दों में कहा जा सकता है कि किसी बहुभाषी राष्ट्र में जो भाषा अधिक-से-अधिक लोग बोल और समझ सकते हैं तथा अपनी सहज भाषा प्रकृति के फलस्वरूप पूरे राष्ट्र में व्यावहारिक रूप से सम्पर्क स्थापित करने का कार्य करती है वही भाषा सम्पर्क भाषा का स्थान लेती है।

सम्पर्क भाषा की मुख्य विशेषता उसकी बोलचाल की प्रयुक्ति एवं सरलता होती है। इसमें पारिभाषिक, वैज्ञानिक तथा तकनीकी शब्दावली का प्रयोग अपेक्षाकृत कम रहता है और यदि रहता भी है तो वह सम्पर्क की प्रयोजन पूर्ति हेतु पूरक रूप में ही विद्यमान रहता है। सम्पर्क भाषा कानूनी बाध्यताओं से परे स्वाभाविक ढंग से प्रयुक्त होकर पनपती है जिससे भाषिक सामाजिक तथा सांस्कृतिक आदान-प्रदान में वृद्धि होती है। इसी प्रकार, सम्पर्क भाषा परिस्थितिजन्य युगीन आवश्यकता-पूर्ति के माध्यम के रूप में जनसाधारण द्वारा स्वेच्छा से किन्तु राज्य सरकारों या देश-विदेश की केन्द्र सरकारों द्वारा कानूनी बाध्याताओं के परिणामस्वरूप भी अपनायी जाती है।

भारत में सम्पर्क भाषा के रूप में हिन्दी को निर्विवाद रूप से अपनाया गया है। वैसे, अप्रत्यक्ष रूप से संविधान के अनुच्छेद 351 के अनुसार जब हिन्दी भाषा के विकास के लिए निदेश का प्रावधान किया गया तब अप्रत्यक्ष रूप से हिन्दी को

सम्पर्क भाषा के रूप में ही विकसित करने पर जोर दिया गया है। उक्त अनुच्छेद में ऐसी हिन्दी का विकास करने का निदेश है जिसमें हिन्दुस्तानी और अन्य भारतीय भाषाओं की शैली, रूप तथा पदावली को आत्मसात करके संस्कृत तथा अन्य देशी-विदेशी भाषाओं से भी शब्द ग्रहण कर उसका ऐसा रूप उभरे जो भारत की सामाजिक संस्कृति के अभिव्यक्ति का माध्यम बन सके। किन्तु प्रत्यक्ष रूप से संविधान में कहीं भी सम्पर्क भाषा का प्रत्यक्ष उल्लेख नहीं है।

सन् 1965 के बाद (भाषाई आंदोलन तथा दंगों के फलस्वरूप) हिन्दी को सम्पर्क भाषा के रूप में अधिक मान्यता प्राप्त हुई। 1991 की जनगणना के आँकड़ों के अनुसार भी हिन्दी ही एकमात्र ऐसी भाषा है जिसे भारत के अधिक-से-अधिक लोग लिख, पढ़, समझ तथा बोल सकते हैं। सरकारी कामकाज, सक्रिय राजनीति तथा वाणिज्यिक प्रचार-प्रसार के अतिरिक्त देश-भर के विभिन्न राज्यों, वर्गों एवं बहुभाषा भाषिक लोगों में सामाजिक, धार्मिक, आर्थिक राजनीतिक, साहित्यिक तथा सांस्कृतिक आदान-प्रदान व व्यवहार के लिए हिन्दी ही सम्पर्क सूत्र के रूप प्रयोग में लायी जाती है।

अन्तर्राष्ट्रीय स्तर पर अंग्रेजी सम्पर्क भाषा के रूप में प्रयुक्त की जाती है और विश्व के अधिकतम देशों ने इसे परस्पर व्यवहार एवं राजनयिक स्तर पर सम्पर्क की भाषा के रूप में मान्यता प्रदान की है।

(ङ) राष्ट्रभाषा

राष्ट्रभाषा शब्द बड़ा व्यापक और सर्वसमावेशी है। राष्ट्रभाषा की संकल्पना में मातृभाषा, राज्य भाषा या प्रादेशिक भाषा, सम्पर्क भाषा तथा राजभाषा आदि का सहज समाहार हो जाता है। राष्ट्रभाषा को लोकभाषा या 'लिंग्वा फ्रान्का' (Lingua Franca) भी कहा जा सकता है।

सामान्यतः जिस भाषा का प्रयोग सम्पर्क और अन्य व्यवहार में समस्त राष्ट्र के अधिक-से-अधिक लोग करते हैं, जिस भाषा को राष्ट्र के अधिक-से-अधिक लोग लिख, बोल तथा समझ सकते हैं और जो भाषा राष्ट्र की आत्मा को सक्षमता से पहचान कर उसे अभिव्यक्ति प्रदान करती है, उसे राष्ट्रभाषा (National Language) कहते हैं। भाषाविज्ञान की दृष्टि से देखा जाए तो कह सकते हैं कि क्षेत्र विशेष की भाषा जब अत्याधिक उन्नत बनकर महत्त्वपूर्ण स्थान ग्रहण कर लेती है और उसका प्रयोग देश के सार्वजनिक कार्यों में प्रमुखता से किया जाने लगता है तब वह राष्ट्रभाषा के रूप में प्रतिष्ठित होती है।

राष्ट्रभाषा का सम्बन्ध राष्ट्र की परम्परा, संस्कृति तथा सभ्यता से जुड़ा होता है। राष्ट्र के ऐतिहासिक, सामाजिक, सांस्कृतिक, सांस्कृतिक तथा राजनीतिक परिप्रेक्ष्य में राष्ट्रीय आवश्यकता तथा अस्मिता के रूप में राष्ट्रभाषा विकसित होकर

पनपती है। राष्ट्रभाषा जनता के बीच उभरकर बढ़ती है, इसीलिए वह समस्त राष्ट्र की वाणी के रूप में महत्ता प्राप्त करती है। बहुभाषी-राष्ट्र में उस राष्ट्र की केन्द्रीय भाषा (बहुजन द्वारा लिखी, बोली व समझी जाने वाली भाषा) राष्ट्रभाषा के रूप में विकसित होकर स्थापित हो जाती है।

राष्ट्रभाषा के गुणों में मुख्य रूप से सरलता, सुगमता, स्पष्टता, संचार सुलभता, सर्वग्राह्यता तथा लोकप्रियता आदि की गणना की जा सकती है। उसमें राजभाषा में समाविष्ट क्लिष्टता, दुरूहता तथा कानूनी बाध्यता नहीं होती। वह राष्ट्रीय चेतना, राष्ट्र गौरव तथा राष्ट्रीय एकता के अविभाज्य अंग के रूप में प्रतिष्ठित होती है। इसीलिए, राष्ट्रभाषा केवल देश की अपनी ही कोई भाषा हो सकती है—विदेशी भाषा नहीं। विदेशी भाषा किसी राष्ट्र की राजभाषा अथवा सहभाषा अथवा सम्पर्क भाषा बन सकती है, किन्तु वह राष्ट्रभाषा नहीं हो सकती। किसी राष्ट्र की राष्ट्रभाषा उस देश की राज्यभाषा (प्रादेशिक भाषा), राजभाषा तथा सम्पर्क भाषा भी हो सकती है जैसे—हिन्दी।

भारतवर्ष में राष्ट्रभाषा का प्रश्न राष्ट्रीय आन्दोलन से ही जुड़ा हुआ है। बहुभाषी भारतवर्ष में सम्पर्क सूत्र के रूप में ही हिन्दी को राष्ट्रभाषा होने का गौरव प्राप्त है। किन्तु भाषिक एकता, समानता और महत्ता बनाये रखने के लिए हमारे संविधान में (आठवीं अनुसूची) भारत की प्रमुख सत्रह भाषाओं को राष्ट्रीय भाषाओं का दर्जा दिया गया है। फिर भी, राष्ट्रीय आन्दोलन के शुरू से ही राष्ट्रभाषा के गौरवपूर्ण स्थान पर हिन्दी विद्यमान है। राष्ट्रपिता महात्मा गांधी ने सन् 1917 में भारत की राष्ट्रभाषा के बारे में अपने विचार व्यक्त करते हुए कहा था कि "किसी भी भाषा में राष्ट्र भाषा बनने के लिए निम्नलिखित गुण जरूर होने चाहिए—

(*i*) उसे सरकारी कर्मचारी आसानी से सीख सकें।

(*ii*) वह समस्त भारत में धार्मिक, आर्थिक और राजनीतिक सम्पर्क के माध्यम के रूप में प्रयोग के लिए सक्षम हो।

(*iii*) वह अधिकांश भारतीयों द्वारा बोली जाती हो।

(*iv*) सारे देश को उसे सीखने में आसानी हो।

(*v*) ऐसी भाषा को चुनते समय अस्थायी या क्षणिक परिस्थितियों को महत्त्व न दिया जाये।

भारतीय भाषाओं में केवल हिन्दी ही एक ऐसी भाषा है जिसमें उपर्युक्त सभी गुण हैं।" (एम.के.गाँधी, ईविल एंट बाई द इंगलिश मीडियम, नवजीवन पब्लिशिंग हाउस, संपा.—आर.के.प्रभु, पृ. 37-38)

फलतः स्वतन्त्रता आन्दोलन से लेकर आज तक राजनीतिक, सांस्कृतिक, धार्मिक तथा सामाजिक आदि सभी स्तरों पर हिन्दी ही राष्ट्रभाषा के रूप में जनमानस पर विराजमान है।

(च) त्रिभाषा सूत्र

भारत जैसे बहुभाषी देश में भाषिक समस्या के राजनीतिक समाधान के रूप में 'त्रिभाषा सूत्र' का सूत्रपात हुआ। त्रिभाषा सूत्र की परिकल्पना इस मान्यता पर आधारित है कि जहाँ तक भाषाएँ सीखने का प्रश्न है, विशेष कर हिन्दी को सम्पर्क भाषा बनाने के प्रयत्नों के सन्दर्भ में, वहाँ भाषा के अध्ययन की जिम्मेदारी विभिन्न राज्यों को समान रूप से उठानी चाहिए। त्रिभाषा सूत्र के अनुसार हिन्दीतर भाषी राज्यों में प्रत्येक विद्यार्थी को मोटे तौर पर क्षेत्रीय भाषा (उसके प्रदेश/राज्य की), हिन्दी तथा अंग्रेजी सीखनी है। इसके विपरीत हिन्दी भाषी राज्यों में प्रत्येक विद्यार्थी को हिन्दी, एक अन्य क्षेत्रीय भाषा तथा अंग्रेजी सीखनी है। इसके पीछे उद्देश्य यह रहा कि सारे देश में छात्र जीवन में ही विद्यार्थी अपनी भाषा के साथ हिन्दी सीखेंगे और इस तरह, हिन्दी स्वयमेव सम्पर्क भाषा के रूप में स्थापित हो जाएगी।

सर्वप्रथम 1956 में 'केन्द्रीय शिक्षा सलाहाकार बोर्ड' ने इस 'त्रिभाषा सूत्र' की सिफारिश की थी। बोर्ड ने विकल्प के रूप में दो फार्मूले सुझाए–

पहला फार्मूला

(अ) (*i*) मातृभाषा या
(*ii*) क्षेत्रीय भाषा
(*iii*) मातृभाषा और एक क्षेत्रीय भाषा का मिला-जुला पाठ्यक्रम, अथवा
(*iv*) मातृभाषा और क्लासिकल भाषा का मिला-जुला पाठ्यक्रम या
(*v*) क्षेत्रीय भाषा और क्लासिकल भाषा का मिला-जुला पाठ्यक्रम

(आ) हिन्दी अथवा अंग्रेजी, और–

(इ) कोई एक आधुनिक भारतीय अथवा आधुनिक यूरोपीय भाषा बशर्ते कि इसे ऊपर लिखे (अ) और (आ) में पहले ही न ले लिया हो।

दूसरा फार्मूला

(अ) जैसा ऊपर है (पहले में)

(आ) अंग्रेजी अथवा कोई एक आधुनिक यूरोपीय भाषा, और

(इ) हिन्दी (हिन्दीतर भाषी क्षेत्रों के लिए) अथवा एक अन्य आधुनिक भारतीय भाषा (हिन्दी भाषी क्षेत्र के लिए)

भारत सरकार के शिक्षा मंत्रालय ने सरकारों के परामर्श से इस बोर्ड द्वारा की गई उक्त सिफारिशों के आधार पर सन् 1957-58 में 'त्रिभाषा सूत्र' को स्वीकार किया। सन् 1961 के मुख्यमंत्री सम्मेलन में उक्त त्रिभाषा फार्मूलों को सरल करके निम्नानुसार स्वीकार कर लिया गया–

(*i*) क्षेत्रीय भाषा और मातृभाषा जबकि, मातृभाषा क्षेत्रीय भाषा से भिन्न हो
(*ii*) हिन्दी अथवा हिन्दी भाषा क्षेत्र में दूसरी (अन्य कोई) भारतीय भाषा
(*iii*) अंग्रेजी अथवा कोई एक आधुनिक यूरोपीय भाषा।

इस सूत्र के अनुसार हिन्दी भाषी राज्यों में हिन्दी और अंग्रेजी के अतिरिक्त एक आधुनिक भारतीय भाषा जो सामान्यता दक्षिण भारतीय भाषा हो, पढ़ी जानी चाहिए। इसी प्रकार, हिन्दीतर भाषी राज्यों में क्षेत्रीय भाषा और अंग्रेजी के साथ हिन्दी भाषा पढ़ाया जाना आवश्यक है। भारत की संसद के दोनों सदनों में 1968 में एक संकल्प पारित करके उक्त 'त्रिभाषा सूत्र' की मुख्य बातों की पुष्टि की–

"जबकि एकता की भावना के संवर्धन तथा देश के विभिन्न भागों में जनता में संचार की सुविधा हेतु यह आवश्यक है कि भारत सरकार द्वारा राज्य सरकारों के परामर्श से तैयार किए गए त्रिभाषा सूत्र को सभी राज्यों में पूर्णतः कार्यान्वित करने के लिए प्रभावी उपाय किए जाने चाहिए।

यह सभा संकल्प करती है कि हिन्दी भाषी क्षेत्रों में, हिन्दी तथा अंग्रेजी के अतिरिक्त एक आधुनिक भारतीय भाषा के, दक्षिण भारत की भाषाओं में से किसी एक को तरजीह देते हुए, और अहिन्दी भाषी क्षेत्रों में प्रादेशिक भाषाओं एवं अंग्रेजी के साथ-साथ हिन्दी के अध्ययन के लिए उस सूत्र के अनुसार प्रबन्ध किया जाना चाहिए।

यद्यपि 'त्रिभाषा सूत्र' के पक्ष और विपक्ष में अनेक दलीलें देने और सभी राज्य सरकारों द्वारा इसे समान रूप से लागू न किए जाने के बावजूद केन्द्रीय सरकार इस सूत्र की महत्ता से अनभिज्ञ नहीं है और इसीलिए इसके प्रभावी कार्यान्वयन के लिए सभी सम्भव कदम उठा रही है। 'त्रिभाषा सूत्र' भले ही शिक्षा शास्त्र के नियमों के अनुरूप न हो किन्तु देश में हिन्दी भाषा के अध्ययन के साथ उसके प्रचार और प्रसार के अनेक नये आयाम उसने उद्घाटित कर दिए हैं जिसके दूरगामी अच्छे परिणाम अवश्य सामने आएँगे।

(छ) राजभाषा

हिन्दी में 'राजभाषा' शब्द अंग्रेजी के 'ऑफिशियल लैंग्वेज (Official Language) के पर्याय के रूप में प्रयुक्त हो रहा है। इस शब्द का प्रयोग कानूनी तौर पर स्वतन्त्र भारत के संविधान में सर्वप्रथम किया गया। राजभाषा एक परिभाषिक शब्द है जिसका अर्थ है "सरकारी राजकाज (कामकाज) के लिए प्रयुक्त भाषा।"

भारत का संविधान बनने से पहले राजभाषा शब्द का प्रयोग राष्ट्रभाषा और राज्यभाषा के अर्थ में भी अनेक विद्वानों, राजनीतिज्ञों तथा भाषाविदों द्वारा किया जाता था जो सही नहीं था। वास्तव में राष्ट्रभाषा (National Language) राज्यभाषा (State Language) और राजभाषा (Official Language) शब्दों में सूक्ष्म किन्तु स्पष्ट भेद हैं। राष्ट्रभाषा समस्त राष्ट्र के लोगों द्वारा सम्पर्क हेतु स्वतः प्रयुक्त एवं

मान्य होती है जबकि राजभाषा सरकारी कार्य चलाने के लिए विधि द्वारा मान्यता प्राप्त होती है। राज्यभाषा किसी विशिष्ट राज्य के लोगों की तथा उस राज्य के राजकाज के लिए विधि द्वारा मान्यता प्राप्त भाषा होती है। राज्यभाषा और राजभाषा की तुलना में राष्ट्रभाषा की संकल्पना अधिक विस्तृत, सर्वसमावेशी तथा अस्मिता लिये हुए होती है।

'राजभाषा' शब्द के अन्तर्गत 'राज' शब्द से कुछ विद्वानों तथा जनसामान्य में कुछ भ्रान्तियाँ हैं और इसी के कारण वे 'राजभाषा' से "राजा की भाषा", "राज्य की भाषा" अथवा "राज (राजसत्ता) की भाषा" आदि अर्थ ग्रहण करते हैं। वस्तुतः, जैसा कि पहले स्पष्ट किया जा चुका है, राजभाषा एक पारिभाषिक शब्द है जो "सरकारी कामकाज में प्रयुक्त भाषा" के निश्चित अर्थ में हमारे संविधान द्वारा (भारत का संविधान, अध्याय 17, अनुच्छेद 343 : संघ की राजभाषा देवनागरी लिपि में लिखी हिन्दी होगी) किया गया है। यहाँ, संघ की राजभाषा से तात्पर्य संघ के विधानांग, कार्यांग तथा न्यायांग आदि तीनों प्रमुख अंगों के कार्यकलाप में प्रयुक्त भाषा से है। अतः राजभाषा की परिभाषा पर विचार करते हुए संक्षेप में कहा जा सकता है कि—"किसी भी प्रकार की सरकार के विधानांग, कार्यांग तथा न्यायांग के कार्यकलाप के लिए माध्यम के रूप में प्रयुक्त संवैधानिक मान्यता प्राप्त भाषा ही राजभाषा कहलाती है।"

राजभाषा की कुछ प्रमुख विशेषताओं को रेखांकित किया जा सकता है, जैसे राजभाषा विधि द्वारा मान्यता प्राप्त होती है। राजभाषा एक प्रयुक्ति (Register) के रूप में प्रयुक्त होती है। इसकी प्रमुख विशेषता यह है कि इसकी शब्दावली पारिभाषिक होती है और इसका साहित्य सरकारी साहित्य कहलाता है। राजभाषा हमेशा शासन से जुड़ी रहती है, आवश्यक नहीं कि वह जनसामान्य से जुड़ी हो। किसी देश की राजभाषा राष्ट्रभाषा और राज्य-भाषा भी हो सकती है—जैसे भारत में हिन्दी। यह आवश्यक नहीं कि राजभाषा सम्बन्धित राष्ट्र की राष्ट्रभाषा भी हो, जैसे—अंग्रेज शासन के दौरान देश की राजभाषा अंग्रेजी थी जो भारत की राष्ट्रभाषा नहीं थी। किसी राष्ट्र अथवा राज्य में एक या अनेक भाषाएँ राजभाषा के रूप में विद्यमान या विधि द्वारा मान्यता प्राप्त हो सकती है। चूँकि राजभाषा सरकारी कामकाज से जुड़ी होती है, इसलिए इसमें पद लालित्य, अलंकार, मुहावरे, कहावतें आदि का प्रयोग कभी पाया नहीं जाता और न ही अपेक्षित होता है। इसके विपरीत इसकी शब्दावली एकार्थक, निश्चित अर्थ में पद प्रयुक्ति तथा भाषा अत्यधिक औपचारिक तथा नीरस होती है।

संविधान के अनुच्छेद 343 के अनुसार भारतीय संघ की राजभाषा के रूप में हिन्दी को अपनाया गया है और इसी के साथ उसके विकास के लिए भी संविधान के अनुच्छेद 351 के अनुसार निर्देश दिये गये हैं। एक ऐसी हिन्दी के विकास करने के लिए निर्देश दिये गये हैं जो भारत की सामाजिक संस्कृति के सभी तथ्यों की अभिव्यक्ति का माध्यम बन सकें।

इस प्रकार, संवैधानिक मान्यता के साथ राजभाषा के रूप में हिन्दी की प्रयोजनमूलक प्रयुक्ति निरन्तर विकासमान है।

(ज) राज्यभाषा

जो भाषा किसी विशिष्ट राज्य में प्रमुख रूप से प्रयुक्त होती है, उसे राज्यभाषा (State Language) कहा जाता है। स्थूल रूप से राज्यभाषा को क्षेत्रीय अथवा प्रादेशिक भाषा (Regional Language) भी कहा जाता है। किसी एक राज्य में मान्यता प्राप्त एक अथवा अनेक भी राज्यभाषाएँ हो सकती है जैसे महाराष्ट्र में मराठी एवं कोंकणी तथा उत्तर प्रदेश में हिन्दी एवं उर्दू।

हमारे संविधान में राजभाषा सम्बन्धी जो प्रावधान किये गये हैं, उनमें राज्यभाषा संकल्पना का कोई उल्लेख नहीं है। किन्तु इसमें "प्रादेशिक भाषा" (Regional Language) शब्द के अन्तर्गत पन्द्रह प्रमुख भारतीय भाषाओं का उल्लेख मिलता है, जिसमें संस्कृत तथा सिन्धी भाषाएँ भी शामिल हैं। संस्कृत तथा सिन्धी भाषाएँ किसी भी राज्य में प्रमुख रूप से बोली नहीं जातीं फिर भी शायद सांस्कृतिक सौहार्द तथा भाषायी एकता के लिए इन भाषाओं को संविधान की आठवीं अनुसूची में शामिल किया गया होगा। अतः स्पष्ट है कि संवैधानिक मान्यता के बावजूद सिन्धी और संस्कृत भाषाएँ "राज्यभाषाएँ" नहीं हैं। इसके विपरीत मणिपुर राज्य की प्रमुख भाषा "मणिपुरी" संविधान की आठवीं अनुसूची में सम्मिलित न होकर भी मणिपुर राज्य की "राजभाषा" भी है। यही बात कश्मीरी भाषा की भी है।

किसी राज्य की राज्यभाषा उसकी राजभाषा भी हो सकती है तथा कोई राज्यभाषा पूरे देश की भी राजभाषा हो सकती है। वैसे, राज्यभाषा की संकल्पना "राष्ट्रभाषा" से अत्यधिक लघु होती है। राज्यभाषा, साधारणतया किसी राज्य, प्रदेश अथवा प्रान्त तक सीमित रहती है, इसके विपरीत राष्ट्रभाषा समस्त राष्ट्र की अस्मिता, परम्परा तथा संस्कृति से जुड़ी होने के साथ सम्पर्क हेतु पूरे राष्ट्र में व्यवस्त होती है। प्रमुख राज्यभाषा सम्बन्धित राज्य में सम्पर्क हेतु प्रयुक्त होती है।

राज्यभाषा अपने आप में राष्ट्रभाषा या विश्वभाषा की तुलना में सीमित होती है। उसका प्रचलन सम्बन्धित राज्य की जनता तक ही होने के कारण इसके विकास की गति अपेक्षाकृत कम रहती है। राज्यभाषा में पारिभाषिक शब्दावली भी मौजूद रहती है किन्तु इसके बावजूद वह अत्यधिक स्वाभाविक तथा अनौपचारिक होती है क्योंकि यह भाषा उस राज्य के बहुसंख्यक लोगों की मातृभाषा भी होती है। अतः मातृभाषा के रूप में इसकी स्वाभाविकता बरकरार रहते हुए राजकाज तथा सम्पर्क हेतु वह सहजता से प्रयुक्त होती रहती है। राज्यभाषा जब राज्य अथवा देश की राजभाषा के पद पर आसीन होती है तब उसे अनेक भाषायी दायित्वों का निर्वाह करना पड़ता है, और परिणामतः वह अत्यधिक बोझिल, क्लिष्ट तथा नीरस हो जाती है।

प्रकरण 4

प्रयोजनमूलक हिन्दी : शैलियाँ एवं प्रयुक्तियाँ

हिन्दी न केवल साहित्य अपितु व्यवहार और अनुप्रयोग की भाषा है। सामाजिक एवं सांस्कृतिक परिवेश और प्रयोग के आधार पर उसके अनेकानेक रूप आज उभरकर सामने आ रहे हैं। साहित्यिक रूप किसी भी भाषा को स्थित्यात्मक बनाता है और इसके विपरीत प्रयोनमूलक रूप उस भाषा को गत्यात्मक बनाता है। इस अर्थ में भाषा का जीवंत रहने अर्थात प्रयोजनमूलक (Functional or applied) रूप अत्यधिक महत्त्वपूर्ण माना जा सकता है। आज साहित्य तो संस्कृत और प्राकृत का भी उपलब्ध है परन्तु उसका प्रयोजनमूलक रूप अत्यंत क्षीण हो जाने के कारण ये भाषाएँ प्रायः मृत-सी हो गई हैं। हिन्दी भाषा के अत्यन्त गतिशील होने का मूल कारण यही है कि उसका प्रयोजनमूलक रूप अत्यधिक गत्यात्मक है। अनुप्रयुक्ति के अनेक क्षेत्रों में उसकी प्रवहमयता विशिष्ट शैलियों एवं विविध प्रयुक्तियों द्वारा अक्षुण्ण है।

(क) हिन्दी की प्रयोजनमूलक शैलियाँ

भाषा-सौन्दर्य में शैली का स्थान सर्वोपरि माना जा सकता है। शैली के विभिन्न रूपों के कारण ही भाषा की विशिष्टता दृष्टिगोचर होती है। शैली की विशिष्टता के माध्यम से ही वांछित विचारों तथा भावों को स्पष्टता एवं प्रभावोत्पादकता से प्रकट किया जा सकता है।

शैली (Style) : शैली एक पारिभाषिक शब्द है। परिस्थिति सन्दर्भ द्वारा निर्धारित विषय-वस्तु, भाषिक अभिव्यक्ति के माध्यम और टेनोर सन्दर्भ अथवा लहजे इन तीनों के समामेलन के परिणामस्वरूप जिस प्रकार का विशिष्ट भाषिक प्रयोग दृष्टिगत होता है, उसे शैली (Style) कहा जाता है। शैली विषय, संदर्भ तथा व्यक्ति सापेक्ष होती है।

किसी भी भाषा में शैली की भूमिका विशिष्ट किन्तु व्यापक होती है। भाषा

हिन्दी की प्रयोजनमूलक शैलियाँ [Style]

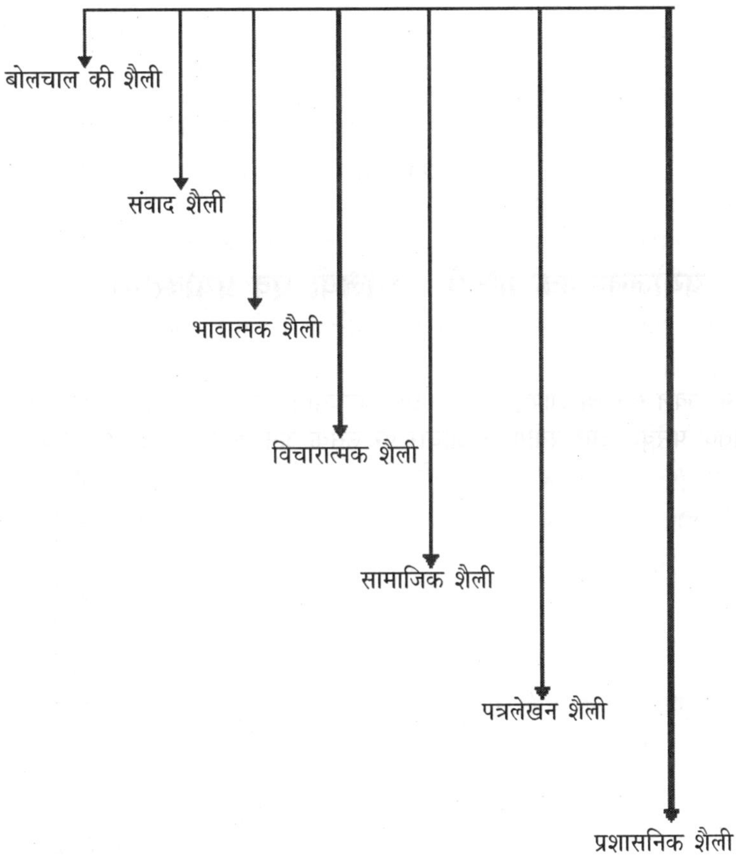

की प्रयुक्ति-विशेष, विधा-विशेष तथा प्रयोक्ता विशेष के अनुसार भाषा में जो विशिष्टताएँ दृष्टिगत होती हैं—उन्हें भाषा की शैलियाँ कहा जाता है। प्रयुक्ति तथा विधा के अनुसार भाषा में विभिन्न भेद पाये जाते हैं जो एक-दूसरे से प्रायः भिन्न होते हैं किन्तु सन्दर्भगत विशेषताओं तथा उद्देश्यों में अभिव्यक्ति की रीति होने के कारण शैली कहलाते हैं। संक्षेप में, एक ही भाषा के अन्तर्गत पाये जाने वाले अनुप्रयुक्त भेदों के परिणामस्वरूप विभिन्न भाषा-भेद दृष्टिगत होते हैं इसे ही शैली कहते हैं। अतः विश्व की कोई भाषा शैली मुक्त नहीं हो सकती है। शैली के अर्थगत तथा शब्दगत दो विभाग होते हैं। साहित्यिक शैली में इन दोनों का प्रयोग

होता रहता है। प्रयोग के प्रकारान्तर से भाषा में अनेक शैलियों का निर्माण और प्रचलन बराबर होता रहता है।

हिन्दी एक अत्यन्त विकसित आधुनिक भारतीय भाषा है। उसका साहित्यिक रूप जितना समृद्ध है उससे अधिक मात्रा में, शायद, उसका प्रयोजनमूलक रूप तीव्र गति से विकसित हो रहा है। हिन्दी साहित्य और भाषा के अन्तर्गत जितनी शैलियाँ प्रचलित और विद्यमान हैं, उतनी शायद विश्व की किसी भी भाषा की नहीं हो सकती। जीवन के विभिन्न क्षेत्रों में बड़े पैमाने पर अनुप्रयुक्ति तथा सम्प्रेषण की सशक्त भाषा के रूप में हिन्दी को अनेक प्रयोजनों का निर्वहण करना पड़ रहा है और उसकी अनेकानेक प्रयुक्तिपरक नयी शैलियाँ उद्घाटित होकर सामने आ रही हैं। हिन्दी भाषा की प्रमुख प्रयोजनमूलक शैलियों में निम्न लिखित को रेखांकित किया जा सकता है :

(अ) बोलचाल की शैली
(आ) सम्वाद शैली
(इ) भावनात्मक शैली
(ई) विचारात्मक शैली
(उ) सामाजिक शैली
(ऊ) पत्र लेखन शैली
(ए) प्रशासनिक शैली

(अ) बोलचाल की शैली

हिन्दी भाषा की प्रयुक्ति की दो मुख्य शैलियाँ मानी जा सकती हैं–बोल-चाल की शैली तथा साहित्यिक शैली। साहित्य के अन्तर्गत सन्दर्भ, विषय तथा लेखक-विशेष के अनुसार अनेक शैलियाँ प्रचलित हैं। बोलचाल अथवा बातचीत की शैली को हिन्दी की मूलभूत प्रवृत्ति मानी जा सकती है।

बोलचाल की हिन्दी और साहित्यिक हिन्दी में बहुत अन्तर होता है। व्याकरण भाषा का विश्लेषण कर उसे विभिन्न प्रकार के पदों में बाँट देता है। साहित्यिक भाषा की भी अपनी एक विशेषता रहती है। उसमें संज्ञा, विशेषण, कारक आदि पद नियत या निर्धारित क्रम में आना अनिवार्य होता है। परन्तु यह सब भाषाई व्यवस्था बोलचाल की हिन्दी में पूरी तरह नहीं पाई जाती। नित्यप्रति के व्यवहार में बोली जाने वाली हिन्दी का रूप उसके साहित्यिक रूप से सर्वथा भिन्न होता है। लिखित हिन्दी और बोलचाल की हिन्दी भाषा में विशेष फर्क यह है कि बोलचाल में छोटे-छोटे जुमले दो, तीन अथवा चार पदों के होते हैं किन्तु लिखित भाषा में

अपेक्षाकृत लम्बे और क्लिष्ट वाक्यों का समावेश रहता है। बोलचाल की भाषा में वाक्यों को जोड़ने के लिए समुच्चयादिबोधक अव्ययों का प्रयोग होता है। इसके विपरीत लिखित भाषा में वाक्य के अंश एक-दूसरे पर आश्रित रहते हैं। इस प्रकार बोलचाल की हिन्दी अन्य साहित्यिक एवं परिनिष्ठित हिन्दी से भिन्न होती है जिसे भाषागत स्वाभाविकता ही कहा जाना चाहिए।

बोलचाल की हिन्दी में व्यक्ति के विचार, भाव तथा इच्छाएँ आदि व्यक्त करने के लिए अपनत्व या निजत्व के भाव प्रधान रहते हैं जिसके फलस्वरूप भाषा में एक स्वाभाविक प्रवाह दिखाई देता है। बोलचाल की हिन्दी में विचार अथवा भावनाओं का उद्रेक पाया जाता है तो कभी आत्मीय सम्बन्धों की भीनी गंध।

हिन्दी की बोलचाल सम्बन्धी प्रवृत्ति क्षेत्रीय और स्थानीय बोलियों से भी अत्यधिक प्रभावित हुई है। हिन्दी की अन्य बोलियाँ जैसे भोजपुरी, छत्तीसगढ़ी, कुमाउँनी, बदायूँनी, पहाड़ी, राजस्थानी, अवधी, बघेली आदि का प्रभाव इस प्रवृत्ति की मुख्य विशेषता कही जा सकती है। गुजराती, पंजाबी तथा मराठी बोली भाषाओं के प्रभाव से हिन्दी की स्वतन्त्र बोलचाल की पद्धति ही आए दिन विकसित हुई है; 'बम्बइया हिन्दी' इसका ठोस उदाहरण कहा जा सकता है। इस प्रकार बोलचाल की हिन्दी का क्षेत्र अत्यन्त विस्तृत और सर्वसमावेशी है।

प्रयुक्ति के अनुसार बोलचाल की हिन्दी की मुख्यतः दो शैलियाँ देखी जा सकती हैं—हिन्दी तथा हिन्दुस्तानी। हिन्दी—संस्कृत से प्रभावित (संस्कृतनिष्ठ) तथा हिन्दुस्तानी—उर्दू एवं फारसी से प्रभावित (उर्दू-फारसीनिष्ठ) है। इसके अलावा अंग्रेजी शिक्षा से अत्यधिक प्रभावित तथाकथित आधुनिक मध्य वर्ग में एक और 'खिचड़ी शैली' पनप रही है जिसमें एक वाक्य में अनेक अंग्रेजी शब्दों का प्रयोग करके कभी-कभी केवल हिन्दी क्रिया का उपयोग कर वाक्य पूरा कर दिया जाता है। ये तीनों प्रकार प्रायः सामाजिक या सांस्कृतिक आधार पर समुदाय विशेष द्वारा उपयोग में लाये जाते हैं। किन्तु इनके प्रयोग में स्वाभाविकता रहती है।

(आ) सम्वाद-शैली

भाषा के साहित्यिक तथा प्रयोजनमूलक दोनों रूपों में सम्वाद (Diologue) को विशेष स्थान प्राप्त है। सम्वाद मनुष्य के विचारों तथा भावों के आदान-प्रदान की वस्तु है। व्यावहारिक रूप में जो विचार-विमर्श व्यक्ति-व्यक्ति या समुदायों में होता है, उसके मूल में सम्वाद ही होते हैं। सम्वाद के बिना बोलचाल की भाषा का कोई महत्त्व नहीं, या यों कहिए, उनके बिना व्यावहारिक भाषा जीवित ही नहीं रह सकती। हिन्दी की प्रयोजनमूलक शैलियों में सम्वाद शैली ने हिन्दी भाषा को गतिशीलता प्रदान की है।

सम्वाद शैली का प्रयोग हिन्दी के नाटकों, रूपकों, एकांकियों, चित्रपटों आदि के साथ सम्भाषणों, भेंटवार्ताओं तथा परिचर्चाओं में विशेष रूप से किया जाता है। नाटक, चित्रपट अथवा रूपकों आदि में प्रयुक्त चरित्र सम्वाद के माध्यम से जब पाठकों या दर्शकों के सामने प्रस्तुत किए जाते हैं तो अपेक्षाकृत अधिक विश्वसनीय हो उठते हैं। सम्वाद शैली नाटकों का प्राण होती है जिसके अभाव में नाटक न तो लिखा जा सकता है और न खेला ही जा सकता है। नाटक, एकांकी, चित्रपट, रेडियो रूपांतर या रेडियो रूपक आदि में सम्वाद लेखक को अपनी समस्त कलात्मक प्रतिभा का उपयोग प्रभावी सम्वाद योजना के निर्माण के लिए करना पड़ता है। इसमें कलात्मकता तथा प्रभावात्मकता की इसलिए भी आवश्यकता रहती है कि कथासूत्र एवं चरित्र-निर्माण का प्रवाह अपनी पूर्णता के लिए सम्वाद शैली द्वारा उल्लिखित घटनाओं एवं शब्द योजनाओं पर ही आश्रित रहता है। हिन्दी सम्वाद अपनी कलात्मक विशेषताओं और सीधे प्रभाव डालने की अद्भुत शक्ति के कारण अत्यधिक लोकप्रिय होते जा रहे हैं। सम्वाद शैली के अनन्य प्रभाव के कारण चित्रपट, दूरदर्शन, एकांकी तथा नाटकों के माध्यम से हिन्दी का प्रयोजनमूलक रूप अधिकाधिक उंभरकर सामने आ रहा है। और साथ में समाज के विभिन्न भाषा-भाषियों को एकता के सूत्र में पिरो रहा है। सम्वाद शैली में सम्वादों की कुछ महत्त्वपूर्ण विशेषताओं की ओर दृष्टिपात करना जरूरी हो जाता है यथा—

(1) सम्वाद संक्षिप्त होने चाहिए, तभी उनमें प्रभावोत्पादकता अधिक होगी।
(2) स्वाभाविकता सम्वादों की बहुत बड़ी विशेषता मानी जाती है। अतः सम्वाद स्वाभाविक हों।
(3) सम्वाद सरल, सुबोध तथा रुचिकर होने चाहिए। दुर्बोध, उबाऊ तथा अस्वाभाविक सम्वादों का कोई महत्त्व नहीं होता।
(4) कथानक, चरित्र तथा वातावरण के अनुसार सम्वाद-योजना होनी चाहिए।
(5) संक्षिप्तता, भाषा-स्पष्टता, स्वाभाविकता, अर्थगर्भत्व, सजीवता तथा प्रसंग की अनुकूलता सम्वाद शैली के आवश्यक गुण होते हैं।

(इ) भावात्मक शैली

इस शैली के माध्यम से विशिष्ट भावों को व्यक्त किए जाने के साथ विषयानुसार विविध विचारों, तथ्यों तथा प्रसंगों को भावगम्य शैली में रूपायित किया जाता है। विवरणात्मक या विचारात्मक शैली की अपेक्षा यह शैली अधिक सहज तथा सुरुचिपूर्ण मानी जाती है। हिन्दी भाषा की भावनात्मक शैली अत्यधिक प्रभावी तथा लोकप्रिय मानी जाती है। भावात्मक शैली का मूल उद्देश्य पाठकों के हृदय में भावनाओं के

उद्रेक के साथ समस्त रसों का संचार करना होता है। हिन्दी का प्राचीन, मध्ययुगीन एवं छायावादी काव्य तथा समस्त गीति-काव्य भावात्मक शैली के उत्तम उदाहरण के रूप में प्रस्तुत किया जा सकता है। किन्तु भावात्मक शैली केवल काव्य में ही नहीं पाई जाती अपितु गद्य की अन्य विधाओं के साथ व्यक्तिगत पत्रों में भी पाई जाती है। भावात्मक शैली में न तो विचारों की अत्यधिक गहनता का अनुभव किया जा सकता है और न सूक्ष्म बुद्धि-कौशल का। हिन्दी की भावनात्मक शैली में निम्नांकित गुण देखे जा सकते हैं–

(1) इसमें भावों की प्रधानता होती है।
(2) शब्दों की कोमलता इसका एक महत्त्वपूर्ण गुण है।
(3) इस शैली का एक प्रमुख गुण रस-माधुर्य होता है।
(4) इसमें लालित्य पाया जाता है।
(5) अलंकृत भाषा-शैली भी इसकी मुख्य विशेषता मानी जाती है।
(6) इस शैली में लेखक की मुद्रा एक कवि की होती है तथा दृष्टि सहृदय की।
(7) भावशबलता तथा प्रभावान्विति इसका प्रमुख लक्षण माना जा सकता है।

(ई) विचारात्मक शैली

हिन्दी की अन्य प्रयोजनमूलक शैलियों की तुलना में यह शैली अत्यधिक गम्भीर, दुर्बोध और वैचारिक मानी जाती है। इस शैली में प्रायः अत्यन्त शिष्ट, परिनिष्ठित एवं स्तरीय भाषा का प्रयोग पाया जाता है। विचारात्मक शैली में लेखक की बौद्धिक क्षमता, प्रखर चिंतन तथा अभिव्यक्ति-कौशल की अपेक्षा होती है। इस शैली में लेखक के विचारों के तर्कपूर्ण विश्लेषण, वर्गीकरण, निरूपण तथा मूल्यांकन आदि का विशेष महत्त्व होता है। विचारों के निरूपण-विश्लेषण में प्रायः पारिभाषिक शब्दावली, सूत्र-वाक्य तथा सामाजिक शब्द कौशल का प्रयोग किया जाता है। इस प्रकार की शैली में लेखक विषय-वस्तु का मात्र परिचय प्रस्तुत न करके उसको परिभाषित करता, अपनी उपपत्तियों की स्थापना करता तथा सप्रमाण तर्कशुद्धता से उसे सिद्ध करने की कोशिश करता है। इस प्रकार विचारात्मक शैली हिन्दी में प्रायः निबन्ध, प्रबंध तथा आलोचना आदि विधाओं में प्रयुक्त होती है।

(उ) सामाजिक शैली

मनुष्य समाजशील (Social) होने के कारण उसका भाषा का सामाजिकता से संपृक्त होना स्वाभाविक है। व्यक्ति विशेष के सामाजिक स्तर, सामाजिक भूमिका तथा सम्बद्ध सामाजिक स्थितियों के परिणामस्वरूप भाषा का रूप और शैली बदलती रहती

है। एक ही व्यक्ति को सन्दर्भ तथा स्थिति के अनुसार समाज में अनेक भूमिकाओं का निर्वाह करना पड़ता है और इसी के अनुसरण में भाषाई बदलाव अनिवार्य रूप से आता है। इस प्रकार के पात्रों को साहित्य में चरितार्थ करते समय सन्दर्भ और स्थिति के अनुसार भाषा शैली में भेद दृष्टिगोचर होता है। सरकारी कार्यालय में किसी पदाधिकारी को भी अनेक भूमिकाओं का सामना करना पड़ता है—जैसे, अपने समकक्ष अधिकारी, अपने अधीनस्थ स्टाफ और अपने उच्चाधिकारी के साथ व्यवहार, बातचीत और कार्यालयीन काम-काज के सन्दर्भ में भिन्न-भिन्न प्रकार की भाषा शैली का प्रयोग करना बाध्य हो जाता है। यहाँ भाषा की कार्यालयीन प्रयुक्ति के अनुसार शैली प्रयुक्त होती है। इसी प्रकार, अन्य सामाजिक स्तर जैसे व्यावसायिक, पारिवारिक, राजनीतिक तथा धार्मिक आदि पर सन्दर्भानुसार शैली का स्वरूप प्रयुक्त होता है। इस प्रकार सामाजिक शैली उभरती है।

(ऊ) पत्र लेखन शैली

प्रयोजनमूलक हिन्दी की महत्त्वपूर्ण शैली पत्र लेखन है। पत्र लेखन एक कला है और उसे प्रयोग के सातत्य एवं अभ्यास के द्वारा प्राप्त किया जा सकता है। हिन्दी भाषा के प्रयोजनमूलक रूपों में सर्वाधिक उपयोगी, जीवन के लगभग सभी क्षेत्रों जैसे पारिवारिक, व्यावसायिक, कार्यालयीन, राजनीतिक तथा सामाजिक आदि में अत्यावश्यक रूप पत्र लेखन माना जा सकता है। साहित्यिक शैली, सम्वाद शैली तथा पत्र लेखन शैली में काफी अन्तर पाया जाता है। पत्र लेखन शैली का स्वरूप 'सम्वादी' होने के बावजूद 'सम्वाद' नहीं होता क्योंकि पत्र में सम्वाद एक तरफा होता है। पत्र लेखन शैली में साहित्यिक विशेषताएँ पाई जाती हैं किन्तु इसके बावजूद उसमें साहित्यिक गाम्भीर्य अथवा विश्लेषणात्मकता आदि न होकर उसकी अपनी स्वतन्त्र प्रवाहमय सुसम्वादी भाषा शैली होती है। उद्देश्य, प्रयोग के क्षेत्र तथा कार्य के स्वरूप के अनुसार पत्रों के अनेक प्रकार प्रचलित हैं। अतः स्वाभाविक है कि पत्र के स्वरूप, विषय-वस्तु तथा प्रकार के अनुसार उसके लेखन की भिन्न-भिन्न शैलियाँ पाई जाती हैं। हिन्दी में मुख्यतः पत्र के निम्नानुसार प्रकार विद्यमान और प्रचलित हैं—

(1) व्यक्तिगत पत्र
(2) व्यावहारिक पत्र
(3) आधिकारिक पत्र
(4) व्यावसायिक पत्र
(5) सार्वजनिक पत्र
(6) कार्यालयीन पत्र

इन सभी प्रकारों में सन्दर्भ एवं विषयानुरूप पत्र की भाषा, गठन तथा शैली प्रयुक्त होती है।

पत्र लेखन शैली की कुछ मुख्य विशेषताएँ हैं—संक्षिप्तता, शिष्टता, सहजता, प्रभावोत्पादकता, स्पष्टता, सरलता तथा वैशिष्ट्यपूर्ण भाषा शैली। अर्थात पत्र लेखन में निम्नलिखित बातों की ओर विशेष ध्यान दिया जाना चाहिए—

(1) पत्र लेखन में संक्षिप्तता, सुबोधता तथा सरलता का निर्वाह किया जाना चाहिए।

(2) पत्रों में प्रयुक्त वाक्य और शब्दों को प्रसंगानुसार ठोस रूप में ही प्रयोग में लाना चाहिए।

(3) पत्र-लेखन में शिष्टता, सभ्यता तथा सद्भावना आदि बातों का निर्वाह अवश्य किया जाना चाहिए।

(4) पत्रों में भाषा-शुचिता, संयोजन की विशिष्टता तथा प्रभावान्विति को भी दृष्टिगत रखना चाहिए।

(5) पत्र लेखन में भाव, विचार तथा तथ्यों में अन्विति होनी चाहिए।

(ए) प्रशासनिक शैली

हिन्दी भाषा की प्रशासनिक शैली अत्यधिक प्रयोजनमूलक तथा उपयोगी मानी जा सकती है। भारत की राजभाषा के पद पर आसीन होने के पश्चात हिन्दी को प्रयुक्ति के अनेक दायित्वों का निर्वाह करना पड़ रहा है। इसी के साथ सरकारी काम-काज में उसका प्रयोग अनिवार्यतः होने के कारण उसमें प्रशासन से जुड़ी एक नयी पारिभाषिक शब्दावली का निर्माण और प्रचलन हुआ। प्रशासनिक कामकाज से सम्बन्धित वाक्य रचना, शब्द-प्रक्रिया तथा कार्यालयीन पद्धति के निर्वाह स्वरूप उसमें आई तटस्थता आदि इस शैली में दृष्टिगोचर होती है। सरकारी प्रशासन के काम-काज की भाषा प्रयुक्ति में भावुकता, कोमलता, मुहावरें, कहावतें तथा अन्य कौशल आदि का लोप होकर उसमें निर्वैयक्तिकता, तटस्थता, नीरसता, तथ्यात्मकता आदि का प्रस्फुटन हुआ। प्रशासनिक भाषा शैली में उत्तमपुरुष की अपेक्षा अन्यपुरुष सम्बोधनों और लेखन प्रणाली का प्रयोग अत्यधिक मात्रा में किया जाता है। इसी के साथ, प्रशासनिक भाषा शैली में कार्यालयीन परम्परा एवं कार्य प्रणाली (Office Decoram) से सम्बद्ध तकनीकी शब्दावली तथा वाक्य-विन्यास का बँधा-बँधाया ढाँचा रूपायित होता रहता है। फलतः प्रशासनिक भाषा शैली उपयोगी होने के बावजूद अत्यधिक नीरस, उबाऊ, तथा दुरूह लगती है। इसीलिए, यह सामाजिक जीवन में अभी तक लोकप्रिय नहीं हो पा रही है।

(ख) हिन्दी को प्रयोजनमूलक प्रयुक्तियाँ

भाषा व्यवहार और प्रयोग की गतिशील वस्तु इसके प्रयोग में विविधता एवं विशिष्टता पाई जाती हैं। विषयगत, सन्दर्भगत तथा भूमिकागत प्रयोगों के कारण भाषा-प्रयोग में अनेक भेद पाए जाते हैं जिन्हें भाषाविज्ञान के क्षेत्र में भाषा प्रयुक्ति कहा जाता है।

प्रयुक्ति (Register)

'प्रयुक्ति' भाषाविज्ञान के अन्तर्गत Register के पर्याय के रूप में हिन्दी में विशिष्ट अर्थ में प्रचलित है। प्रसिद्ध भाषाविद हैलिडे ने 'रजिस्टर' शब्द की व्याख्या इस तरह प्रस्तुत की है—"भाषा समुदाय में विभिन्न वर्ग विभिन्न बोलियाँ बोलते हैं। एक अन्य दिशा में भी भाषा के विविध रूपों की चर्चा की जा सकती है—प्रयोग भेद की दिशा में। भाषा में प्रयोजन के अनुसार भेद होते हैं। विभिन्न स्थितियों में उसमें स्वतः भेद आ जाते हैं। प्रयोजन के आधार पर भाषा के स्वरूप भेद को जो नाम दिया जाता है, उसे रजिस्टर कहते हैं।" इस प्रकार 'प्रयुक्ति' भाषा के प्रयोग का वह प्रकार है जो किसी वक्ता-विशेष या लेखक-विशेष द्वारा किसी विशिष्ट सन्दर्भ में प्रयुक्त किया जाता है। अर्थात भाषा के प्रयोग पर आधारित प्रयोग को प्रयुक्ति या रजिस्टर कहते हैं।

"प्रयोजन के अनुसार भाषा में जो विभिन्न भेद पाए जाते हैं, उनके सन्दर्भगत तथा विषयगत प्रयोग-पद्धति को 'प्रयुक्ति' (रजिस्टर) कहते हैं।"

भाषा-प्रयुक्ति की विशिष्टताएँ

भाषा-प्रयुक्ति के बारे में कुछ महत्त्वपूर्ण विशेष बातों पर विशिष्टताओं को निम्नानुसार रेखांकित किया जा सकता है।

1. भाषा-प्रयुक्ति की प्रथम विशेषता है उसकी पारिभाषिक शब्दावली। अर्थात इसके अन्तर्गत ऐसी शब्दावली का प्रयोग विद्यमान रहता है जिनका (शब्दों का) अर्थ उनके प्रयोग के सन्दर्भानुसार परिभाषित रहता है। शब्दों के अर्थ विषय एवं सन्दर्भानुसार निश्चित होते हैं।
2. भाषा-प्रयुक्ति में उसके प्रयोक्ता (वक्ता अथवा लेखक) की विषय और सन्दर्भगत भूमिका स्पष्ट रहती है। अतः सन्दर्भ, विषय एवं प्रयोजन के अनुसार भाषिक-स्तर प्रयुक्त होता है।
3. भाषा-प्रयुक्ति में उसके प्रयोक्ता का सम्बन्ध स्थिति-सन्दर्भ से होता है। किसी भी कथ्य निरूपण का स्थिति-सन्दर्भ उस कथ्य की विषय-वस्तु का निर्धारण करती है। अतः विषय-वस्तु अथवा कथ्य का प्रभाव भाषा प्रयुक्ति पर अनिवार्य रूप से पड़ता है।

4. भाषा-प्रयुक्ति की अन्य विशेषता है भाषिक उपादान माध्यम। अर्थात भाषिक माध्यम दो होते हैं–वाचिक तथा लिखित। भाषिक उपादान को दो प्रकार से व्यवस्थित तथा नियमनिष्ठ बनाया जाता है–बोलकर और लिखकर। अतः बोलने की भाषा-प्रयुक्ति तथा लिखने की भाषा-प्रयुक्ति में भेद पाया जाता है।
5. भाषा-प्रयुक्ति अनिवार्यतः एक भाषा रूप ही है। भाषा-रूप में अभिव्यक्ति शैली की अपनी एक विशिष्ट भूमिका है। भाषा की अभिव्यक्ति शैली में लहजा अर्थात 'टेनोर' (Tenor) का भी अपना महत्त्व होता है जो अभिव्यक्ति के अनुसार प्रयुक्त होती है।

भाषा-प्रयुक्ति के प्रकार

किसी भी भाषा के विषयगत, भूमिकागत तथा सन्दर्भगत अनुप्रयुक्ति के अनुसार ही भाषा-प्रयुक्ति में भेद किए जाते हैं और तदनुसार विश्लेषण द्वारा उनका वर्गीकरण भी किया जाता है। प्रसिद्ध भाषाविद हैलिडै ने भाषा-प्रयुक्ति के वर्गीकरण हेतु निम्न तीन आयामों को रेखांकित किया है–

(अ) वार्ता-क्षेत्र (Field of Discourse)
(आ) वार्ता-प्रकार (Mode of Discourse)
(इ) वार्ता-शैली (Style of Discourse)

(अ) वार्ता-क्षेत्र–वार्ता-क्षेत्र का सम्बन्ध भाषा-प्रयुक्ति की विषव-वस्तु तथा सन्दर्भ से है। भाषा के विभिन्न रूपों में विषय के तकनीकी अथवा गैर-तकनीकी प्रकारों से जो प्रयोगगत प्रभेद दृष्टिगत होते हैं उनके अनुसार भाषा-प्रयुक्ति को तकनीकी अथवा गैर-तकनीकी रूप से विभाजित किया जाता है। बोलचाल तथा साहित्य में प्रयुक्त भाषा को गैर-तकनीकी तथा विज्ञान एवं तकनालॉजी, कार्यालयी, वाणिज्य आदि में प्रयुक्त भाषा को तकनीकी रूप के अन्तर्गत रखा जा सकता।

(आ) वार्ता-प्रकार–वार्ता-प्रकार का सम्बन्ध भाषा-प्रयुक्ति के मौखिक और लिखित अंगों से माना जाता है। भाषा बोलते और लिखते समय दो भिन्न शैलियों का प्रयोग किया जाता है। बोलचाल की भाषा तथा लिखित भाषा में काफी अन्तर पाया जाता है। अतः किसी भी भाषा के मौखिक एवं लिखित माध्यम के आधार पर जो प्रयुक्ति भेद दृष्टिगोचर होता है उसे वार्ता-प्रकार के अन्तर्गत रखा जाता है। इसके अन्तर्गत रेडियो एवं दूरदर्शन के समाचारों की भाषा तथा सरकारी कार्यालय एवं पत्रकारिता की भाषा को रखा जा सकता है।

(इ) वार्ता-शैली–भाषा व्यवहार से सम्बन्धित व्यक्ति (अर्थात वक्ता एवं श्रोता) के पारस्परिक सामाजिक तथा राजनीतिक सम्बद्धता से भी भाषा में भेद आ

जाते हैं जिन्हें भाषा की शैली कहा जाता है। वक्ता और श्रोता के सामाजिक तथा राजनीतिक सम्बन्धों पर आधारित भाषा-प्रयुक्ति को वार्ता-शैली के अन्तर्गत रखा जाता है। वार्ता-शैली को रूढ़िगत, औपचारिक, अनौपचारिक, सामान्य तथा प्रगाढ़ (अंतरंग) आदि आयामों में विभाजित किया गया है।

हिन्दी भाषा की प्रयोजनमूलक प्रयुक्तियाँ निम्नानुसार मानी जा सकती हैं—

(अ) साहित्यिक प्रयुक्ति
(आ) वाणिज्यिक प्रयुक्ति
(इ) कार्यालयी प्रयुक्ति
(ई) राजभाषा प्रयुक्ति
(उ) विज्ञापन भाषा प्रयुक्ति
(ऊ) विधि एवं कानूनी भाषा प्रयुक्ति
(ए) वैज्ञानिक एवं तकनीकी भाषा प्रयुक्ति

(अ) साहित्यिक प्रयुक्ति

साहित्य किसी भी भाषा की अनिवार्य आवश्यकता है। इस रूप में कहा जा सकता है कि हिन्दी भाषा की सबसे अक्षुण्ण प्रयुक्ति 'साहित्यिक' (Literary) मानी जा सकती है। लेखबद्ध साहित्यिक भाषा काफी विशिष्टताएँ लिये होती हैं, इसीलिए वह लेखकों तथा विशिष्ट पाठकों तक सीमित रहती है। साहित्यिक भाषा में जनसामान्य के जीवन के साथ दर्शन, राजनीति, समाजशास्त्र तथा संस्कृति का आलेख पाया जाता है। हिन्दी भाषा की साहित्यिक प्रयुक्ति की परम्परा बहुत पुरानी है। इस दृष्टि से हिन्दी साहित्य को तीन कालखण्डों में विभाजित कर साहित्यिक प्रयुक्ति का अवलोकन किया जा सकता है। हिन्दी साहित्य के इतिहास के अनुसार उसके तीन कालखण्ड माने गये हैं—

(1) प्राचीन काल या भक्तिकाल
(2) मध्यकाल या रीतिकाल
(3) आधुनिक काल

उपर्युक्त तीनों कालखण्डों में युग चेतना तथा सामाजिक व सांस्कृतिक आवश्यकताओं के अनुसार हिन्दी भाषा की साहित्यिक प्रयुक्ति में परिवर्तन हुआ है जो हिन्दी भाषा के क्रमागत विकास-सोपान के आलेख को आरेखित करता है। हिन्दी की साहित्यिक प्रयुक्ति अनेक विधाओं को उनकी समस्त विशेषताओं के साथ समेटे हुए है। हिन्दी साहित्य ने अपने समकालीन समस्त भारतीय तथा यूरोपीय भाषाओं से यथोक्त शब्दावली ग्रहण करते हुए मानव जाति की प्रखर अनुभूति के साथ समस्त

युगबोध व युगचेतना को सघन अभिव्यक्ति प्रदान करने की प्रामाणिक कोशिश की है। इस दृष्टि से हिन्दी भाषा की साहित्यिक प्रयुक्ति को अत्यधिक सजग, सर्वसमावेशी तथा गत्यात्मक कहा जा सकता है जो संसार की भाषाओं में एक अनूठा उदाहरण है।

हिन्दी की प्रयोजनमूलक प्रयुक्तियाँ (Register)

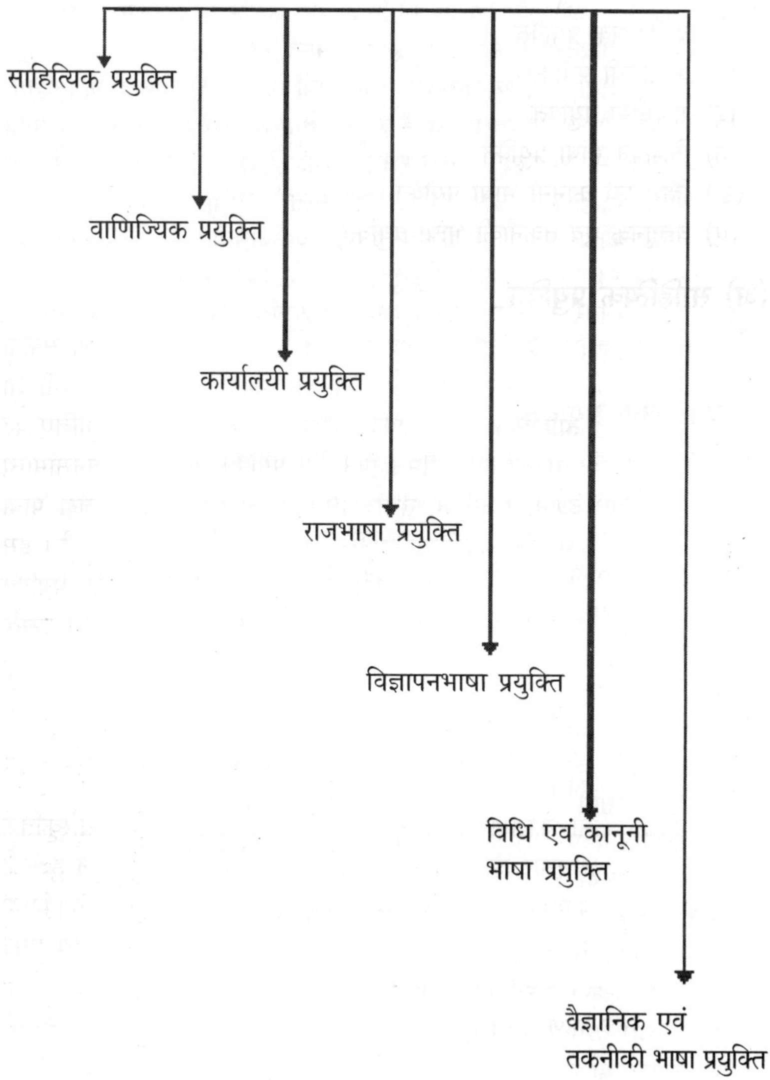

(आ) वाणिज्य प्रयुक्ति

हिन्दी भाषा की दूसरी महत्त्वपूर्ण प्रयोजनमूलक प्रयुक्ति 'वाणिज्यिक' है जिसके अन्तर्गत व्यापार (Trade), वाणिज्य (Commerce), व्यवसाय (Business), परिवहन (Transport), शेयर बाजार (Stock Exchange), बीमा (Insurance), बैंकिग (Banking) तथा निर्यात-आयात (Export-Import) आदि क्षेत्रों का समावेश किया जा सकता है। वाणिज्यिक प्रयुक्ति का मुख्य आधार भी विषय एवं सन्दर्भ के अनुसार पारिभाषिक शब्दावली तथा भाषिक संरचना की विशिष्टता माना जा सकता है।

वाणिज्य, बीमा, व्यवसाय तथा बैंक आदि क्षेत्रों से सम्बन्धित शब्दावली निश्चित है और इन क्षेत्रों में वह निश्चित अर्थ में प्रयुक्त होती है। इन क्षेत्रों में प्रयुक्त भाषा. की वाक्य रचना भी साहित्यिक वाक्य रचना से काफी भिन्न रहती है जैसे सोने में उछाल, चाँदी मंदा, तेल की धार ऊँची, अरहर सुस्त, काबुली उछला इस प्रकार के वाक्यांश साहित्यिक भाषा से वाणिज्यिक प्रयुक्ति को अलगाते हैं। हिन्दी भाषा की वाणिज्यिक प्रयुक्ति का क्षेत्र काफी विस्तृत तो है ही, साथ में लोकप्रिय भी। किन्तु शेयर बाजार और निर्यात-आयात व्यापार आदि में प्रयुक्त भाषा अभी भी जनसामान्य की समझ से परे है।

(इ) कार्यालयी प्रयुक्ति

हिन्दी भाषा की अत्यन्त आधुनिक एवं सर्वोपयोगी प्रयुक्ति के रूप में 'कार्यालयी' (Official) प्रयुक्ति को रखा जा सकता है। भारतीय संविधान के अनुसार हिन्दी भाषा को भारत की राजभाषा अर्थात सरकारी कार्यालयों की काम-काज की भाषा के रूप में इसीलिए मान्यता मिली कि उसकी प्रशासनिक प्रयुक्ति अत्यन्त उपयोगी पाई गई थी। साहित्यिक भाषा, बोलचाल की भाषा और प्रशासनिक भाषा में पर्याप्त अन्तर पाया जाता है। कार्यालयी भाषा की अपनी विशिष्ट पारिभाषिक शब्दावली, पद-रचना तथा वाक्य-विन्यास आदि होता है। हिन्दी भाषा की कार्यालय से सम्बन्धित विशिष्ट शब्दावली तथा पद-रचना है। प्रशासन के विभिन्न अंगों, उपाँगों के सम्पर्क बिंदुओं को समुचित ढंग से जोड़ने में हिन्दी भाषा अधिक सक्षम सिद्ध हुई है। हिन्दी भाषा का सरल, सुबोध रूप विशिष्ट रचना-प्रक्रिया व शब्दावली द्वारा कार्यालयीन काम-काज को आसानी से किए जाने में उपयुक्त माना जाने लगा है। कार्यालयी हिन्दी के प्रयोग के लिए केवल हिन्दी का कार्यासाधक ज्ञान का होना पर्याप्त होता है। हिन्दी की यह प्रयुक्ति निम्नलिखित कार्यालयीन काम-काज में अत्यधिक उपयोगी है–

(1) मसौदा लेखन एवं टिप्पणी लेखन
(2) पत्राचार के विभिन्न रूप
(3) संक्षेपण या सारलेखन

(4) प्रतिवेदन अथवा रिपोर्ट

(5) अनुवाद एवं अन्य कार्यालयीन काम-काज

कार्यालयी हिन्दी में भी शुचिता तथा परिशुद्धता की ओर अधिक ध्यान न देकर विषय-वस्तु के प्रस्तुतीकरण को प्राधान्य दिया जाता है। विशिष्ट शब्द, पद वाक्यांश के लिए रुकने की आवश्यकता नहीं होती। आवश्यकतानुसार हिन्दी शब्दों में परिवर्तन तथा अन्य भाषाओं के शब्दों को ग्रहण करने की प्रवृत्ति हिन्दी की कार्यालयी प्रयुक्ति में पाई जाती है जो बहुत कम भाषाओं में देखी जा सकती है।

(ई) राजभाषा प्रयुक्ति

स्वाधीन भारत का संविधान तैयार करते समय देश की प्रशासनिक व्यवस्था (केन्द्रीय सरकार) हेतु माध्यम के रूप में एक ऐसी भाषा की आवश्यकता महसूस की गई जो सभी भारतीय भाषाओं की आत्मा को रचा-पचाकर देश के जनसामान्य को एकसूत्र में पिरो सके। 14 सितम्बर, 1949 को संविधान सभा ने सर्व-सम्मति से हिन्दी को देश की राजभाषा (Official Language) के रूप में मान्यता प्रदान की। देश की राजभाषा के पद पर आसीन होने के साथ उसे अभिव्यक्ति और प्रयुक्ति के अनेक दायित्वों का निर्वाह करना पड़ा और एक प्रयुक्ति के रूप में 'राजभाषा हिन्दी' विकसित होकर सामने आयी।

हिन्दी भाषा का अत्यन्त विकासमान प्रयोजनमूलक और अनुप्रयुक्त रूप जो आज तेजी से उभर रहा है, उसकी मूल बात यही है कि वह राजभाषा के पद पर विराजमान है। राजभाषा प्रयुक्ति की मूलभूत तत्त्वों में उसकी पारिभाषिक एवं वैज्ञानिक शब्दावली अनुवाद की प्रवृत्ति विशिष्ट वाक्य-विन्यास तथा भाषिक संरचना आदि प्रमुख कहे जा सकते हैं। राजभाषा हिन्दी के प्रयुक्ति क्षेत्रों के अंतर्गत केन्द्रीय सरकार के विभिन्न मंत्रालय, विभाग, कार्यालय, संस्थान, निगम, कम्पनी, बीमा, बैंक, आयोग तथा समितियाँ आदि आते हैं।

राजभाषा अधिनियम 1963 के लागू होते ही हिन्दी की राजभाषा प्रयुक्ति में द्विभाषिकता (हिन्दी-अंग्रेजी) का बाहुल्य होने के कारण "अनुवाद-युग" का सूत्रपात हुआ और एक अजीब किस्म की अनुवाद-भाषा प्रयुक्ति देखने में आने लगी। अनुवाद प्रक्रिया से कुछ नुकसान हिन्दी भाषा को हुआ हो किन्तु उसके कारण ज्ञान-विज्ञान के अनेक क्षेत्रों से हिन्दी भाषा का साक्षात्कार भी हुआ। इस प्रकार, प्रयोजनमूलक हिन्दी की राजभाषा प्रयुक्ति, अत्यंत व्यापक, सर्वसमावेशी तथा अत्यधिक गत्यात्मक मानी जा सकती है।

(उ) विज्ञापन भाषा प्रयुक्ति

हिन्दी की प्रयोजनमूलक प्रयुक्ति के रूप में विज्ञापन की भाषा तेजी से उभरकर

सामने आयी है। विज्ञापन क्षेत्र बहुत तेजी से अग्रसर हो रहा है और उसके साथ उन्हें रूपायित करने वाली भाषा प्रयुक्ति भी। विज्ञापन भाषा का आधार तकनीकी या पारिभाषिक शब्दावली से अधिक मात्रा में न होकर आर्थिक, सामाजिक तथा सांस्कृतिक संदर्भ एवं स्थितियाँ हैं। आकर्षक वाक्य-विन्यास, शब्दों का उचित चयन तथा वैशिष्ट्यपूर्ण प्रवहमय भाषिक संरचना विज्ञापन भाषा प्रयुक्ति के मुख्य तत्त्व कहे जा सकते हैं। विज्ञापन की भाषा चूँकि व्यापार, व्यवसाय तथा वाणिज्य से सम्बन्ध रखती है; अतः उसमें आकर्षक तत्त्व, स्मरणीयता, विक्रय-शक्ति, मोहक भाषा शैली, श्रव्यता एवं सुपाठ्यता, संक्षिप्तता तथा प्रभावान्विति आदि गुणों का होना नितांत आवश्यक होता है। वर्तमान युग में हिन्दी के विज्ञापन भाषा का रूप जन संचार के माध्यमों (समाचार-पत्र, पत्रिकाएँ, रेडियो, दूरदर्शन, सिनेमा घरों में प्रदर्शित स्लाइड्स आदि) में प्रचुर मात्रा में दृष्टिगत हो रहा है। इस आधार पर कहा जा सकता है कि विज्ञापन की भाषा का विशिष्ट रूप सरकारी प्रयुक्ति के रूप में विकसित हो गया है।

(ऊ) विधि एवं कानूनी भाषा प्रयुक्ति

हिन्दी के सन्दर्भ में विधि एवं कानूनी भाषा प्रयुक्ति का सीधा सम्बन्ध राज-भाषा, अनुवाद-प्रक्रिया तथा तकनीकी शब्दावली (विधि से सम्बन्धित) से माना जा सकता है। विधि शब्दावली का स्वरूप अत्यन्त तकनीकी होने के कारण और उसका सम्बन्ध कानूनी प्रक्रिया एवं अदालतों से जुड़े होने के कारण जनसामान्य के लिए जटिल, दुरूह, नीरस तथा उबाऊ प्रतीत होता है। किन्तु इन सबके बावजूद राजभाषा हिन्दी के कार्यान्वियन के अनुसरण में विधि तथा कानून के क्षेत्र में हिन्दी के प्रयोजनमूलक रूप को अहमियत दी जा रही है। वास्तव में, विधि एवं कानून की हिन्दी अनुवाद के बलबूते पर खड़ी हो रही है। अब तक कानूनी, विधिक, न्यायिक तथा प्रक्रिया सम्बन्धी साहित्य के हजारों पृष्ठों का अनुवाद किया जा चुका है।

कानून एवं विधि की भाषा प्रयुक्ति में मुख्यतः तकनीकी शब्दावली, विशिष्ट पद विन्यास, लम्बे और संयुक्त वाक्य-रचना, कानूनी-प्रक्रिया को अन्विति आदि बातें मुख्यतः पायी जाती हैं। राजभाषा हिन्दी के कानूनी-प्रावधानों के तहत ही क्यों न हो पर हिन्दी की विधि एवं कानूनी भाषा की प्रयुक्ति भली भांति प्रस्थापित हो चुकी है।

(ए) वैज्ञानिक एवं तकनीकी भाषा प्रयुक्ति

वैज्ञानिक एवं तकनीकी हिन्दी से तात्पर्य है, हिन्दी का वह रूप जो विज्ञान और तकनीकी शब्दावली से मुख्यतः सम्बन्ध रखता है तथा विज्ञान और टेक्नोलॉजी के क्षेत्रों में अनुप्रयुक्त हो रहा है। हिन्दी भाषा की प्रयोजनमूलक प्रयुक्ति का यह रूप अपेक्षाकृत नया है परन्तु हिन्दी भाषा को उन्नति के एक नये अनछुए क्षेत्र की ओर

मोड़कर अत्यन्त उपयोगी सिद्ध हो रहा है। इसी के साथ यह सिद्ध हो जाता है कि हिन्दी भाषा न केवल साहित्य और प्रशासन का प्रभावी माध्यम है बल्कि वैज्ञानिक एवं तकनीकी विषय-वस्तु को सुगठित रूप में प्रयुक्त करने का सशक्त साधन भी है। राजभाषा प्रयोग सम्बन्धी राष्ट्रपति के 27 अप्रैल, 1960 के आदेशानुसार भारत सरकार के शिक्षा मंत्रालय के अधीन वैज्ञानिक और तकनीकी शब्दावली आयोग (Commission for Scientific and Technical Terminology) की स्थापना 1961 में की गई। इस आयोग ने अनेक वैज्ञानिक तथा तकनीकी शब्दावलियों तथा कोशों का निर्माण कर हिन्दी की इस महतम भाषा-प्रयुक्ति को विकसित तथा प्रचलित करने में प्रमुख योगदान दिया है।

विज्ञान और टेक्नोलॉजी परस्पर पूरक है। वैज्ञानिक सिद्धान्तों के आधार पर ही टेक्नोलॉजी का विकास होता है। विज्ञान की भाषा स्पष्ट, तर्कसंगत तथा सुगठित होती है। वैज्ञानिक और तकनीकी शब्दावली एक गतिशील प्रक्रिया है। अतः इस सन्दर्भ में ज्ञातव्य है कि शब्द जल्दी-जल्दी बदलते रहते हैं : नये शब्द आते-आते हैं, रूढ़ होते रहते हैं।

विज्ञान एवं टेक्नोलॉजी की भाषा सामान्य व्यवहार की भाषा से सर्वथा भिन्न होती है, उसमें विशिष्ट सूत्र एवं पदार्थो को विशिष्ट किन्तु निश्चित (परिभाषित) अर्थ में अभिव्यक्त किया जाता है। विज्ञान की भाषा में द्विकालिकता होने के साथ-साथ वह अपने व्यवहार में सार्वभौम अर्थतन्त्र की स्थापना करती है। इसी प्रकार, भाषा वर्गों की दृष्टि से वैज्ञानिक शब्दावली और उसमें प्रयुक्त शब्द विज्ञान के सन्दर्भ और प्रसंग में परिभाषित (Defined) तथा एकार्थी होते हैं। अपने आप में इस वैज्ञानिक एवं तकनीकी विशिष्टता में ढालने के लिए हिन्दी ने संस्कृत भाषा की शब्दावली के साथ-साथ अन्तर्राष्ट्रीय शब्दावली (अनेकानेक विदेशी भाषाओं में प्रयुक्त शब्दावली) को भी यथोचित अपनाकर अपनी शब्द सम्पदा को अत्यन्त समृद्ध बना लिया है। फलतः हिन्दी भाषा में आज विज्ञान, गणित, विधि, अंतरिक्ष, दूरसंचार एवं टेक्नोलॉजी से सम्बन्धित अनेक ग्रन्थों का निर्माण सम्भव हो सका है। वैज्ञानिक रूप के साथ तकनीकी रूप को भी हिन्दी ने इसी प्रकार अपनाकर अपने वैज्ञानिक तथा सर्वसमावेशी होने का प्रमाण प्रस्तुत किया है।

प्रकरण 5

प्रयोजनमूलक हिन्दी के मुख्य तत्त्व

प्रयोजनमूलक हिन्दी के अध्ययन, अनुशीलन तथा विश्लेषण के पश्चात उसमें अन्तर्निहित तीन मुख्य तत्त्व उभरकर सामने आते हैं। वे हैं–

(क) पारिभाषिक शब्दावली

(ख) अनुवाद-प्रक्रिया

(ग) भाषिक संरचना

उपर्युक्त तत्त्वों के समामेलन से प्रयोजनमूलक हिन्दी की विशिष्टता, अनुप्रयुक्तता तथा गत्यात्मकता बरकरार रही है। अतः इन तत्त्वों के अंगों एवं उपांगों की सर्वकष चर्चा इस सम्बन्ध में आवश्यक हो जाती है।

(क) पारिभाषिक शब्दावली

प्रयोजनमूलक हिन्दी में पारिभाषिक शब्दावली (Technical Terminology) की महत्तम तथा अनिवार्य भूमिका उपस्थित रहती है। पारिभाषिक शब्दावली किसी ज्ञान (Disciplene) विशेष के क्षेत्र में एक निश्चित अर्थ में प्रयुक्त होती है। पारिभाषिक शब्द परिभाषित (Defined) होते हैं। इसकी विस्तृत चर्चा आगे की जा रही है।

शब्द के रूप

भाषा सार्थक शब्दों की एक सुगठित एवं व्यवस्थित इकाई है। लेखक की भाषा में शब्दों की ओर विशेष ध्यान देकर उनका विषयगत तथा सन्दर्भगत सुचारु ढंग से संयोजन करना पड़ता है। शब्दों की सार्थक प्रयुक्ति (अथवा प्रयोग) पर ही विषय-वस्तु तथा भाषा की अभिव्यक्ति सम्भव होती है। प्रयुक्ति अथवा प्रयोग के आधार पर 'शब्द' के एक ओर तो बहुप्रयुक्त, अल्पप्रयुक्त तथा अप्रयुक्त आदि भेद किये जा सकते हैं, तथा दूसरी ओर सामान्य, अधपारिभाषित तथा पारिभाषिक। परन्तु इस सन्दर्भ में मुख्यतः शब्दों के तीन प्रमुख प्रकार या रूप माने जा सकते हैं–

1. सामान्य शब्द

2. अर्धपारिभाषिक शब्द

3. पारिभाषिक शब्द

1. सामान्य शब्द–सामान्य शब्दों का सम्बन्ध जीवन और जगत् के दैनदिन या सामान्य व्यवहार तथा बोलचाल आदि से है। अर्थात ऐसे शब्दों का प्रयोग रोजमर्रा के सामान्य व्यवहार विषयक बातों की सहज अभिव्यक्ति के लिए किया जाता है। प्रत्येक भाषा की सर्वसामान्य अभिव्यंजना के मूलाधार ऐसे सामान्य शब्द ही माने जाते हैं और उनमें सम्बन्धित भाषा के सर्वनाम तथा सामान्य जीवन व जगत से सम्बन्धित बहुप्रयुक्त क्रिया, संज्ञा, विशेषण तथा क्रिया विशेषण आदि का समावेश रहता है। ऐसे सामान्य शब्दों के आधार पर ही कोई व्यक्ति भाषा सीखता है और उनका नित्य प्रति के व्यवहार में उपयोग भी करता है। बच्चा भी जब मातृभाषा सीखता है तब सर्वप्रथम सामान्य शब्दों को ही सीखता है। खाना, पीना, चलना, चाचा, माँ, पिता, आना, जाना, ठण्डा, गरम, रोटी, पानी, कलम, मेज, कुर्सी जैसे शब्द सामान्य शब्द की श्रेणी में आयेंगे। बोलचाल, वार्तालाप, या सम्वाद तथा ललित साहित्य आदि में ऐसे शब्दों का प्रयोग होता है। सरलता, भावुकता, लक्षणा-व्यंजनाश्रितता तथा सहजता आदि गुण सामान्य शब्दों में देखे जा सकते हैं। सामान्य शब्द पारिभाषिक शब्द के रूप में कभी प्रयोग में नहीं आते।

2. अर्धपारिभाषिक शब्द–सामान्य शब्दों के अलावा कुछ ऐसे शब्द हैं जो सामान्य तथा पारिभाषिक दोनों रूपों में प्रयोग में लाये जाते हैं। अर्थात कुछ ऐसे शब्द होते हैं जिनका प्रयोग स्थिति, विषय-वस्तु तथा सन्दर्भ के अनुसार कभी तो सामान्य शब्दों के रूप में होता है, और कभी पारिभाषिक शब्दों के रूप में।

सामान्य शब्द को आसानी से पहचाना जा सकता है किन्तु अर्ध-पारिभाषिक शब्द को उसकी विशिष्टताओं तथा विशेष ज्ञान की स्पष्टताओं के द्वारा पहचाना जा सकता है। माया, विपदा, वेदना, क्रिया, सृजन, आपत्ति, रस, अर्थ आदि ऐसे अनेक शब्द हैं जो अर्ध-पारिभाषिक शब्द-वर्ग में आते हैं। विश्व की भाषाओं में इस प्रकार के शब्दों की संख्या काफी मात्रा में विद्यमान रहती है।

3. पारिभाषिक शब्द–पारिभाषिक शब्द को 'तकनीकी' शब्द भी कहा जाता है। वस्तुतः 'टेक्निकल टर्मिनालॉजी' के पर्याय के रूप में हिन्दी में 'पारिभाषिक शब्दावली' अथवा 'तकनीकी शब्दावली' का प्रयोग एक ही अर्थ में किया जाता है। विख्यात कोशकार डॉ. रघुवीर ने 'कम्प्रेहेन्सिव डिक्शनरी' ऑफ इंग्लिश हिन्दी' में पारिभाषिक शब्द की व्याख्या देते हुए लिखा है–"पारिभाषिक शब्द किसको कहते हैं, जिसकी परिभाषा की गई। पारिभाषिक शब्द का अर्थ है जिसकी सीमाएँ बाँध दी गई हों। जिन शब्दों की सीमा बाँध दी जाती हैं वे पारिभाषिक शब्द हो जाते हैं और जिनकी सीमा नहीं बाँधी जाती वे साधारण शब्द होते हैं।" पारिभाषिक शब्दों का सम्बन्ध ज्ञान-विज्ञान के विभिन्न क्षेत्रों में है और उनकी परिधि निश्चित अर्थात परिभाषित (Defined) रहती है तथा विषय-पल्लवन की प्रक्रिया में इनका विशिष्ट

स्थान रहता है। ज्ञान विशेष में इन शब्दों का अर्थ होता है। अतः विषय-विशेष में इन शब्दों की सहायता से स्पष्ट तथा एकार्थक अभिव्यक्ति सम्भव होती है। अधिकांश पारिभाषिक शब्द अर्थसंकोच से बनाये जाते हैं जो जटिल विचारों को सांकेतिक रूप में अभिव्यक्ति प्रदान करते हैं। विभिन्न प्रकार के विज्ञानी शास्त्रीय सिद्धान्तों का निरूपण करते हैं जिन्हें सर्वसामान्य बोलचाल की भाषा में व्यक्त नहीं किया जा सकता। फलतः इस प्रकार की शास्त्रीय सिद्धान्तों की अभिव्यक्ति हेतु विशिष्ट 'मानक' (Standard) शब्दों का प्रयोग अनिवार्य हो जाता है। यही पारिभाषिक शब्द हैं और यहीं से पारिभाषिक शब्दावली के निर्माण की प्रक्रिया शुरू हो जाती है। पारिभाषिक शब्दों के अंतर्गत मानविकी, विज्ञान, प्रौद्योगिकी, कार्यालयी, प्रशासन, अंतरिक्ष, कम्प्यूटर तथा दूरसंचार आदि क्षेत्र आते हैं।

पारिभाषिक शब्दावली : परिभाषा

पारिभाषिक शब्द अंग्रेजी के 'टेक्निकल' (Technical) शब्द का हिन्दी पर्याय है। मूल अंग्रेजी Technical शब्द ग्रीक भाषा के Technikoi अर्थात 'Of Art' (कला का या कला विषयक) से अपनाया गया है। 'Techne' से तात्पर्य है–कला तथा शिल्प। ग्रीक भाषा में 'Tekton' शब्द का अर्थ निर्माण करने वाला (निर्माता) अथवा 'बढ़ई' के अर्थ में प्रयुक्त होता है। लैटिन भाषा में 'Texere' शब्द का अर्थ है 'बुनना' या 'बनाना'। इस सन्दर्भ में अर्थ हुआ तकनीकी शब्द वह शब्द है जो किसी निर्मित अथवा खोजी गई वस्तु अथवा विचार को व्यक्त करता हो।

कोश ग्रन्थो के अनुसार 'Technical' का अर्थ है–'Of a particular Art, Science, Craft or about Art' अर्थात विशिष्ट कला विज्ञान तथा शिल्प विषयक अथवा विशिष्ट कला के बारे में। इससे तात्पर्य हुआ–"पारिभाषिक शब्द वह है जो किसी ज्ञान-विज्ञान के विशेष क्षेत्र में एक विशिष्ट तथा निश्चित अर्थ में प्रयुक्त किया जाता है।"

चेम्बर्स टेक्निकल डिक्शनरी (Chembers Technical Dictionary) में पारिभाषिक शब्द को इस प्रकार स्पष्ट किया है–"Technical terms in symbalo adopted or inverted by special and technical to facilitate the precise recording ideas" अर्थात पारिभाषिक शब्दावली विशेषज्ञों तथा तकनीशियनों के उनके अपने विशिष्ट विचारों को लिपिबद्ध करने हेतु ग्रहण, अनुकूलन और निर्माण द्वारा तैयार किये जाने वाले प्रतीक मात्र हैं।

उक्त संकल्पना से मिलती-जुलती परिभाषा रैण्डम हाउस ने 'दी रैण्डम हाउस डिक्शनरी ऑफ दी इंग्लिश लैंग्वेज' में कुछ इस प्रकार दी है–Technical–"A world of phrase used in definite or precise sense in some particular subject as a science or art a Technical empression (More fully term of art)" अर्थात

विज्ञान अथवा कला जैसे विशिष्ट विषयों की तकनीकी अभिव्यक्ति हेतु किसी निश्चित अथवा विशिष्ट अर्थ में प्रयुक्त शब्द (अधिक रूप से कला की संकल्पना या शब्द)।

उपर्युक्त विवेचन के आधार पर पारिभाषिक शब्द की परिभाषा इस प्रकार दी जा सकती है–

"जो शब्द सामान्य व्यवहार की भाषा में प्रयुक्त न होकर ज्ञान-विज्ञान के विभिन्न क्षेत्रों में विषय एवं संदर्भ के अनुसार विशिष्ट किन्तु निश्चित अर्थ में प्रयुक्त होते हैं, उन्हें पारिभाषिक शब्द कहते हैं।"

इस प्रकार ऐसे पारिभाषिक शब्दों के समूह को 'पारिभाषिक शब्दावली' अथवा 'तकनीकी शब्दावली' (Technical Terminology) कहा जा सकता है। भौतिकी, रसायन, प्राणि-विज्ञान, वनस्पति-विज्ञान, गणित, ज्यामिति, अंतरिक्षविज्ञान, कम्प्यूटर, इंजीनियरी, मानविकी, दूर-संचार तथा प्रौद्योगिकी आदि क्षेत्रों की अभिव्यक्ति और व्यवहार में विशिष्ट अर्थ को लेकर पारिभाषिक शब्द प्रयुक्त होते हैं।

पारिभाषिक शब्दावली को विशेषताएँ

उक्त विवेचन के अनुसरण में पारिभाषिक शब्दों की कुछ प्रमुख विशेषताएँ उभरकर सामने आती हैं। वे हैं–

(अ) पारिभाषिक शब्द 'परिभाषित' (Defined) होता है। अर्थात ऐसे शब्दों को उनकी संकल्पना के अनुसार परिभाषा या व्याख्या देकर समझाया जाता है। अथवा समझना पड़ता है। जैसे घनत्व, वोल्ट, कुण्डली, साफ्ट-वेअर, गुणांक आदि।

(आ) पारिभाषिक शब्द में प्रमुख विचार, भाव अथवा किसी विशिष्ट संकल्पना का समावेश रहता है। अतः पारिभाषिक शब्द को जब पहले पहल प्रयोग में लाया जाता है तब उसके अर्थ को व्याख्या या परिभाषा देकर स्पष्ट कर देना उचित समझा जाता है ताकि उसके प्रयोग में संदिग्धता न हो। जैसे बुर्जुआ, प्रव्रज्या, अंतरिक्ष (स्पेस), तापीय (थर्मल), नाभिकीय (न्यूक्लियर), कम्पोज, एंटेना, साफ्ट-वेअर, हार्ड-वेअर आदि।

(इ) पारिभाषिक शब्द की अन्य विशेषता है उसकी असामान्यता। अर्थात ऐसे शब्द से संबद्ध विचार, भाव या संकल्पना आदि सामान्य व्यवहार में प्रयुक्त नहीं होते। जैसे कर्षण (ट्रक्शन), प्रतिभू, ईडा, पिंगला, त्वरन, रक्ताणु, कार्बनिक, उर्श्रपातन आदि।

(ई) पारिभाषिक शब्दों की एक विशेषता यह भी है कि ये शब्द विशिष्ट क्षेत्र में विशिष्ट किन्तु अलग अर्थ में प्रयुक्त होते हैं। जैसे–'कल्चर' शब्द मानविकी में संस्कृति के अर्थ में प्रयुक्त होता है किन्तु कृषि-विज्ञान में 'कल्चर' से तात्पर्य 'कृषि' से है : उदाहरणार्थ अक्वा-कल्चर (जल-कृषि), सीरी-कल्चर (रेशमकीट पालन) आदि। इसी प्रकार, सैन्य-विज्ञान में 'सेक्युरिटी' शब्द का

अर्थ है—सुरक्षा किन्तु बैंकिंग में 'सेक्युरिटी' शब्द 'प्रतिभूति' (जमानत) के अर्थ में प्रयुक्त होता है।

(उ) पारिभाषिक शब्दों की एक अन्य विशेषता है—दुरूहता। अर्थात कुछ पारिभाषिक शब्दों में ऐसा आशय छिपा रहता है जो शब्द के विशेषण से स्पष्ट नहीं होता तथा उसे जानने के बाद भी परम्परा और प्रयोग द्वारा ही समझा जा सकता है। जैसे काव्य-शास्त्र का 'चित्र-तुरग न्याय', नाट्य-शास्त्र का रंग-कर्मी, दर्शन-शास्त्र का ब्रह्म, माया अथवा कुंडलिनी एवं अद्वैत आदि शब्द इसी श्रेणी में आते हैं।

(ऊ) पारिभाषिक शब्द की सबसे बड़ी विशेषता है दो संकल्पनाओं अथवा विचारों को सूक्ष्मता की सटीक अभिव्यक्ति देना। अर्थात भिन्न विचारों अथवा भावों को सूक्ष्मता से सही अर्थ में प्रकट करना। जैसे प्रतिभू (स्यूरिटी) तथा प्रतिभूति (सेक्युरिटी), ताप (हीट) एवं तापमान (टेम्प्रेचर), गति (स्पीड) तथा वेग (वेलोसिटी) आदि। इस प्रकार ऐसे शब्दों की अर्थ-सूक्ष्मता को सहजता से नहीं जाना जा सकता।

(ए) पारिभाषिक शब्द की एक और विशेषता है अपर्यायीता। अर्थात किसी एक ज्ञान क्षेत्र के पारिभाषिक शब्द के लिए दूसरा कोई भी पर्यायी शब्द प्रयुक्त नहीं किया जा सकता। इससे तात्पर्य यह है कि विशिष्ट ज्ञान-क्षेत्र के विशिष्ट पारिभाषिक शब्द का स्थान अन्य कोई दूसरा शब्द नहीं ले सकता। जैसे—प्रशासन में प्रयुक्त 'इश्यू' (जारी करने के अर्थ में), विधि के क्षेत्र में प्रयुक्त 'प्रोक्लेमेशन', 'नोटिफिकेशन', अंतरिक्ष का 'इनसेट' और गणित, भौतिकी, रसायन, कम्प्यूटर एवं अंतरिक्ष-विज्ञान में प्रयुक्त गुण-सूत्र, प्रतीक-चिह्न, द्विपदनाम, यौगिकों के नाम आदि के पर्याय या पर्यायी पारिभाषिक शब्द नहीं दिये जा सकते।

(ऐ) पारिभाषिक शब्दों की और एक महत्त्वपूर्ण विशेषता यह है कि उनका कृत्रिम निर्माण किया जाता है। नये विज्ञानों के प्रस्फुटन तथा निर्माण के साथ ही उनकी अभिव्यक्ति तथा विषय-वस्तु निरूपण के लिए नई संकल्पनाओं के अनुरूप नये शब्दों का निर्माण आवश्यक हो जाता है। अतः विषय, संदर्भ तथा स्थिति के अनुसार नये कृत्रिम शब्दों का निर्माण किया जाता है। अतः इस प्रक्रिया में प्रतीकों एवं खोजकर्ता वैज्ञानिकों के नाम पर भी कृत्रिम पारिभाषिक शब्द गढ़े जाते हैं। जैसे—लेम्बडा, पाई, म्यू, जूल, डार्विनिज्म, मार्क्सिजम, फासीस्ट, गेल्वानीकरण, आदि।

पारिभाषिक शब्दावली के अपेक्षित गुण

किसी भी भाषा के पारिभाषिक शब्द के लिए निम्नलिखित गुणों का होना आवश्यक माना जाता है—

1. पारिभाषिक शब्द का अर्थ निश्चित, नियम तथा स्पष्ट होना चाहिए। अर्थात

इन्हें अर्थ-विस्तार तथा अर्थ-संकोच दोष से मुक्त होना चाहिए।

2. पारिभाषिक शब्द उच्चारण की दृष्टि से सरल तथा सुबोध होने चाहिए ताकि प्रयोक्ता के लिए सुविधा हो।
3. पारिभाषिक शब्द के नियम अर्थ में प्रत्यय, उपसर्ग या अन्य उपयुक्त शब्द जोड़कर परिवर्तन किए जाने की गुंजाइश रहनी चाहिए। जैसे Secretary शब्द के लिए इसमें 'सचिव' प्रयुक्त होता है किन्तु उससे पहले Under शब्द जुड़ जाने से Under Secretary हो जाएगा और हिन्दी में 'अवर सचिव'।
4. समान पारिभाषिक शब्दों में एकरूपता होनी चाहिए।
5. पारिभाषिक शब्द विषय-वस्तु या ज्ञान-क्षेत्र से सम्बद्ध 'संकल्पनाओं' तथा वस्तुओं के लिए सम्बद्ध (अनुरूप) होने चाहिए।
6. किसी अन्य भाषा से कोई पारिभाषिक शब्द यदि अपना लिया जाए तो उसे अनुकूलन की प्रक्रिया से अपनी भाषा की प्रकृति के अनुसार ढाल लेना चाहिए।
7. प्रत्येक पारिभाषिक शब्द की स्वतंत्र सत्ता तथा अर्थवत्ता होनी चाहिए। अर्थात प्रत्येक पारिभाषिक शब्द एक-दूसरे से सर्वथा अलग होना चाहिए।
8. पारिभाषिक शब्द का निर्माण यथासम्भव एवं यथास्थिति एक ही मूल शब्द से किया जाना चाहिए ताकि उसमें सुबोधता, स्पष्टता तथा अर्थ की निश्चितता विद्यमान रहे।
9. पारिभाषिक शब्द का रूप यथासम्भव लघु होना आवश्यक है ताकि बार-बार प्रयोग करने में प्रयोक्ता को असुविधा न हो।

पारिभाषिक शब्दावली : निर्माण-प्रक्रिया

पारिभाषिक शब्दावली के निर्माण के बारे में विद्वानों में मतभेद पाए जाते हैं। विद्वानों का एक वर्ग जो 'राष्ट्रीयतावादी' कहलाता है—उनका मत है कि पारिभाषिक शब्द संस्कृत के धातु रूपों से ही बनाए जा सकते हैं। डॉ. रघुवीर इस वर्ग के प्रमुख समर्थक माने जाते हैं। इनके अनुसार—संस्कृत भाषा धातु, प्रत्यय, उपसर्ग तथा समास-शक्ति के कारण अत्यंत उर्वरा है और बड़ी सरलता से उसके आधार पर नये शब्द बनाए जा सकते हैं। इसके विपरीत, कुछ विद्वानों का मत है कि संस्कृत धातुओं के बल पर तैयार किये जाने वाले शब्द कठिन होते हैं। फलतः अंग्रेजी अथवा अंतर्राष्ट्रीय शब्दावली को अपनाया जाना चाहिए। इस विरुद्ध धारणा के उत्तर में कहा गया है कि अन्य भाषा से लिया गया शब्द उर्वर नहीं होता। जैसे अंग्रेजी 'Therm' से लगभग पचास शब्द बनते हैं, ऐसे में प्रत्येक शब्द को हिन्दी में नहीं अपनाया जा सकता। अतः 'Therm' के लिए संस्कृत का 'ताप' शब्द ग्रहण कर लें तो उससे अनेक शब्द बनाए जा सकते हैं। 'ताप' के आधार पर Thermal तापीय, Thermation तापायन, Thermal power तापीय शक्ति, Thermal capacity तापयी धारणा तथा Thermal belt तापीय कटिबंध आदि अनेक पारिभाषिक शब्दों का निर्माण किया जा

सकता है। अधीक्षक, कार्यालय, मंत्रालय, महाविद्यालय, निदेशालय, विश्वविद्यालय, कुल सचिव, रूपग्राम, संपादक आदि अनेक शब्द इसी पद्धति के हैं।

पारिभाषिक शब्दावली के निर्माण में योगदान देने वाले विद्वानों का दूसरा वर्ग, जो अंतर्राष्ट्रीयतावादी कहलाता है, इस वर्ग का मत है कि हिन्दी की पारिभाषिक शब्दावली के लिए अंग्रेजी तथा अंतर्राष्ट्रीय शब्दावली को यथास्थिति अपना लिया जाए। इस वर्ग में मुख्यतः विज्ञानी तथा पश्चिमी परम्परा के समर्थक लोग आते हैं। उनकी मान्यता है कि अंग्रेजी एवं अंतर्राष्ट्रीय क्षेत्र में प्रयुक्त होने वाली सर्वमान्य शब्दावली को अपनाकर हिन्दी भाषा को भी समृद्ध किया जाना चाहिए। नई वैज्ञानिक खोज के अनुसार नए शब्द भी साथ में बनते हैं, ऐसी स्थिति में प्रत्येक बार देशज शब्दों को बनाना पड़ेगा जो असंगत होगा। अतः ऐसी शब्दावली को यथास्थिति अपनाया जाना चाहिए। नाइट्रोजन, हाईड्रोजन, फ्रिज, इंटेरिम, कम्प्यूटर, शटल, एकेडमी आदि अनेक शब्दों को ज्यों का त्यों अपना लेना उचित होगा।

विद्वानों का तीसरा वर्ग समन्वयवादी कहलाता है। इस वर्ग के मतानुसार हिन्दी भाषा की प्रकृति तथा प्रवृत्ति को ध्यान में रखते हुए संस्कृत, प्राकृत, आधुनिक भाषाएँ, अंग्रेजी तथा अंतर्राष्ट्रीय प्रयोग आदि के शब्दों को आवश्यकतानुसार ग्रहण करना चाहिए और इनकी मदद से नवीन शब्दों का निर्माण भी किया जाना चाहिए। भारत सरकार द्वारा स्थापित वैज्ञानिक तथा तकनीकी शब्दावली आयोग ने भी इसी प्रकार की विचाराधारा को अपनाने की कोशिश की है। मोटर, बम, रेडियो, मशीन, टेबल, राडार, रेलवे-स्टेशन, लाइसेंस, थर्मामीटर, रॉयल्टी, इंटरकॉम, कम्प्यूटर, टेलीफोन, ऑपरेशन, डॉक्टर आदि अनेक शब्द इसी श्रेणी में आते हैं। हिन्दी भाषा के विकास तथा आधुनिकीकरण के साथ उसे अंतर्राष्ट्रीय स्थान प्रदान करने की प्रक्रिया स्वरूप अंतर्राष्ट्रीय पारिभाषिक शब्दावली के साथ देश-विदेश की अनेक भाषाओं की शब्दावली को भी अपनाया जाना बहुत आवश्यक है।

पारिभाषिक शब्दावली निर्माण के रूप

हिन्दी में पारिभाषिक शब्दावली निर्माण के अनेक रूप दृष्टिगत होते हैं, जिनमें प्रमुख इस प्रकार है :

1. संस्कृत संधिगत पारिभाषिक शब्द

पद+अधिकारी=पदाधिकारी। पद+उन्नति=पदोन्नति। देश+अंतर=देशांतर। हस्त+अंतरण=हस्तांतरण। सम्+स्तुति=संस्तुति। निदेश+आलय=निदेशालय। भवेत्+इयम्=भवदीय। स्थान+अंतरण=स्थानांतरण।

2. उपसर्ग और प्रत्ययों से निर्मित शब्द

आ+लोचक=आलोचक। अ+वैतनिक=अवैतनिक। अधि+सूचना=अधिसूचना।

अभि+यंता=अभियंता। अनु+दान=अनुदान। उप+भोक्ता=उपभोक्ता। प्र+शिक्षण=प्रशिक्षण। प्र+भारी=प्रभारी। सं+स्तुत=संस्तुत। आ+वर्ती=आवर्ती। वि+केंद्रित=विकेंद्रित। अनु+बंध=अनुबंध।

3. प्रत्यय से निर्मित पारिभाषिक शब्द

भौतिक+ई=भौतिकी। निदेश+क=निदेशक। सहकार+ई=सहकारी। अंतर्राष्ट्र+ईय= अंतर्राष्ट्रीय। लिपि+क=लिपिक। चाल+क=चालक। वरिष्ठ+तम=वरिष्ठतम। चित्र+इत=चित्रित।

4. अंग्रेजी तथा अंतर्राष्ट्रीय पारिभाषिक शब्द

तत्त्वों के लिए : ऑरम, सल्फर, अर्जेन्टम आदि।

तोल-माप के लिए : मीटर, ग्राम, वाट, वोल्ट, लिटर, कैलरी, एम्पियर आदि।

दूरसंचार के लिए : टेलीफोन, इंटरकाम, टेलीविजन, रेडियो, टेलेक्स आदि। खेल कूद के लिए : गोल्फ, बैट, रैकेट, रेसकोर्स, बॉल, क्रिकेट, फुटबॉल, कैरम, फालोऑन, रबर, अम्पायर आदि।

रासायनिक यौगिकों के लिए : फेनल, ब्रोमाइड, क्लोराइड, सल्फर आदि।

इसी प्रकार कैलरी, ब्यूरो, टैथस्कोप, फारनहाइट, विटामिन, प्रोटीन, ग्लुकोज कम्युनिकेशन, ट्रैक्टर, पम्पसेट, इंजेक्शन आदि अनेक शब्द हैं जिनका उपयोग किया जा रहा है।

वैज्ञानिक तथा तकनीकी शब्दावली

वैज्ञानिक तथा तकनीकी शब्दावली का सम्बन्ध अधिकांश रूप में अंग्रेजी और अंतर्राष्ट्रीय शब्दावली से ही है। अंतर्राष्ट्रीय शब्दावली में विभिन्न तत्त्वों तथा उनके यौगिकों के प्रतीक, गणित में काम आने वाले अनेकविध चिह्न, माप-तोल की इकाइयाँ, ज्ञान-विज्ञान के सूत्र, वनस्पति एवं प्राणियों की द्वि-नामावली और वैज्ञानिकों आदि के व्यक्तिगत नामों पर आधारित शब्दों का समावेश रहता है। तकनीकी एवं वैज्ञांनिक क्षेत्र में उनकी प्रगति के लिए शोध व अनुसंधान की प्रक्रिया अविरत चलती रहती है और उनकी सेवाओं का विस्तार सामान्य व्यक्तियों तक होता है। ऐसे तकनीकी तथा वैज्ञानिक क्षेत्र में समान स्तर पर विचार-विमर्श और सामान्य जन के स्तर पर अभिव्यक्ति के लिए विशिष्ट एवं निश्चित अर्थ में जो शब्द प्रयुक्त किए जाते हैं, उन्हें तकनीकी शब्द कहा जाता है। भाषाओं की रचना प्रक्रिया के अनुसार तकनीकी शब्दों में अत्यल्प परिवर्तन आदि भी देखने को मिलता है। कभी-कभी अंग्रेजी भाषा की तकनीकी शब्दावली को ही अंतर्राष्ट्रीय शब्दावली मान लेने की गलती की जाती है। वस्तुतः अंतर्राष्ट्रीय शब्दावली में अंग्रेजी, रूसी, फ्रेंच, जापानी, तुर्की, फारसी,

जर्मन, लैटिन आदि विविध भाषाओं के शब्दों का समावेश रहता है।

हिन्दी में तकनीकी शब्दावली का विकास

हिन्दी में तकनीकी और वैज्ञानिक शब्दावली विगत दो-तीन दशकों से प्रचलित है। केन्द्रीय शिक्षा सलाहकार समिति ने सन् 1940 में हुए पाँचवें अधिवेशन में तकनीकी तथा वैज्ञानिक शब्दावली पर विचार-विमर्श करते हुए सिफारिश की थी कि जहाँ तक सम्भव हो अन्तर्राष्ट्रीय शब्दावली को भारतीय (अर्थात हिन्दी) वैज्ञानिक शब्दावली में सम्मिलित कर लेना चाहिए। इस सिफारिश को स्वीकार कर लिया गया था। तदुपरांत 1948 में "अखिल भारतीय शिक्षा परिषद" ने निर्णय लिया कि–

(अ) अंतर्राष्ट्रीय क्षेत्र में प्रयुक्त होने वाले शब्द, यथासम्भव ग्रहण किए जाएँ, किन्तु जो शब्दावली अंतर्राष्ट्रीय नहीं हैं, उनके लिए भारतीय भाषाओं के शब्द अपनाए जाएँ।

(आ) सभी आधुनिक भारतीय भाषाओं की वैज्ञानिक शब्दावली का कोश बनाने के लिए केन्द्रीय सरकार एक बोर्ड का गठन करें। उसमें भाषाशास्त्री तथा वैज्ञानिकों को लिया जाए।

वैज्ञानिक तथा तकनीकी शब्दावली के बारे में जो अनेक प्रकार की समस्याएँ उत्पन्न हुई थीं, उन पर डॉ. राधाकृष्णन की अध्यक्षता में "विश्वविद्यालय आयोग", जो 1948 में स्थापित हुआ था, ने भी विचार-विमर्श करते हुए निम्नलिखित सिफारिशें की थीं:

(क) अंतर्राष्ट्रीय पारिभाषिक और वैज्ञानिक शब्दावली को अपना लिया जाए; दूसरी भाषाओं से आए हुए शब्द आत्मसात कर लिए जाएँ, उन्हें भारतीय भाषाओं की ध्वनि प्रणाली के अनुरूप बना लिया जाए और उनका वर्ग-विन्यास भारतीय लिपियों के ध्वनि-संकेतों के अनुसार निश्चित कर लिया जाए।

(ख) राजभाषा और प्रादेशिक भाषाओं को विकसित करने के लिए तत्काल कार्यवाही की जाए।

इन सिफारिशों तथा किए गए संकल्पों आदि को दृष्टिगत रखते हुए वैज्ञानिक तथा तकनीकी शब्दावली के निर्माण के लिए भारत सरकार ने शिक्षा मंत्रालय के अधीन सन् 1950 में "वैज्ञानिक तथा तकनीकी शब्दावली बोर्ड" की स्थापना की थी। इस बोर्ड के तत्त्वावधान में तकनीकी शब्दावली के बारे में बहुत ठोस कार्य प्रारम्भ किये गये।

हिन्दी में वैज्ञानिक तथा तकनीकी शब्दावली निर्माण के लिए सन् 1960 का वर्ष एक युग के निर्माण का वर्ष साबित हुआ। 1955 में गठित "संसदीय राजभाषा समिति" की सिफारिशों को मानते हुए भारत के राष्ट्रपति ने सन् 1960 में एक आदेश निकाला। इस आदेश के अनुसार भारत सरकार के शिक्षा मंत्रालय के अधीन 1961 में "वैज्ञानिक तथा तकनीकी शब्दावली आयोग" की स्थापना की गई। इस

आयोग को निम्नांकित कार्यभार सौंपा गया—

(अ) राष्ट्रपति के 1960 के आदेश में उल्लिखित सिद्धान्तों के आधार पर वैज्ञानिक तथा तकनीकी शब्दावली के क्षेत्र में तब तक किए गए कार्य का पुनरीक्षण;

(आ) हिन्दी तथा अन्य भारतीय भाषाओं की वैज्ञानिक तथा तकनीकी शब्दावली के समेकन और निर्माण से सम्बन्धित सिद्धान्तों का प्रतिपादन;

(इ) विभिन्न राज्यों की सहमति से या उनके निर्देश पर राज्यों के विभिन्न अभिकरणों द्वारा वैज्ञानिक तथा तकनीकी शब्दावली के क्षेत्र में किए गए कार्यों का समन्वय। सम्बन्धित अभिकरणों द्वारा प्रस्तुत हिन्दी अथवा अन्य भारतीय भाषाओं की शब्दावलियों के प्रयोग-व्यवहार के लिए अनुमोदन;

(ई) आयोग द्वारा निर्मित या अनुमोदित शब्दावली के आधार पर मानक पाठ्यपुस्तकों का लेखन, वैज्ञानिक और तकनीकी कोशों का संकलन तथा विदेशी भाषाओं में उपलब्ध वैज्ञानिक पुस्तकों का भारतीय भाषाओं में अनुवाद।

इन उद्देश्यों की पूर्ति में वैज्ञानिक तथा तकनीकी शब्दावली आयोग अत्यंत सफल रहा है। इस आयोग में विभिन्न आधुनिक भारतीय भाषाओं के भाषाविदों के अतिरिक्त लब्धप्रतिष्ठ विद्वान, यूरोपीय भाषाओं के भाषाविज्ञानी, प्राध्यापक आदि सम्मिलित किए गए थे। हिन्दी मानक वर्तनी आदि के साथ पारिभाषिक तथा तकनीकी शब्दावली के भाषा वैज्ञानिक स्वरूप पर विचार-विमर्श करने के लिए अलग संगोष्ठी का भी आयोजन किया गया था। तात्पर्य यह है कि वैज्ञानिक तथा तकनीकी शब्दावली के समुचित विकास के द्वार खुल गए। हिन्दी भाषा के स्तर के साथ उसमें निहित पारिभाषिक शब्दावली के तत्त्वों का भी उद्घाटन सम्भव हुआ। अपना कार्य प्रारम्भ करने के बाद अर्थात अक्तूबर, 1961 के पश्चात इस आयोग ने अपने उद्देश्यों की परिपूर्ति के रूप में अन्य अभी अत्यावश्यक कार्यों के अलावा अनेक तकनीकी एवं वैज्ञानिक शब्दकोशों तथा शब्दावलियों का निर्माण और प्रकाशन किया। हिन्दी भाषा की प्रारम्भिक स्थिति को देखते हुए यह कार्य अत्यन्त जटिल और कठिन था, परन्तु आयोग ने पूरी कर्तव्यनिष्ठा, भगीरथ प्रयास एवं ध्येयवाद का परिचय देते हुए उसे सफलतापूर्वक किया। अब तक भौतिकी, प्राणि-विज्ञान, गणित, भूगोल, भूविज्ञान, वनस्पति विज्ञान, रसायन, अनुप्रयुक्त विज्ञान, मानविकी, अर्थशास्त्र, राजनीतिशास्त्र, समाजविज्ञान, आदि के साथ प्रशासनिक तथा विभागीय शब्दावलियों का निर्माण और प्रकाशन इस आयोग के द्वारा किया गया है। इतना ही नहीं, विविध विषयों से सम्बन्धित "बृहत् पारिभाषिक शब्द-संग्रह" के अनेक खण्ड भी प्रकाशित किए गए हैं।

वैज्ञानिक तथा तकनीकी शब्दावली के निर्माण के सिद्धान्त

भारत के राष्ट्रपति के अप्रैल, 1960 के आदेश के अनुसार अन्यान्य कार्यों के

अलावा हिन्दी तथा अन्य भारतीय भाषाओं की वैज्ञानिक तथा तकनीकी शब्दावली के समेकन और निर्माण से सम्बन्धित सिद्धान्तों के प्रतिपादन आदि हेतु "वैज्ञानिक तथा शब्दावली आयोग" की स्थापना अक्तूबर, 1961 में की गई। इस आयोग द्वारा वैज्ञानिक तथा तकनीकी शब्दावली के निर्माण के लिए कुछ महत्त्वपूर्ण मार्गदर्शी सिद्धान्त अपनाये गये हैं जो इस प्रकार हैं :

1. अन्तर्राष्ट्रीय शब्दों को यथासम्भव उनके प्रचलित अंग्रेजी रूपों में ही अपनाना चाहिए और हिन्दी व अन्य भारतीय भाषाओं की प्रकृति के अनुसार ही उनका लिप्यन्तरण करना चाहिए। अन्तर्राष्ट्रीय शब्दावली के अन्तर्गत निम्नलिखित उदाहरण दिए जा सकते हैं :

(क) तत्त्वों और यौगिकों के नाम जैसे हाइड्रोजन, कार्बन, कार्बन-डायआक्साइड आदि।
(ख) तौल और माप की इकाइयाँ और भौतिकी परिणाम की इकाइयाँ, जैसे—डाइन, कैलारी, ऐम्पियर आदि।
(ग) ऐसे शब्द जो व्यक्तियों के नाम पर बनाए गए हैं, जैसे—फारेनहाइट के नाम पर फारेनहाइट तापक्रम, वोल्टा के नाम पर वोल्टामीटर और ऐम्पियर के नाम पर ऐम्पियर आदि।
(घ) वनस्पति विज्ञान, प्राणिविज्ञान, भूविज्ञान आदि की द्विपदी नामावली।
(ङ) स्थिरांक जैसे π 8 आदि।
(च) ऐसे अन्य शब्द जिनका आम तौर पर सारे संसार में व्यवहार हो रहा है, जैसे—रेडियो, पेट्रोल, रेडार, इलेक्ट्रॉन, प्रोटॉन, न्यूट्रान आदि।
(छ) गणित और विज्ञान की अन्य शाखाओं के संख्यांक, प्रतीक, चिन्ह और सूत्र जैसे साइन, कोसाइन, टेन्जेन्ट, लॉग आदि (गणितीय संक्रियाओं में प्रयुक्त अक्षर रोमन या ग्रीक वर्णमाला के होने चाहिए)।

2. प्रतीक रोमन लिपि में अंतर्राष्ट्रीय रूप में ही रखे जाएँगे परन्तु संक्षिप्त रूप नागरी और मानक रूपों में भी, विशेषतः साधारण तौल और माप में लिखे जा सकते हैं, जैसे सेंटीमीटर का प्रतीक cm हिन्दी में भी ऐसे ही प्रयुक्त होगा परन्तु इसका नागरी संक्षिप्त रूप सेमी. हो सकता है। यह सिद्धान्त बाल-साहित्य और लोकप्रिय पुस्तकों में अपनाया जाएगा परन्तु विज्ञान और शिल्पविज्ञान की मानक पुस्तकों में केवल अंतर्राष्ट्रीय प्रतीक जैसे cm ही प्रयुक्त करना चाहिए।

3. ज्यामितीय आकृतियों में भारतीय लिपियों में अक्षर प्रयुक्त किए जा सकते हैं, जैसे—

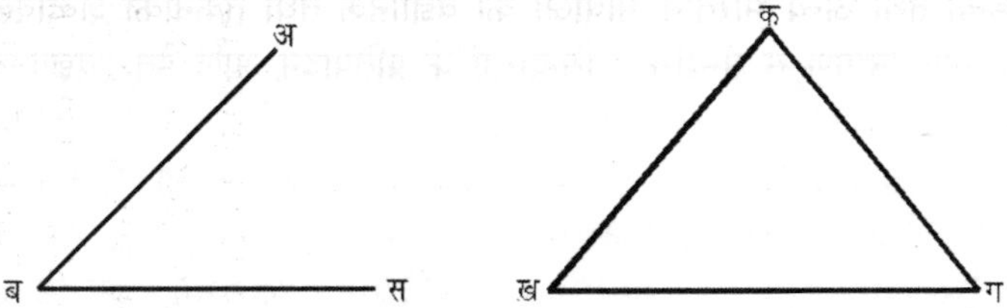

परन्तु त्रिकोणमितीय सम्बन्धों में केवल रोमन अथवा ग्रीक अक्षर ही प्रयुक्त करने चाहिए जैसे—साइन A क्रॉस B आदि।

4. संकल्पनाओं को व्यक्त करने वाले शब्दों का सामान्यतः अनुवाद किया जाना चाहिए।
5. हिन्दी पर्यायों का चुनाव करते समय सरलता, अर्थ की परिशुद्धता और सुबोधता का विशेष ध्यान रखा जाना चाहिए। सुधार-विरोधी और विशुद्धि वादी प्रवृत्तियों से बचना चाहिए।
6. सभी भारतीय भाषाओं के शब्दों में यथासम्भव अधिकाधिक एकरूपता लाना ही उसका उद्देश्य होना चाहिए और इसके लिए ऐसे शब्द अपनाने चाहिए जो—
(क) अधिक से अधिक प्रादेशिक भाषाओं में प्रयुक्त होते हों, और
(ख) संस्कृत धातुओं पर आधारित हों।
7. ऐसे देशी शब्द जो सामान्य प्रयोग के वैज्ञानिक शब्दों के स्थान पर हमारी भाषाओं में प्रचलित हो गए हैं, जैसे telegraph, telegram लिए के तार, continent के लिए महाद्वीप, atom के लिए परमाणु आदि; ये सब इसी रूप में व्यवहार किये जाने चाहिए।
8. अंग्रेजी, पुर्तगाली, फ्राँसीसी आदि भाषाओं के ऐसे विदेशी शब्द जो भारतीय भाषाओं में प्रचलित हो गये हैं जैसे इंजन, मशीन, लावा, मीटर, लीटर, प्रिज्म, टॉर्च आदि इसी रूप में अपनाए जाने चाहिए।
9. अन्तर्राष्ट्रीय शब्दों का देवनागरी लिपि में लिप्यंतरण : अंग्रेजी शब्दों का लिप्यंतरण इतना जटिल नहीं होना चाहिए कि उसके कारण वर्तमान देवनागरी वर्णों में नए चिन्ह व प्रतीक शामिल करने की आवश्यकता पड़े। अंग्रेजी शब्दों का देवनागरीकरण करते समय लक्ष्य यह होना चाहिए कि वे मानक अंग्रेजी उच्चारण के अधिकाधिक अनुरूप हों और उनमें ऐसे परिवर्तन किए जाएँ जो भारत के शिक्षित वर्ग में प्रचलित हों।
10. लिंग : हिन्दी में अपनाए गए अंतर्राष्ट्रीय शब्दों को, अन्यथा कारण न होने पर पुल्लिंग रूप में ही प्रयुक्त करना चाहिए।
11. संकर शब्द : वैज्ञानिक शब्दावली में संकर शब्द जैसे ionization के लिए आयनीकरण, voltage के लिए वोल्टता, ringstand के लिए चलयस्टैण्ड, saponifier के लिए साबुनीकारक आदि के रूप सामान्य और प्राकृतिक

भाषाशास्त्रीय क्रिया के अनुसार बनाए गए हैं और ऐसे शब्द रूपों को वैज्ञानिक शब्दावली की आवश्यकताओं, यथा सुबोधता, उपयोगिता और संक्षिप्तता का ध्यान रखते हुए व्यवहार में लाना चाहिए।

12. वैज्ञानिक शब्दों में संधि और समास : कठिन संधियों का यथासम्भव कम से कम प्रयोग करना चाहिए और संयुक्त शब्दों के लिए दो शब्दों के बीच हाइफन लगा देना चाहिए। इससे नई शब्द रचनाओं को सरलता और शीघ्रता से समझने में सहायता मिलेगी। जहाँ तक संस्कृत पर आधारित "आदिवृद्धि" का सम्बन्ध है, "व्यावहारिक", "लाक्षणिक" आदि प्रचलित संस्कृत शब्दों में आदिवृद्धि का प्रयोग ही अपेक्षित है परन्तु नवनिर्मित शब्दों में इससे बचा जा सकता है।
13. हलंत : नए अपनाए हुए शब्दों में आवश्यकतानुसार हलंत का प्रयोग करके उन्हें सही रूप में लिखना चाहिए।
14. पंचम वर्ण का प्रयोग : पंचम वर्ण के स्थान पर अनुस्वार का प्रयोग करना चाहिए, परन्तु Lence, Patent आदि शब्दों का लिप्यंतरण लैंस, पेटेण्ट न करके लेन्स, पेटेन्ट ही किया जाना चाहिए।

इस प्रकार उपर्युक्त सिद्धान्तों के आधार पर वैज्ञानिक तथा तकनीकी शब्दावली का निर्माण किया जाना आवश्यक है।

पारिभाषिक शब्दावली एवं प्रयोजनमूलक हिन्दी

पारिभाषिक शब्दावली का सम्बन्ध प्रयोजनमूलक हिन्दी से अनिवार्यतः जुड़ा हुआ है। वस्तुतः प्रयोजनमूलक हिन्दी के अंगभूत अनिवार्य तत्त्व के रूप में पारिभाषिक शब्दावली की महत्ता अक्षुण्ण बनी हुई है। हमारे देश में विज्ञान और प्रौद्योगिकी के उदय एवं विकास के साथ उसकी सटीक तथा सार्थक अभिव्यक्ति हेतु हिन्दी के प्रयोजनमूलक रूप में उसकी तकनीकी शब्दावली की नितान्त जरूरत महसूस की गई। फलतः हिन्दी में प्रशासन, विधि, विज्ञान एवं टेक्नोलॉजी से सम्बन्धित पारिभाषिक शब्दावली का निर्माण एवं प्रचलन हुआ। इस प्रकार वैज्ञानिक और तकनीकी शब्दावली के निर्माण के कारण विज्ञान तथा प्रौद्योगिकी के क्षेत्र में हिन्दी अनुप्रयोग को अत्यधिक गति मिल गई है। अतः पारिभाषिक शब्दावली की अनुप्रयुक्तता प्रयोजनमूलक हिन्दी में एक अनिवार्य तथा अत्यन्त उपादेय तत्त्व के रूप में सिद्ध हुई है। इस अर्थ में प्रयोजनमूलक हिन्दी के प्रशासन, विधि, दूरसंचार, मानविकी विज्ञान, अंतरिक्ष, कम्प्यूटर तथा प्रौद्योगिकी आदि क्षेत्रों में प्रयुक्ति के उपकरण के रूप में पारिभाषिक शब्दावली की महत्ता अक्षुण्ण है।

पारिभाषिक शब्दों की पहचान

पारिभाषिक हिन्दी शब्दों की अपनी स्वतन्त्रत सत्ता है। हिन्दी भाषा का मूल संस्कृत होने के कारण स्वाभाविकता उसमें संस्कृत पारिभाषिक शब्दों का बाहुल्य है किन्तु

कार्यालयीन कामकाज हेतु अंतर्राष्ट्रीय पारिभाषिक शब्दावली को भी हिन्दी ने आत्मसात कर लिया है। फलतः हिन्दी के कुछ मूल शब्द उपसर्ग, प्रत्यय अथवा अन्य अर्थ बदल देने वाले शब्दों से एक ही शब्द के विविध शब्द भी बन गए हैं जिन्हें आसानी से ग्रहण करने में कठिनाई होती है। ऐसे समान रूप वाले किन्तु भिन्न अर्थछटा रखने वाले शब्दों की अंतरंग पहचान आवश्यक है। इस प्रकार के कुछ महत्त्वपूर्ण शब्दों के परिप्रेक्ष्य में परखना आवश्यक जान पड़ता है। यथा–

1. अंकन	Marking
परांकन	Endorsement
पृष्ठांकन	Endorsement
रेखांकन	Underlining
सीमांकन	Demarcation
2. अंतर	Distance
अंतरण	Transfer
रूपांतरण	Transformation
लिप्यंतरण	Transliteration
स्थानांतरण	Transfer
भाषांतरण	Translation
डाक अंतरण	Mail transfer
तार अंतरण	Telegraphic transfer
3. अधिकारी	Officer
प्राधिकारी	Authority
हिताधिकारी	Beneficiary
स्वत्वाधिकारी	Proprietor
सर्वाधिकारी	Plenipotentiary
4. अधीन	Under
विचाराधीन	Under consideration
पराधीन	Subjugated
अधीनस्थ	Subordinate
स्वाधीन	Independent
5. आवेदन	Application
पुनरावेदन	Appeal
अभ्यावेदन	Representation
प्रतिवेदन	Reporting
आवेदक	Applicant

	संवेदन	Sensation
6.	आधान	To establish
	समाधान	Reconciliation
	कराधान	Taxation
	अभ्याधान	Beginning
7.	आदेश	Order
	निर्देश	Guide
	अनुदेश	Instruction
	निदेश	Direction
	अध्यादेश	Ordinance
	समादेश	Writ
	धनादेश	Money Order
8.	कर्ता	Doer
	अभिकर्ता	Agent
	ऋणकर्ता	Loanee
	उधारकर्ता	Borrower
	जमाकर्ता	Depositor
	जाँचकर्ता	Checked by
	तैयारकर्ता	Prepared by
	अनुमोदनकर्ता	Approved by
	प्रस्तुतकर्ता	Presented by
9.	कर्म	Activity
	कर्मचारी	Employee
	कार्मिक	Personnel
	कर्मठ	Diligent
10.	करण	Doing
	अधिकरण	Agency
	प्राधिकरण	Authority/Authorisation
	एकीकरण	Ingegration
	एकत्रीकरण	Accumulation
	प्रलेखीकरण	Documentation
	प्रकरण	Chapter/Context
	अनुकरण	Imitation
11.	कथन	Statement

	प्राक्कथन	Foreword
	अभिकथन	Allegation
12.	कलन	Counting
	संकलन	Compliation
	समाकलन	Credit balance
	परिकलन	Calculation
	आकलन	Assessement
13.	कार्य	Duty/Work
	कार्यकारी	Acting
	कार्यभार	Duty
	कार्यक्षमता	Efficiency
	कार्यपालक	Executive
	कार्यवृत्त	Minutes/Proceedings
	कार्यान्वियन	Implementation
	कार्यात्मक	Functioning
	कार्य समिति	Working Committee
	कार्यपालक समिति/परिषद	Executive Council
	कार्यालय	Office
14.	कार	Deor
	सकार	Accepting of a bill
	आकार	Figure
	प्रकार	kind
	साहूकार	Moneylender
	लेखाकार	Accountant
	नकार	Refusal
	सरकार	Government
15.	क्रिया	Action
	प्रक्रिया	Process
	क्रियाविधि	Procedure
	क्रियाकलाप	Activities
	क्रियाशील	Active
16.	ग्रहण	Taking
	अधिग्रहण	Acquisition
	पुनर्ग्रहण	Again taking

	परिग्रहण	Seizure
17.	तथ्य	Fact
	तथ्यहीन	Baseless
	तथ्यात्मक	Factual
	तथ्यतः	De facto
18.	तुलना	Comparison
	तुलन-पत्र	Balance sheet
	संतुलन	Balancing
	तुलनात्मक	Comparative
	अतुलनीय	Non-comparisionable
19.	तिथि	Date
	अतिथि	Guest
	अतिथि-गृह	Guest House
	आतिथ्य	Hospitality
	नियत तिथि	Due Date
	तिथिवार	Datewise
	निर्गम तिथि	Date of issue
20.	दशम	Tenth
	दशमलव	Decimal
	दशा	Condition
21.	दर्श	Sight
	आदर्श	Ideal
	प्रतिदर्श	Model
	दर्शनी	At sight
	दर्शनी हुण्डी	Bill at sight
	मार्गदर्शन	Guidence
	तदर्थ	Ad hoe
22.	दान	Donation
	उपदान	Subsidy
	अंशदान	Contribution
	अनुग्रहदान	Gratuity
	अनुदान	Grant
	दाता	Doner
	आदाता	Receiving

	प्रदाता	Paying
23.	द्वि	Two
	द्विभाषिक	Bilingual
	द्वितीय	Second
	द्विपक्षीय	Bilateral/Bipartite
24.	नामा	Deed
	करारनामा	Agreement
	मुख्तारनामा	Power of Attorney
	हलफनामा	Affidavit
	वसीयतनामा	Will
	राजीनामा	Agreement
25.	नाम	Name
	नामजदगी	Nomination
	नामांकित	Well-known
	सर्वनाम	Pronoun
26.	निवेश	Investment
	पुनर्निवेश	Re-investment
	पूँजीनिवेश	Capital investment
27.	नियम	Rule
	नियमन	To regulate
	अधिनियम	Act
	नियमानुसार	According to rule
	नियमावली	Rules and regulations
	नियम-बाह्य	Against rule
28.	पत्र	Letter
	विपत्र	Bill
	प्रपत्र	Form
	परिपत्र	Circular
	अधिकार-पत्र	Authority letter
	माँग-पत्र	Indent
	साख-पत्र	Letter of credit
	प्रतिज्ञा-पत्र	Pledge
	अनुज्ञा-पत्र	Licence
	आवेदन-पत्र	Application

	पूँजी	Capital
29.	कार्यकार पूँजी	Working Capital
	पूँजीगत परिव्यय	Capital outlay
	अंश पूँजी	Share capital
	पूँजीगत लागत	Capital cost
	पूँजीपति	Capitalist
30.	बन्ध	Bond
	बन्धक	Mortgage
	अनुबन्ध	Annexture
	प्रबन्ध	Management
	निर्बन्ध	Clean
	निर्बन्ध ऋण	Clean lone
	प्रतिबन्ध	Restrictions
31.	वही	Ledger/Book
	दैनिक वही	Day book
	वही पन्ना	Ledger folio
	वही प्रविष्टि	Ledger entry
	लेखा वही	Book of accounts
32.	मूल्य	Value/Price
	मूल्य-ह्रास	Depreciation
	मूल्य-वृद्धि	Appreciation
	मूल्यवर्ग	Denomination
	मूल्यन	Valuation
	मूल्यांकन	Valuation
	बाजार मूल्य	Market value
	मौलिक	Original/Valuable
33.	योग	Total
	प्रयोग	Experiment
	अभियोग	Prosecution
	विनियोग	Investment
	योगदान	Contribution
	दुरुपयोग	Misuse
34.	योजन	Joining

	समायोजन	Adjustment
	सेवायोजन	Employment
	संयोजन	To organise
	नियोजन	Planning
35.	योजना	Plan/Scheme
	परियोजना	Project
	आयोजना	Planning
36.	रूप	Form
	प्रारूप	Draft
	स्वरूप	Nature
	प्रतिरूप	Counterpart
	रूपरेखा	Outline
	अनुरूप	According to
37.	लेख	Article
	प्रलेख	Document
	विलेख	Deed
	आलेख	Graph
	अभिलेख	Record
38.	व्यय	Expenditure
	अपव्यय	Extravagance
	मितव्यय	Economy
	अव्यय	Injunction
	मितव्यय-पत्र	Savingram
	परिव्यय	Outlay
39.	वहन	Transportation
	परिवहन	Transport
	नौवहन	Shipping
	संवहन	Conduction
	पारवहन	Transmission
	वाहन	Conveyance
40.	वाद	Suit/Plaint
	प्रतिवाद	Respondent
	विवाद	Controversy

	संवाद	Dialogue
	अनुवाद	Translation
	वाद-विवाद	Debating
41.	विकास	Development
	विकसित	Developed
	विकसनशील	Developing
	अर्द्धविकसित	Semi-Developed
	सुविकसित	Well Developed
	विकासोन्मुख	Development oriented
42.	भाग	Part
	विभाग	Department
	अनुभाग	Section
	प्रभाग	Division
	उपविभाग	Sub-Division
43.	विधि	Law
	प्रविधि	Technique
	संविधि	Statute
	विधिक	Legal
	कार्यविधि	Procedure
	विधिवत	Judicialy
	वैधानिक	Statutory
44.	वितरण	Distribution/Delivery
	संवितरण	Disbursement
	अवितरण	Non-delivery
45.	शोध	Search
	शोधन	Purification
	संशोधन	Amendment/Modification
	परिशोधन	Revision
	प्रशोधन	Processing
	समाशोधन	Clearing
46.	शिक्षण	Education
	प्रशिक्षण	Training
	निरीक्षण	Inspection

	आरक्षण	Reservation
	प्रक्षेपण	Telecast
47.	सेवा	Service
	स्वयंसेवा	Self-Service
	सेवाकालीन	In service
	सेवाकालीन प्रशिक्षण	In service training
	सेवाकाल	Service-period
	सेवा-निवृत्ति	Retirement
48.	हस्त	Hand
	हस्तलिखित	Manuscript
	हस्तकला	Handicraft
	हस्ताक्षर	Signature
	हस्तांतरण	Transference
	हस्तकौशल	Manual skill
	हस्तक्षेप	Interference
49.	क्षेत्र	Area/Region
	प्रक्षेत्र	Area/Zone
	क्षेत्रीय	Regional/Territorial
	क्षेत्राधिकार	Jurisdiction
	क्षेत्रफल	Area
	क्षेत्रिक	Territorial
	क्षेपण	Interpolation
50.	ज्ञान	Knowledge
	विज्ञान	Science
	अभिविज्ञान	Identification/Anagnorisis
	अज्ञान	Ignorance
	परिज्ञान	Thorough knowledge
	ज्ञापन	Memorandum

अंग्रेजी-हिन्दी

1.	Agree	सहमत
	Agriculture	कृषि
	Agronomy	सस्य विज्ञान
	Sericulture	रेशम कीट पालन

	Acquaculture	जल-कृषि
	Apiculture	मधुमक्खी पालन
	Horticulture	बागवानी
	Agragrain	भूमि सम्बन्धी
2.	Cast	पटकना
	Caste	जाति
	Cost	लागत
	Costal	तटिय
	Crystal	स्फटिक
3.	Able	योग्य
	Ample	विस्तृत
	Eligible	निर्वाच्य, वांछनीय
	Negligible	उपेक्षणीय
4.	Word	शब्द
	Ward	रोगीकक्ष
	Inward	आवक
	Outward	जावक
	Foreword	प्रस्ताव
	Forward	अग्रेषण
5.	Port	बंदरगाह
	Import	आयात
	Export	निर्यात
	Transport	परिवहन
	Passport	पारपत्र
	Airport	हवाई अड्डा, विमान पत्तन
6.	Co-operation	सहकारी
	Corporation	निगम
	Co-ordination	समन्वयन
	Combination	संयोग
7.	Flow	प्रवाह
	Fallow	परती भूमि
	Follow	अनुसरण
	Fellow	सदस्य, फेला
8.	Bond	बंधपत्र

	Mortgage	गिरवी
	Pledge	रेहन
	Hypothecation	दृष्टि बंधन
9.	Fire	आग
	Fare	भाड़ा
	Fear	भय
	Fair	स्पष्ट, सुन्दर
	Fever	ज्वर
	Fevour	अनुग्रह
	Figure	रूप, आकार
10.	Fight	लड़ाई
	Right	अधिकार
	Might	पतंग
	Bright	तेजस्वी
	Freight	भाड़ा
11.	Action	कार्रवाई
	Auction	नीलामी
	Acting	कार्यकारी
12.	Tear	अश्रु
	Tire	थकना
	Retire	निवृत्त
	Satire	प्रहसन
	Modify	परिवर्तन करना
	Clerify	स्पष्ट करना
	Certify	प्रमाणित करना
	Simplify	सरल करना
13.	Note	ध्यान देना, नोट करना
	Noting	टिप्पणी
	Notice	सूचना
	Notification	अधिसूचना
14.	Allay	शान्त
	Ailey	गली, पगडंडी
	Alloy	मिश्रधातु
	Ally	सन्धिबद्ध राष्ट्र

15.	Convince	स्वीकार कराना
	Conveyance	वाहन
	Convenience	सुविधा
	Convenance	औचित्य
16.	Direction	निर्देशन
	Distinction	श्रेष्ठता
	Destination	गंतव्य
	Deputation	प्रतिनियुक्ति
	Deligation	शिष्टमण्डल
	Dedication	कर्मठता
	Devotation	समर्पण
	Deduction	कटौती
17.	Doer	कर्त्ता
	Door	दरवाजा
	Dear	प्रिय
	Deer	हरिण
	Dare	हिम्मत
	Dearness	महँगाई
18.	Expert	विशेषज्ञ
	Expect	प्रत्याशा, प्रतीक्षा
	Except	के सिवाय
	Accept	स्वीकार करना
19.	Safety	सुरक्षा
	Surity	जमानत
	Security	प्रतिभूति
	Sincerity	ईमानदारी
	Seniority	वरीयता
20.	Parcel	पार्सल
	Partial	आंशिक
	Personal	व्यक्तिगत, निजी
	Personnel	कार्मिक
21.	Bell	घंटा
	Bail	जमानत
	Bill	बिल

	Bull	तेजड़िया
	Bale	गठरी
22.	Grant	स्वीकृत
	Grand	भव्य/विशाल
	Great	महान
	Grade	श्रेणी
	Grate	पिसना
23.	Pain	दर्द
	Plain	समतल
	Plane	विमान/वायुयान
	Plan	योजना
	Plant	संयंत्र
24.	Farm	खेत
	Form	प्रपत्र
	From	प्रेषक
	Firm	दुकान
	Firm	अटल
25.	Here	यहाँ
	Hear	सुनना
	Hire	किराये पर
	Hair	केश
	Heir	वारिस
	Higher	उच्च

(ख) अनुवाद-प्रक्रिया

प्रयोजनमूलक हिन्दी की संरचना का दूसरा आधारभूत और महत्त्वपूर्ण तत्त्व है—अनुवाद। वस्तुतः हमारे देश में आधुनिक ज्ञान-विज्ञान, प्रशासन तथा प्रौद्योगिकी का विकास पश्चिम की देन है। पश्चिम देशों में इन ज्ञान-क्षेत्रों की अभिव्यक्ति उनकी भाषाएँ विशेषतः अंग्रेजी, फ्रेंच, रूसी, इतालवी, जर्मन तथा सूदूर पूर्व में जापानी आदि में हुई। अतः उक्त ज्ञान-विज्ञान के क्षेत्रों की तकनीक अपनाने की प्रक्रिया में उनसे सम्बन्धित ग्रन्थों के अनुवाद की अनिवार्य आवश्यकता उपस्थित हुई। हिन्दी में तकनीकी तथा वैज्ञानिक शब्दावली निर्माण के फलस्वरूप अनुवाद की प्रक्रिया में तेजी आना स्वाभाविक है। हिन्दी के राजभाषा के पद पर आसीन होने के पश्चात उसके प्रयोजन मूलक रूप में अनुवाद एक जरूरी एवं अनिवार्य उपकरण बनकर

उभरा। अतः अनुवाद की प्रक्रिया तथा प्रविधि की विस्तृत चर्चा आवश्यक है।

अनुवाद : स्वरूप

आधुनिक युग में अनुवाद मनुष्य की सामाजिक, साहित्यिक एवं सांस्कृतिक जरूरत के साथ ही कार्यालयीन कामकाज की अत्यावश्यक शर्त भी बन गया है। देश-विदेश के विभिन्न क्षेत्रों में फैले मनुष्य के साथ जीवन के अनेकविध धरातल पर वह एक दूसरे से सतत सम्पर्क बनाकर व्यक्तिगत तथा सामूहिक सम्बन्धों की कड़ी को मजबूत से जोड़ना चाहता है। अतः भाषाई स्तर पर सम्प्रेषण व्यापार हेतु अनुवाद एक अहम् आवश्यकता के रूप में उभरकर सामने आया है। अनुवाद का प्रयोजन संकुलित कठघरे से हटकर इस वैज्ञानिक युग में बहुआयामी परिप्रेक्ष्य में उजागर हो रहा है। विश्व-पटल पर अवस्थित संस्कृतियों से सम्पर्क की लालसा रखने वाले दो विभिन्न भाषा-भाषी व्यक्तियों अथवा समुदायों की सम्पर्क तथा सम्प्रेषण व्यवस्था के बीच में अनुवाद मध्यस्थता का महत्त्वपूर्ण कार्य करता है।

अनुवाद अनुप्रयुक्त भाषाविज्ञान (Applied Linguistics) के अन्तर्गत जाता है किन्तु अनुवाद की प्रकृति आदि के बारे में विद्वानों में काफी मतभेद पाए जाते हैं। विद्वानों का एक वर्ग अनुवाद को कला मानता है। प्रसिद्ध कवि एजरा पाउण्ड ने तो अनुवाद को "साहित्यिक पुनर्जीवन" (Literary resurrection) तक माना है। विद्वानों का दूसरा वर्ग अनुवाद को कला के रूप में नहीं, बल्कि विज्ञान के रूप में मान्यता प्रदान करता है। अनुवाद को विज्ञान के रूप में प्रतिष्ठित करने में नाइडा का महत्त्वपूर्ण योगदान रहा है। कुछ विद्वान अनुवाद को एक शिल्प की श्रेणी में रखते हैं तो कुछ इसे सिर्फ कौशल ही मानते हैं। कुछ विचारक अनुवाद को न केवल प्रायोगिक मानते हैं अपितु इसे अपनी प्रकृति में यदृच्छावरणात्मक (electric) भी स्वीकार करते हैं।

वास्तव में अनुवाद एक संशिलष्ट प्रक्रिया है जो पाठ-सापेक्ष होने के साथ अनुवादक के व्यक्तित्व की छाप को भी अंकित करती है। सही अर्थों में अनुवाद स्रोत भाषा के प्रतीकों के संकेत अर्थों का लक्ष्य भाषा में अंतरण का प्रामाणिक प्रयास होता है। आधुनिक युग में जीवन के अनेक क्षेत्रों की समृद्धि के साथ भाषा तथा संस्कृति के संस्कार वृद्धि के लिए अनुवाद एक अनिवार्य आवश्यकता के रूप में उभरकर सामने आया है। देश-विदेश की भाषा और संस्कृति को एक-दूसरे के सन्निकट पहुँचाकर उनकी दिशाओं का परिज्ञान कराना अनुवाद की अपनी विशेषता है। आधुनिक युग में जहाँ ज्ञान-विज्ञान के नए-नए क्षेत्र खुल रहे हैं, कम्प्यूटर-तकनालॉजी की होड़-सी लग रही है, वहाँ अनुवाद विज्ञान की महत्ता भी स्वयंसिद्ध होने लगी है। अनुवाद केवल एक प्रक्रिया अथवा रूपांतरण का माध्यम ही नहीं प्रत्युत एक अर्जित कला है। जो साधन देश-विदेशों की क्रियाओं को विपरीत दिशाओं में खड़ा करके उनकी भाषा, संस्कृति तथा समाज में अलगाव की स्थितियाँ पैदा करते हैं, उन्हें अनुवाद

विज्ञान आपस में जोड़कर प्रगति की नई दिशाओं में मोड़ देता है। अतः अनुवाद कला समन्वय की कला है। उसी प्रकार, अनुवाद-विज्ञान अलगाव या विध्वंस का विज्ञान नहीं बल्कि एकता और नवनिर्माण का विज्ञान है। अतः आधुनिक युग की परमावश्यक प्रक्रिया के रूप में समाज, भाषा, संस्कृति आदि के घनीभूत समन्वय के लिए उसका नितान्त महत्त्व है।

अनुवाद की परिभषा

अनुवाद (Translation) शब्द संस्कृत का है जिसके मूल में 'वद्' धातु है। 'वद' से तात्पर्य है बोलना, बात करना। इस 'वद्' धातु में 'धत्र्' प्रत्यय जुड़ने से 'वाद' शब्द (वद्+धत्र्=वाद) बनता है। 'वाद' शब्द में पीछे, बाद में एवं अनुवर्तिता आदि अर्थों में प्रयुक्त होने वाले 'अनु' उपसर्ग लगने से 'अनुवाद' शब्द बना है। अनुवाद का मूल अर्थ है "किसी के कहने के पश्चात कहना" अथवा पुनः कथन। कोश के अनुसार अनुवाद का अर्थ है—"पहले कहे गये अर्थ को फिर से कहना।"

(अ) अनुवाद शब्द का प्रयोग संस्कृत के आचार्य पाणिनि के "अष्टाध्यायी" में मिलता है :

"अनुवादे चरणानाम् (2, 4, 3)"

पाणिनि के उक्त सूत्र पर कय्यट ने महाभाष्यकार के कथन की टीका में कहा है :

यदा प्रतिपत्ता प्रमाणान्तरावगतमंप्यर्थ कार्यान्रार्थ प्रयोक्ता
प्रतिपाद्यते तदानुवादो भवति।

अर्थात किसी और प्रमाण से कही गई बात को ही दूसरे कार्य के लिए किसी द्वारा जब श्रोता से कहा जाता है तब अनुवाद होता है। इस प्रकार अनुवाद शब्द का प्रयोग संस्कृत में हुआ है।

सामन्वय रूप से अनुवाद का कार्य एक अर्थात स्रोत भाषा में अभिव्यक्त विचारों को किसी दूसरी अर्थात लक्ष्य भाषा में व्यक्त करना होता है। मोटे तौर पर कहना हो तो, किसी एक भाषा की सामग्री को दूसरी भाषा में रूपांतरित कर देना ही अनुवाद होता है। प्रसिद्ध विद्वान फोरेस्टेन के शब्दों में :

(आ) "Translation is the transference of the content of a text from one language into another, bearing in mind that we cannot always dissociate the content from the form." —***Foresten***

(इ) ए.एच. स्मिथ के अनुवाद की परिभाषा इस प्रकार दी है : ''अर्थ को बनाये रखते हुए अन्य भाषा में अंतरण कहना अनुवाद है।'' इसी प्रकार :

(ई) डॉ. स्टर्ट ने अनुवाद को भाषाविज्ञान से जोड़ते हुए लिखा है : ''अनुवाद

अनुप्रयुक्त भाषाविज्ञान की वह शाखा है जिसका सम्बन्ध प्रतीकों के एक सुनिश्चित समुच्चय से दूसरे समुच्च्य के अर्थ के अन्तरण से है।'' Translation is that branch of applied science of language which is especially concerned with the problem-or the fact-of the transference of meaning from one set of patterned symbols in to another set of patterned symbols".

(उ) प्रसिद्ध विद्वान जे.सी. कैटफर्ड के अनुसार– "The replacement of textual meterial in one language by equivalent textual material in another language"

—***J.C. Catford.***

अर्थात "अनुवाद एक भाषा के पाठ परक उपादानों का दूसरी भाषा के पाठपरक उपादानों के रूप में समतुल्यता के आधार प्रतिस्थापना है।"

(ऊ) प्रसिद्ध विद्वान हैलिडे ने भी अनुवाद की संकल्पना पर विचार करते हुए लिखा है : "अनुवाद एक सम्बन्ध है जो दो या दो से अधिक पाठों के बीच होता है। ये पाठ समान स्थिति में समान प्रकार्य सम्पादित करते हैं। दोनों पाठों का सन्दर्भ समान होता और उनसे व्यंजित होने वाला संदेश भी समान होता है।"

(ए) प्रसिद्ध भाषाविद न्यूमार्क ने अनुवाद की परिभाषा देते हुए लिखा है : "अनुवाद एक शिल्प है जिसमें एक भाषा में लिखित संदेश के स्थान पर दूसरी भाषा में उसी संदेश को प्रस्तुत करने का प्रयत्न किया जाता है।"

(ऐ) अनुवाद विज्ञान के प्रखर चिन्तक और प्रणेता नाइडा ने अनुवाद की परिभाषा कुछ इस प्रकार दी है :

"Translating consists in producing in the receptor language the closest natural equivalent to the message of the source language, first in meaning and secondly in style." अर्थात अनुवाद का सम्बन्ध स्रोत भाषा के संदेश का पहले अर्थ तथा फिर शैली के धरातल पर लक्ष्य भाषा में निकटतम, स्वाभाविक तथा तुल्यार्थक उपादान प्रस्तुत करने से होता है!

हिन्दी में अनुवाद (Translation) के लिए भाषांतर, भाषानुवाद, टीका, रूपांतरण तथा तरजुमा आदि शब्दों का भी प्रचलन है किन्तु ट्रान्सलेशन के पर्यायी शब्द के रूप में ये शब्द उतने सही एवं युक्तिसंगत नहीं जान पड़ते जितना की अनुवाद शब्द। अनुवाद में मूल पाठ अथवा विषय-वस्तु के कथ्य तथा उद्देश्य की पूरी रक्षा की जाती है फिर उस मूल या स्रोत भाषा में व्यक्त विचारों भावों को सहज रूप से दूसरी भाषा अर्थात लक्ष्य भाषा में अभिव्यक्ति प्रदान की जाती है। प्रसिद्ध हिन्दी भाषाविद डॉ. भोलानाथ तिवारी ने अनुवाद पर विचार करते हुए उसको इस प्रकार परिभाषित किया है :

"एक भाषा में व्यक्त विचारों को, यथासम्भव समान और सहज अभिव्यक्ति

द्वारा दूसरी भाषा में व्यक्त करने का प्रयास अनुवाद है।"

संक्षेप में कहना हो तो "स्रोत भाषा के मूल पाठ के अर्थ को लक्ष्य भाषा के परिनिष्ठत पाठ के रूप में रूपांतरण करना अनुवाद है।"

अनुवादक के लिए अपेक्षित गुण

अनुवाद एक कला ही नहीं अपितु विज्ञान भी है। निरन्तर अभ्यास, अनुशीलन, तथा अध्ययन आदि से इसमें कार्यकुशलता प्राप्त की जा सकती है। अनुवादक का कार्य इसी कुशलता की पहचान होती है क्योंकि उसके सामने अनुवाद के समय दो भाषाएँ होती हैं और उन दोनों भाषाओं के स्वरूप तथा मूल प्रकृति एवं प्रवृत्ति का गहन अध्ययन, अनुशीलन करना अनुवादक का प्रथम दृष्या कार्य होता है। केवल शब्द, वाक्यांश अथवा पदावली का यथास्थिति अर्थ भर लिख देना अनुवाद नहीं होता बल्कि स्रोत भाषा में व्यक्त विचारों, भावों तथा प्रवृत्तियों की यथासम्भव व उसके समान किन्तु सहजाभिव्यक्ति के माध्यम से उन्हें दूसरी अर्थात लक्ष्य भाषा में प्रकट करना ही अनुवाद होता है।

किसी भी परिनिष्ठित अनुवाद में अनुवादक की भूमिका केन्द्रवर्ती और महत्तम होती है। अनुवाद प्रक्रिया में अनुवादक की महत्त्वपूर्ण भूमिका के तीन प्रमुख आयाम लक्षित किये जा सकते हैं :

(क) एक पाठक की भूमिका तथा अर्थग्रहण व भावग्रहण आदि की प्रक्रिया;

(ख) दुभाषिए एवं द्विभाषिक की भूमिका तथा अर्थांतरण एवं भावांतरण आदि की प्रक्रिया;

(ग) रचनाकार की भूमिका और सम्प्रेक्षण की भूमिका।

अनुवाद की रचना प्रक्रिया में इन भूमिकाओं का सही व पूरी तरह निर्वाह करने की चुनौती अनुवादक को निभानी पड़ती है। अतः अनुवाद एक कला है तो अनुवादक कलाकार, और अनुवाद अगर विज्ञान है तो अनुवादक एक विज्ञानी। फलतः अनुवादक की जिम्मेदारियाँ बढ़ जाती हैं। अनुवादक को अपना दृष्टिकोण सदैव वैज्ञानिक ही रखना चाहिए और एक भाषा के विचारों अथवा भावों की अभिव्यक्ति दूसरी भाषा में करते समय भाषा की प्रकृति तथा प्रवृत्ति पर भी उचित ध्यान देना अत्यावश्यक है, सफल अनुवाद-कार्य निष्पादन हेतु अनुवादक की कुछ विशेषताएँ इस प्रकार हैं।—

1. अनुवादक की सर्वप्रथम विशेषता या आवश्यकता है—भाषाओं का समुचित ज्ञान। अनुवादक के सामने दो भाषाएँ होती हैं, एक तो वह जिसका अनुवाद किया जाता है अर्थात स्रोत भाषा और दूसरी वह जिसमें अनुवाद किया जाता है अर्थात लक्ष्य भाषा। अतः इन दोनों भाषाओं का समुचित ज्ञान होना अत्यावश्यक होता है। दोनों भाषाओं की प्रवृत्ति, प्रकृति, संस्कृति, अभिव्यक्ति शक्ति आदि बातों से उसे अच्छी तरह वाकिफ होना चाहिए। अनुवादक को चाहिए कि स्रोत भाषा तथा लक्ष्य भाषा की वाक्य-रचना, शब्दों की चयन-प्रक्रिया, अभिव्यक्ति की सक्षम परख एवं पहचान और

वाक्य-विन्यास एवं शैलियों पर सांस्कृतिक प्रभाव का गहन अध्ययन करने के बाद ही अनुवाद-कार्य पूरा करे, ताकि वह अपने दायित्वों को अच्छी तरह निभा सके।

2. अनुवादक की दूसरी महत्त्वपूर्ण विशेषता है—विषय का समग्र ज्ञान होना। विषय के परिपूर्ण ज्ञान के बिना किसी विज्ञान द्वारा किया गया अनुवाद भी हास्यास्पद एवं भद्दा हो सकता है क्योंकि विषय के अज्ञान की वजह से अर्थ का अनर्थ हो सकता है। जैसे बैंकिग में एक बहुप्रचलित शब्द है 'सेक्योरिटी' जिसका अर्थ कोई भी सामान्य व्यक्ति या विद्वान ही हिन्दी में 'सुरक्षा' लिखेगा क्योंकि उसे बैंकिंग के ज्ञान का अभाव है। किन्तु जिन्हें बैंकिंग का ज्ञान है वह बैंकिंग के संदर्भ में 'सेक्योरिटी' का मतलब समझकर जमानत के तौर पर 'प्रतिभूति' ही लिखेंगे। अतः अनुवादक के लिए सम्बन्धित विषय का ज्ञान होना अपरिहार्य होता है।

3. अनुवादक की तीसरी विशेषता है—स्वतन्त्र विचार-शक्ति। स्रोत और लक्ष्य दोनों भाषाओं का ज्ञान, विषय की समझ और प्रतिभा होने पर भी अनुवाद के समय प्रत्यक्ष रूप से ऐसे अनेक मौकों पर अनुवादक की स्वतन्त्र विचार-शक्ति काम आसान कर देती है। अनुवाद के लिए अनेक बार अनुवादक की स्वतन्त्र विचार-शक्ति ही काम आ सकती है न कि हर बार शब्दकोश या पारिभाषिक शब्दावली।

सफल अनुवाद की पहचान

उत्तम अनुवाद अनुवादक की रुचि के साथ उसकी योग्यता, विषय-वस्तु की समझ, अध्ययनशीलता तथा भाषाओं की निपुणता आदि बातों पर बहुत कुछ निर्भर करता है। अनुवाद की सर्जन-प्रक्रिया में जब अनुवादक विषय की समझ, पाठविश्लेषण, शब्द रूप समायोजन तथा मूल से यथायोग्य तुलना और इन सबके रसायन को अपनी विशिष्ट शैली के कारण प्रभावी ढंग से अभिव्यक्ति प्रदान करता है तब ऐसा अनुवाद उत्तम कोटि की श्रेणी में आता है। उत्तम अनुवाद की पहचान तो इसी में है कि स्रोत भाषा की पूरी विशेषता और मूल विषय लक्ष्य भाषा में आकर अनुवाद पढ़ते समय ऐसा न महसूस हो कि अनुवाद पढ़ रहे हैं, किन्तु लगना तो यह चाहिए कि मूल पाठ ही पढ़ा जा रहा है। ऐसी स्थिति में अनुवादक को स्रोत तथा लक्ष्य दोनों भाषाओं में डूबकर भी अपनी भाषाई तटस्थता बनाए रखनी चाहिए। उत्तम अनुवाद वही है जिसमें मूल विषय की मुख्य बातें ज्यों-की-त्यों आ जाएँ अर्थात मुख्य बातों में से कोई भी महत्त्वपूर्ण कड़ी छूटनी नहीं चाहिए और न ही तथ्य को विपरीत दिशाओं में तोड़ा-मरोड़ा जाना चाहिए। दूसरी बात यह कि प्रत्येक भाषा की अपनी अलग एवं स्वतन्त्र शैली, प्रकृति व प्रवृत्ति होती है। साथ में अभिव्यंजन की कुछ विशिष्ट प्रणालियाँ होती हैं। इन सबको सम्यक रूप से समझकर स्रोत भाषा को अभिव्यक्ति किया जाना उत्तम अनुवाद के लिए बहुत आवश्यक है। अर्थात भाषाओं की अभिव्यंजनाशक्ति की यथायोग्य एवं उचित पहचान और परख होनी चाहिए।

अन्यथा अनुवाद अटपटा, दुरूह, अनगढ़ तथा बोझिल हो जाएगा।

अच्छे और सफल अनुवाद की एक पहचान यह भी है कि वह कहीं से भी अनुवाद नहीं जान पड़ता बल्कि सम्यक रूप से मूल पाठ (Original Text) ही मालूम देता है। इन दोनों विशेषताओं में से पहली विशेषता उस भाषा के ठीक-ठीक ज्ञान पर ही आश्रित है, जिससे अनुवाद किया जाता है, अर्थात स्रोत भाषा से। दूसरी विशेषता उस भाषा की प्रवृत्ति, प्रकृति अथवा स्वरूप के सम्यक ज्ञान से सम्बन्धित है जिसमें अनुवाद किया जा रहा है अर्थात लक्ष्य भाषा। जब भी इन दोनों विशेषताओं में से किसी एक की त्रुटि होती है, वहीं अनुवाद अस्पष्ट, धूसर, भद्दा और हीन कोटि का हो जाता है। फलतः उत्तम अनुवाद के लिए इन दोनों विशेषताओं का होना नितांत अनिवार्य होता है। अंग्रेजी का एक वाक्य प्रयोग है–To give blank cheque जिसका हिन्दी अनुवाद 'कोरा चेक देना' किया जाए तो वह गलत होगा क्योंकि भाषाई पकड़ छूट गई और केवल शब्दशः अनुवाद हो गया। इसका सही अनुवाद होगा–'पूरी छूट देना' अथवा 'खुली छूट देना'। यदि हम कोई अनुवाद पढ़कर मूल पाठ या बात का सही अर्थ एवं भाव समझने के बावजूद यह नहीं समझ सके कि वह अनुवाद किस भाषा से किया गया है तब वह अनुवाद सही अर्थों में उच्च कोटि का माना जाएगा।

अनुवाद करते समय अनुवादक को चाहिए कि वह अपनी भाषा की प्रवृत्ति, प्रकृति और स्वरूप को न भूला दे और जिस भाषा में अनुवाद करने बैठा है उस भाषा के प्रवाह में न बह जाए। ऐसा करने से अनुवाद कमजोर और हीन ही होगा। अनुवाद करते समय केवल शब्द तथा शब्दार्थों पर ही ध्यान देकर भावार्थ को गौण मानकर चलना अत्यंत अनुचित है। शब्द के स्थान पर शब्द और वाक्यों के स्थान पर वाक्य रखते जाने अर्थात केवल शब्दशः अनुवाद करने से और बड़ी भयंकर भूल अनुवाद के क्षेत्र में कोई नहीं होगी। अनुवादक में भावार्थ की पहचान और परख महत्त्वपूर्ण स्थान रखती है और उत्तम अनुवाद के लिए उसी को ध्यान में रखा जाना चाहिए। अंग्रेजी का वाक्य It was raining cats and dogs का हिन्दी में शब्दानुवाद होगा–"बिल्ली और कुत्तों की बरसात हो रही थी" जो अनुवाद शिल्प की दृष्टि से गलत होगा 'कैट्स एंड डाग्ज' से यहाँ भाव है "एक के पीछे दूसरा" अर्थात सतत वर्षा हो रही थी। किन्तु भारतीय संस्कृति सततधार वर्षा को मूसलाधार वर्षा से ही अभिव्यक्त करती है, इस विशिष्ट अभिव्यक्ति को ध्यान में रखकर अनुवाद करना चाहिए–मूसलाधार बरसात हो रही थी। यह अनुवाद मूल पाठ के भावों को उचित एवं संतुलित अभिव्यक्ति प्रदान करता है, इसीलिए उसका सौन्दर्य बढ़कर वह उत्तम अनुवाद की श्रेणी में आएगा।

अनुवाद की शैली

अनुवाद का मूल उद्देश्य अथवा लक्ष्य होता है मूल पाठ को लक्ष्य भाषा में सही अभिव्यक्ति के साथ प्रतिष्ठापित करना। इस दृष्टि से परिनिष्ठित अनुवाद हेतु कुशल

अनुवादक की पहचान सही होगी कि वह अनुवाद की शैली प्रायः वही इस्तेमाल करता है जो मूल पाठ की होती है। भाषाई स्तर पर विभिन्न शैलियाँ विश्व भर में प्रचलित हैं जिनमें प्रमुख है—व्यास शैली, समास शैली, व्यंजक शैली, सामान्य शैली, उत्तम शैली, लाक्षणिक शैली, अलंकृत शैली, मुहावरेदार शैली तथा सरल शैली आदि। यह सही है कि किसी भी शैली के प्रमुख तत्त्वों में छन्द, ध्वनि, अलंकार, शब्द-शक्तियाँ, शब्दों के गर्भित अर्थ आदि को अनुवाद में यथास्थिति प्रक्षेपित करना बहुत कठिन कार्य है। फिर भी अनुवाद के समय इन बातों को दृष्टिगत रखना बहुत जरूरी होता है। अनुवाद के मूल पाठ की शैली में यथास्थिति आवश्यकतानुसार परिवर्तन भी किया जा सकता है। अनुवाद की शैली में मूल बात यह होती कि अनुवाद का पाठक किस श्रेणी का है। पाठक के स्तर के अनुसार भी अनुवाद की शैलियों में परिवर्तन किया जा सकता है या अनुवाद की शैलियाँ हो सकती है।

अनुवाद का सौन्दर्य अथवा सफलता बहुत कुछ उसकी शैली पर निर्भर करती है। इसीलिए अन्य सभी बातों के एक जैसे होने के बावजूद व्यक्तिगत शैली में सौन्दर्य एवं सर्जन-शक्ति के कारण किसी एक अनुवादक द्वारा किया गया अनुवाद बहुत उत्तम श्रेणी का होता है, तो किसी का सामान्य और किसी का भद्दा एवं फूहड़। इस प्रकार, अनुवाद की विभिन्न शैलियाँ हो सकती हैं जो अनुवादक के व्यक्तित्व एवं विचार-मंथन के अनुरूप विषयानुसार निर्धारित होती है। परन्तु सामान्यतः अनुवाद की सर्वोत्तम शैली वही मानी जा सकती है जिसमें मूल भाषा की शैली लक्ष्य भाषा में भी विद्यमान हो और अनुवादक की स्वयं की विशेष अनुवाद शैली का सुरुचि पूर्ण सम्यक् समन्वय किया गया हो। शैली की विशेषता तथा व्यक्तिगत चिंतन अनुवादक को भी सर्जक (Creative writer) की कोटि में ला खड़ा करते हैं!

अनुवाद-प्रक्रिया

अनुवाद की विभिन्न परिभाषाओं से स्पष्ट होता है कि अनुवाद में स्रोत भाषा (Source Language) लक्ष्यभाषा (Target Language) तथा अनुवादक (Translator) की अनिवार्य भूमिका रहती है। स्रोत भाषा के विचार, भाव तथा कथ्य को यथास्थिति समतुल्यता अथवा निकटतम रूप में लक्ष्य भाषा में अभिव्यक्त करने के लिए अनुवादक को जिस विशिष्ट क्रियाविधि या प्रविधि से गुजरना पड़ता है, उसे अनुवाद की प्रक्रिया कहा जा सकता है।

अनुवाद-प्रक्रिया के बारे में पश्चिमी विद्वान नाइडा, न्यूमार्क, तथा बाथगेट ने कुछ सिद्धान्त प्रतिपादित किए हैं। नाइडा ने अनुवाद-प्रक्रिया के तीन सोपान माने हैं—(1) विश्लेषण, (2) अन्तरण तथा (3) पुनर्गठन। न्यूमार्क ने अनुवादप्रक्रिया के विश्लेषण द्वारा उसे नये ढंग से प्रस्तुत किया और उसके तीन सोपान माने—(1) मूल भाषा पाठ, (2) बोधन तथा व्याख्या और (3) अभिव्यक्ति (पुनस्सर्जन)। बाथगेट ने

अनुवाद की प्रक्रिया को विस्तृत एवं व्यावहारिक ढंग से प्रस्तुत किया है। बाथगेट ने अनुवाद की प्रक्रिया के सात सोपान माने हैं–(1) मूल भाषा पाठ का समन्वयन, (2) विश्लेषण, (3) बोधन, (4) पारिभाषिक अभिव्यक्ति, (5) पुनर्गठन, (6) पुनरीक्षण और (7) पर्यालोचन एवं लक्ष्य भाषा पाठ।

अनुवाद-प्रक्रिया के उक्त प्रारूपों तथा प्रविधि-सिद्धान्तों के विश्लेषण से स्पष्ट होता है कि अनुवाद में मूलभूत इकाई है–मूलपाठ (Original Text)। इस मूल पाठ का बोधन तथा उसकी लक्ष्य भाषा में अभिव्यक्ति के बीच की सैद्धान्तिक प्रक्रिया ही अनुवाद की प्रक्रिया है। अनुवाद की प्रक्रिया में अनुवादक को मूल पाठ (Original Text) की विषय वस्तु, विषय अभिव्यक्ति की शैली, मूल पाठ की व्याकरणिक संरचना तथा पाठ का विषयगत सामाजिक, सांस्कृतिक सन्दर्भ आदि की ओर विशेष ध्यान पड़ता है। मूल पाठ को पूर्णतः ग्रहण कर (समझ कर) लक्ष्य भाषा (Target language) अर्थात लक्ष्य पाठ में अंतरित करने हेतु उसे विश्लेषित करता है। तत्पश्चात मूल पाठ की विषय-वस्तु, भाव, तथा विचारों के समतुल्य लक्ष्य भाषा पाठ के समतुल्य विचार भाव तथा शैली आदि का चयन करने की प्रक्रिया सम्पन्न होती है। इसमें अनुवादक स्रोत भाषा पाठ के सन्दर्भ-विशेष तथा प्रयुक्ति-विशेष को भी दृष्टिगत रखते हुए लक्ष्य भाषा पाठ की समतुल्य या समकक्ष अभिव्यक्ति की खोज करता है। इस प्रक्रिया में अनुवादक का विवेक, उसका द्विभाषी ज्ञान, विषय के बारे में गहरी रुचि तथा अभिव्यक्ति कौशल आदि की विशेष भूमिका रहती है। इसके पश्चात अनुवाद-प्रक्रिया का अन्तिम चरण शुरू होता है। मूल भाषा पाठ के बोधन तथा समुचित विश्लेषण के पश्चात अनुवादक लक्ष्य भाषा की विषय-वस्तु, सन्दर्भ-विशेष, प्रकृति तथा संरचना के अनुरूप अनुवाद पर्यायों को संगठित एवं संयोजित करता है। तद्नंतर, मूल भाषा पाठ के साथ अनुवादित पाठ का पुनर्निरीक्षण एवं तुलना की जाती है और अनुवाद को अन्तिम रूप दिया जाता है।

इस प्रकार अनुवाद-प्रक्रिया अनेक सोपानों से गुजरते हुए सम्पन्न होती है। स्पष्ट होता है कि अनुवाद को स्रोत भाषा (Source Language–S.L.) में व्यक्त विचारों, भावों, संकल्पनाओं, रचनाओं, तथा विषयगत बारिकियों को यथास्थिति समतुल्यता अथवा निकटतमता के धरातल पर लक्ष्य भाषा (Target Language–T.L) में अभिव्यक्त करने की महत्त्वपूर्ण प्रक्रिया माना जा सकता है। यह वह संरचना है जो अनुवादित होकर लक्ष्य भाषा पाठ में पुनस्सर्जित होकर आविर्भूत होती है।

अनुवाद के प्रकार

संस्कारशील जीवन के लिए केवल एक भाषा नहीं अपितु अनेक भाषाओं में व्याप्त तथा व्यक्त जीवनानुभूति, सौन्दर्य तथा संस्कारों की भी आवश्यकता होती है। परन्तु अच्छी अनुवाद प्रक्रिया के बिना यह सब कुछ असम्भव सा है। फलतः दुनिया भर

की भाषाओं के एक-दूसरी में अनुवाद हुए और संस्कृति, सभ्यता तथा संस्कारशील मनुष्य-जीवन का आदान-प्रदान होता रहा। अनुवाद की इस प्रक्रिया में प्रयोजन, प्रयोग तथा प्रयोक्ता आदि तत्त्वों के आधार पर अनुवाद के अनेक भेद-प्रभेद हो सकते हैं। इन प्रकारों के चार मुख्त आधार माने जा सकते हैं : गद्य-पद्य का आधार, साहित्यिक विधा का आधार, विषय का आधार तथा अनुवाद-प्रकृति का आधार। इनमें सबसे महत्त्वपूर्ण अन्तिम आधार माना जा सकता है क्योंकि उसकी प्रकृति आंतरिक है। अनुवाद के प्रकारों का संक्षिप्त रूप इस प्रकार है—

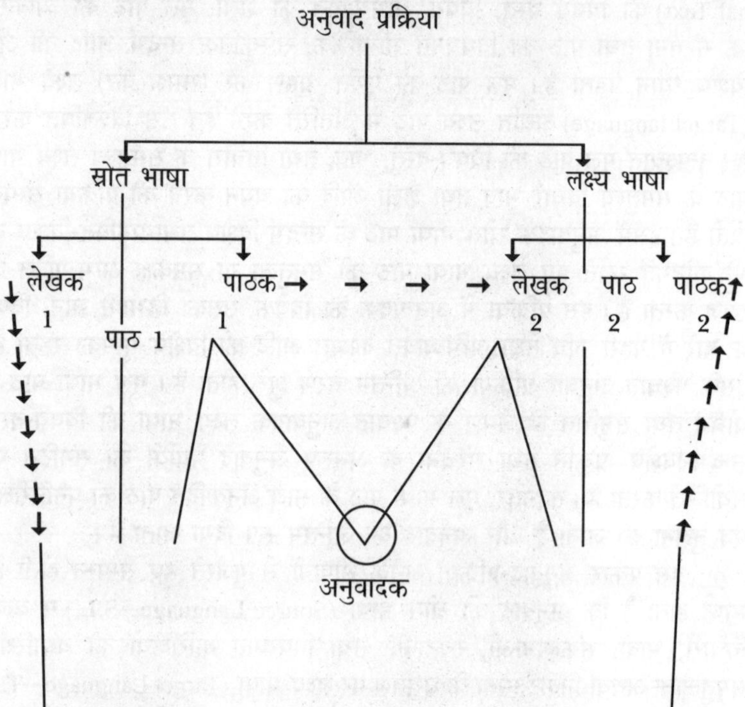

(अ) गद्य-पद्य के आधार पर

1. गद्यानुवाद : यह अनुवाद गद्य में होता है या किया जाता है। गद्य का ही गद्य में अनुवाद किया जाता है।

2. पद्यानुवाद : यह अनुवाद पद्य में होता है। पद्य का ही पद्य में अनुवाद किया जाता है। इसे छंदानुवाद भी कहा जाता है।
3. मुक्त छंदानुवाद : स्पष्ट है, यह अनुवाद मुक्त छंद में किया जाता है। मूल सामग्री या पाठ व छंद में होने पर ही मुक्त छंदानुवाद किया जाता है।

(आ) साहित्यिक विधा के आधार पर

1. काव्यानुवाद : काव्य-रचना का अनुवाद काव्यानुवाद कहलाता है। काव्यानुवाद प्रायः गद्य, पद्य या मुक्त छन्द में, आवश्यकतानुसार किया जाता है।
2. नाटकानुवाद : नाटक का किसी दूसरी भाषा के नाटक में अनुवाद नाटकानुवाद होता है।
3. कथानुवाद : किसी कथा-साहित्य अर्थात उपन्यास अथवा कहानी का अन्य कथा-साहित्य में जो अनुवाद किया जाता है, उसे कथानुवाद कहा जाता है।

(इ) विषय के आधार पर

विषय के आधार पर अनुवाद के सामान्यतः निम्नलिखित भेद माने जाते हैं–

1. पत्रकारिता अनुवाद
2. विधि साहित्य अनुवाद
3. वैज्ञानिक साहित्य अनुवाद
4. धार्मिक साहित्य अनुवाद
5. ललित साहित्य अनुवाद
6. कार्यालयीन अनुवाद
7. गणित साहित्य अनुवाद
8. ऐतिहासिक साहित्य अनुवाद
9. तकनीकी अनुवाद

(ई) अनुवाद-प्रकृति के आधार पर

1. मूलनिष्ठ अनुवाद : यह अनुवाद मूल पाठ या विषय-वस्तु का अनुगमन करता है।
2. मूलमुक्त अनुवाद : इस प्रकार के अनुवाद के अनुवादक को काफी छूट होती है। परन्तु विचारों, भावों अथवा कथ्य तबदीली की छूट न होकर अभिव्यक्ति शैली की होती है।
3. शब्दानुवाद : इस प्रकार के अनुवाद में मूल पाठ का शब्दशः अनुवाद किया जाता है।
4. भावानुवाद : इस प्रकार के अनुवाद में मूल पाठ के अर्थ, विचार तथा भावों

पर विशेष ध्यान दिया जाता है।

5. छायानुवाद : छायानुवाद प्रायः शब्दानुवाद की तरह मूल पाठ के शब्दों का अनुसरण न करके उसके भावों, विचारों आदि की छाया मात्र लेकर चलता है।
6. सारानुवाद : लम्बे मूल पाठ, भाषण या सम्भाषण आदि का संक्षिप्त रूप में जो अनुवाद प्रस्तुत किया जाता है, वह सारानुवाद कहलाता है।
7. व्याख्यानुवाद : मूल पाठ का व्याख्या के साथ जो अनुवाद किया जाता है, उसे व्याख्यानुवाद कहा जाता है।
8. आदर्श अनुवाद : इसे स्वाभाविक अनुवाद भी कहा जाता है। मूल पाठ के भावों, कथ्यों तथा विचारों का यथास्थिति जो अनुवाद प्रस्तुत किया जाता है, उसे आदर्श अनुवाद कहते हैं।
9. रूपांतरण : इसमें प्रायः मूल भाषा या पाठ के रूप को आवश्यकतानुसार बदल दिया जाता है। प्रायः रेडियो रूपांतरण इस श्रेणी में आते हैं।
10. वार्तानुवाद : इसे आशु अनुवाद भी कहा जाता है। भिन्न भाषाओं अर्थात दो भिन्न भाषा-भाषी के बीच दुभाषियों के रूप में अनुवादक जो अनुवाद करता है, उसे वार्तानुवाद कहा जाएगा।

इस प्रकार अनुवाद के अनेक भेद-प्रभेद है। सामान्यतया अनुवाद के जो महत्त्वपूर्ण प्रकार बहुप्रचलित है, यहाँ उनके बारे में विस्तृत चर्चा करना अत्यावश्यक है। ये महत्त्वपूर्ण अनुवाद-प्रकार निम्नलिखित हैं—

(अ) शब्दानुवाद

अनुवाद के क्षेत्र में शब्दानुवाद को उच्च कोटि की श्रेणी में नहीं कहा जाता किन्तु अनुवादक प्रक्रिया में ऐसे अनेक बिन्दु आते हैं जब शब्दानुवाद के सिवाय कोई पर्याय नहीं रह जाता। शब्दानुवाद वैसे भी भावानुवाद के लिए पूरक तत्त्व के रूप में काफी महत्त्वपूर्ण माना जा सकता है। शब्दानुवाद में स्रोत भाषा के शब्दों तथा शब्दांशों को ज्यों-का-त्यों लक्ष्य भाषा में परिवर्तित या रूपांतरित करके अनुवाद कर लिया जाता है अर्थात इसमें मूल पाठ या सामग्री की प्रत्येक शब्दाभिव्यक्ति का अनुवाद प्रायः उसी क्रम में किया जाता है। इसीलिए अनुवाद के इस प्रकार को निकृष्ट कहा जाता है क्योंकि प्रकृति भिन्न होने के साथ ही प्रत्येक भाषा का शब्दक्रम भी भिन्न-भिन्न होता है। अंग्रेजी का एक शब्द है—Pay जिसका शब्दानुवाद भुगतान अथवा वेतन होगा किन्तु बैंकिंग क्षेत्र में उसे 'भुगतान करें' इस पूरे वाक्य के अर्थ में प्रयुक्त किया जाता है। इस प्रकार, शब्दानुवाद से कभी-कभी उलझनें भी पैदा हो सकती हैं। शब्दानुवाद में मूल बातों के यथातथ्य होने के कारण अनुवाद की

भाषा प्रायः कृत्रिम एवं निष्प्राण हो जाती है तथा उसमें मूल पाठ या रचना का स्वाभाविक प्रवाह नहीं रह जाता या नहीं आ पाता। फलतः अनुवाद दुर्बोध, बोझिल और कभी-कभार हास्यास्पद भी हो जाता है। शब्दानुवाद के रोचक उदाहरण इस प्रकार दिए जा सकते हैं–

1. My head is eating circles.
   मेरा सिर चक्कर खा रहा है।
2. He became water and water.
   वह पानी-पानी हो गया।
3. Warm welcome.
   गरमागरम स्वागत।
4. It was raining cats & dogs.
   बिल्ली-कुत्तों की बरसात हो रही थी।

(आ) भावानुवाद

अनुवादक क्षेत्र में अन्य सभी अनुवादों की अपेक्षा भावानुवाद को उत्तम कोटि का अनुवाद माना जाता है। भावानुवाद में शब्दानुवाद की तरह केवल शब्द, वाक्यांश तथा वाक्य-प्रयोग आदि पर ध्यान न देकर स्रोत भाषा तथा लक्ष्य भाषा के मूल अर्थ, विचार और भावाभिव्यक्ति पर ही अधिक ध्यान दिया जाता है। भावानुवाद में मूल पाठ की आत्मा अर्थात मूल कथ्य की सामग्री को ही मुख्य रूप मानकर उसे लक्ष्य भाषा में यथायोग्य पद्धति से सम्प्रेषित किया जाता है। अनुवाद के क्षेत्र में कभी-कभी ऐसी स्थितियाँ पैदा होती हैं जब अनुवादक किसी भी पाठ या वाक्यांश का ठीक-ठीक शब्दानुवाद करने में असमर्थ होता है। तब ऐसी स्थिति में उस सामग्री के अनुवाद के लिए भावानुवाद का ही सहारा लेना पड़ता है। डॉ. भोलानाथ तिवारी की मान्यता है–"सामान्यतः मूल सामग्री यदि सूक्ष्म भावों वाली है तो उसका भावानुवाद करते हैं और यदि वह तथ्यात्मक वैज्ञानिक या विचार प्रधान है तो उसका शब्दानुवाद करते हैं।" भावानुवाद को अनुवाद प्रक्रिया की महत्त्वपूर्ण पद्धति माना जाता है, क्योंकि भावानुवाद में मूल भाषा पाठ के प्रमुख विचार भाव, अर्थ तथा संकल्पना को लक्ष्य भाषा में उनकी समस्त विशेषताओं के साथ सम्प्रेषित किया जाता है। भावानुवाद में अनुवादक का ध्यान कथ्य के भाव, विचार तथा अर्थ पर विशेष रूप से बना रहता है। वस्तुतः इसमें अनुवादक मूल भाषा (स्रोत भाषा) पाठ की सामग्री के अर्थ को सम्पूर्णतः एवं समुचित ढंग से लक्ष्य भाषा पाठ में लाने की चेष्टा करता है, फलतः इसमें स्रोत भाषा की मूल भाव-भंगिमा तथा रचनाधर्मिता प्रायः सुरक्षित बनी रहती है। अतः इस दृष्टि से भावानुवाद सर्वाधिक उपयोगी माना जा सकता है।

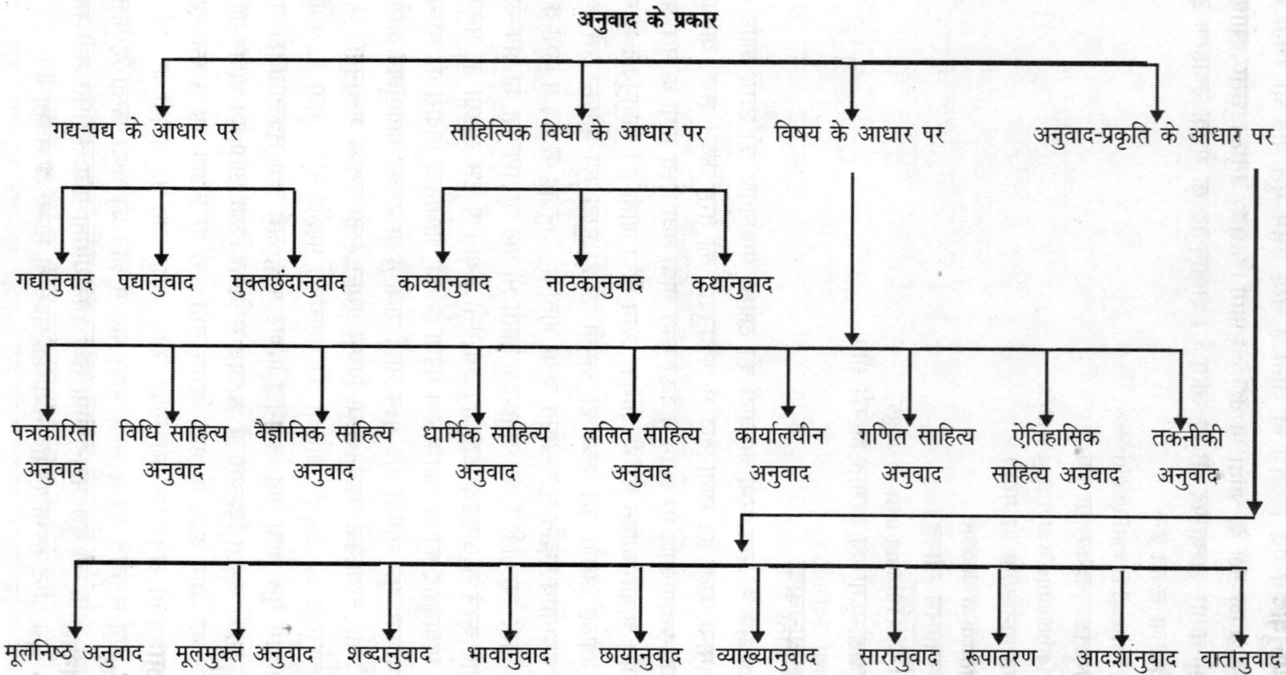
अनुवाद के प्रकार
गद्य-पद्य के आधार पर
साहित्यिक विधा के आधार पर
विषय के आधार पर
अनुवाद-प्रकृति के आधार पर
गद्यानुवाद
पद्यानुवाद
मुक्तछंदानुवाद
काव्यानुवाद
नाटकानुवाद
कथानुवाद
पत्रकारिता अनुवाद
विधि साहित्य अनुवाद
वैज्ञानिक साहित्य अनुवाद
धार्मिक साहित्य अनुवाद
ललित साहित्य अनुवाद
कार्यालयीन अनुवाद
गणित साहित्य अनुवाद
ऐतिहासिक साहित्य अनुवाद
तकनीकी अनुवाद
मूलनिष्ठ अनुवाद
मूलमुक्त अनुवाद
शब्दानुवाद
भावानुवाद
छायानुवाद
व्याख्यानुवाद
सारानुवाद
रूपातरण
आदर्शानुवाद
वार्तानुवाद

(इ) छायानुवाद

छायानुवाद के सन्दर्भ में 'छाया' शब्द से तात्पर्य है धूसर तथा धुँधला प्रभाव। छायानुवाद में मूल पाठ की अर्थच्छाया को ग्रहण कर अनुवाद किया जाता है। अर्थात इसमें स्रोत भाषा की मुख्य बातें, दृष्टिकोण तथा विचार या संकल्पना आदि को ग्रहण करके इन सबके संकलित प्रभाव को लक्ष्य भाषा में रूपांतरित किया जाता है। छायानुवाद में शब्दानुवाद की तरह स्रोत भाषा अथवा मूल पाठ के शब्दों का अनुसरण न करके, या भावानुवाद की तरह मूल विचारों के भावार्थ का यथातथ्य अनुगमन न करके, इन दोनों से मुक्त होकर इनकी छाया मात्र लेकर स्वतन्त्र रूप से अनुवाद किया जाता है।

(ई) व्याख्यानुवाद

व्याख्यानुवाद में मूल पाठ की व्याख्या अथवा टीका के साथ अनुवाद किया जाता है। व्याख्या स्वाभाविक रूप से अनुवादक के व्यक्तित्व तथा चिंतन प्रणाली पर आधारित होती है जिससे अनुवादक का महत्त्व उभरकर सामने आ जाता है। इस प्रकार के अनुवाद में अनुवादक मूल विचारों, भावों तथा संकल्पनाओं को अपनी शैली के अनुसार सविस्तार रूपायित करता है। व्याख्यानुवाद में विषयवस्तु के निरूपण तथा स्पष्टीकरण आदि के लिए यथास्थिति अतिरिक्त उद्धरण, उदाहरण अथवा उक्ति आदि जोड़े जा सकते हैं। महाराष्ट्र के संत ज्ञानेश्वर द्वारा किया गया भगवद् गीता का अनुवाद 'ज्ञानेश्वरी' तथा लोकमान्य तिलक द्वारा किया गया गीता का अनुवाद 'गीता-रहस्य' इसी श्रेणी में आएँगे।

(उ) सारानुवाद

लम्बी रचनाओं, लम्बे भाषणों, बृहद प्रतिवेदनों तथा राजनीतिक वार्ताओं आदि को उसके कथ्य तथा मूल तत्त्व को पूर्णतः सुरक्षित रखते हुए प्रसंग अथवा सन्दर्भ की आवश्यकतानुसार संक्षेप में रूपांतरित करने की प्रक्रिया को सारानुवाद कहते हैं। ऐसे अनुवाद में स्रोत भाषा की सामग्री का सारांश मूल कथ्य को सुरक्षित रखते हुए लक्ष्य भाषा में अंतरित कर दिया जाता है। अनुवाद की इस पद्धति का सहारा मुख्यतः दुभाषिये, समाचार पत्रों के संवाददाता तथा संसद अथवा विधान मण्डलों की कार्यवाही के रिकार्डकर्ता आदि लेते हैं।

(ऊ) आशु-अनुवाद

आधुनिक युग में सांस्कृतिक, सामाजिक तथा राजनीतिक आदान-प्रदान हेतु आशु-अनुवाद पद्धति को समस्त विश्व में अत्यधिक महत्त्व प्राप्त है। एक-दूसरे की भाषा न जानने वाले दो या अधिक भिन्न भाषा-भाषी जब महत्त्वपूर्ण बातचीत या चर्चा

करते हैं तब उनके विचारों और भावों को एक-दूसरे तक सम्प्रेषित करने का महत्तम कार्य दुभाषिया (Interpreter) करता है। दुभाषिया अपने कार्य को आशु-अनुवाद के माध्यम से ही सम्पन्न करता है। दुभाषिया अर्थात आशु-अनुवादक की कुछ विशेष जिम्मेदारियाँ भी हो जाती हैं। जैसे–दोनों भाषाओं के सूक्षतम ज्ञान के साथ उन भाषाओं की सामाजिक तथा सांस्कृतिक प्रवृत्तियों की समुचित जानकारी का भी होना आवश्यक होता है।

(ए) आदर्श अनुवाद

इसे स्वाभाविक सटीक अनुवाद भी कहा जाता है। इसमें अनुवादक मूल पाठ की मूल सामग्री का अनुवाद अर्थ तथा अभिव्यक्ति सहित लक्ष्य भाषा में निकटतम एवं स्वाभाविक समानकों (Closest natural equivalent) द्वारा करता है। संक्षेप में, अनुवाद मूल के अनुसार ही होता है और उसमें अनुवादक अपना व्यक्तित्व तथा व्यक्तिगत चिन्तन आदि नहीं आने देता है। आदर्श अनुवाद मूल भाषा पाठ जैसा ही दृष्टिगत होता है। अर्थात् अनूदित पाठ को पढ़ते समय पाठक को लगता है कि वह कोई अनुवादित कृति न पढ़कर मूल कृति ही पढ़ रहा है। इस प्रकार के अनुवाद में अनुवादक को किसी प्रकार की छूट नहीं होती और वह स्रोत भाषा के मूल पाठ के साथ कोई ज्यादती या मनमानी नहीं कर सकता।

(ऐ) रूपान्तरण

रूपान्तर से तात्पर्य है किसी 'रूप' को बदलना। इसमें अनुवाद के जरिये विधान्तर हो जाता है। अर्थात अनुवादक किसी विधा का रूप बदलकर उसे दूसरी विधा में परिवर्तित कर देता है। इसमें उपन्यास अथवा कहानी को नाटक या एकांकी आदि में परिवर्तित कर दिया जाता है। स्थिति, सन्दर्भ एवं आवश्यकतानुसार पात्र, काल-क्रम या घटना-क्रम आदि में मामूली फेर-बदल भी किया जाता है। रेडियो अथवा दूरदर्शन पर रूपान्तर को साकार होते देखा जा सकता है।

प्रयोजनमूलक हिन्दी और अनुवाद

प्रयोजनमूलक हिन्दी के आविर्भाव के साथ आधुनिक युग में उसकी उपादेयता, अनुप्रयुक्तता तथा गत्यात्मकता के लिए एक अत्यन्त प्रभावी माध्यम-तत्त्व के रूप में अनुवाद की महत्ता अक्षुण्ण बनी हुई है। व्यापक अर्थ में देखा जाए तो प्रतीत होता है कि हिन्दी भाषा के सन्दर्भ में प्रयोजनमूलक हिन्दी, पारिभाषिक शब्दावली तथा अनुवाद एकमेकाश्रित तत्त्व हैं।

विश्वफलक पर तेजी से आविर्भूत ज्ञान-विज्ञान तथा प्रौद्योगिकी के अनेकविध क्षेत्रों का फैलाव समस्त जगत में तीव्र गति से हो रहा है। ज्ञान-विज्ञान के उक्त सभी

क्षेत्रों, देश-विदेशों की संस्कृति तथा देश के प्रशासन आदि को यथाशीघ्र समुचित ढंग से अभिव्यक्ति देने में एक सहायक अनिवार्य तत्त्व के रूप में अनुवाद का महत्त्व स्वयंसिद्ध है। अनुवाद के माध्यम से ही प्रयोजनमूलक हिन्दी में विभिन्न देशी-विदेशी प्रगत भाषाओं का ज्ञान, देश-विदेश की संस्कृति, विज्ञान और प्रौद्योगिकी के क्षेत्रों से सम्बन्धित ज्ञान, विश्व में प्रचलित विभिन्न भाषाओं की पारिभाषिक शब्दावली का आगमन और प्रचलन सम्भव हुआ है। इस प्रकार, प्रयोजनमूलक हिन्दी के रूप, ज्ञान-क्षेत्र, पारिभाषिक शब्द भण्डार तथा भाषिक संरचना की विशिष्टता आदि की श्रीवृद्धि में अनुवाद की अहम् तथा अनिवार्य भूमिका बनी हुई है।

(ग) भाषिक संरचना

प्रयोजनमूलक हिन्दी का तीसरा और महत्तम तत्त्व है, उसकी विशिष्ट भाषिक संरचना। कोई भी भाषा अपने सभी प्रयोगों या प्रयुक्तियों में एक-सी नहीं होती। विषय, सन्दर्भ तथा प्रयुक्ति के अनुसार भाषा की संरचना बदलती है। प्रयोजनमूलक हिन्दी में भाषा का विशिष्ट रूप प्रयुक्त होता है जो साहित्यिक भाषा से भिन्न रहता है। वस्तुतः साहित्य या सामान्य व्यवहार की भाषा तथा प्रयोजनमूलक भाषा सामान्यतः एक ही होती है किन्तु उनकी शब्दावली और संरचना में मूलभूत भेद या अन्तर पाया जाता है, जिसे स्पष्ट करना आवश्यक है।

साहित्यिक या सामान्य व्यवहार की भाषा तथा प्रयोजनमूलक भाषा वस्तुतः एक ही है किन्तु उनकी शब्दावली, भाषिक संगठन तथा प्रयुक्ति के उद्देश्य अलग-अलग होते हैं। सामान्य या साहित्यिक भाषा व्यवहार में सहजता रहती है, इसके विपरीत प्रयोजनमूलक भाषा की प्रयुक्ति में विशेष प्रयास, प्रयुक्ति-बोध तथा क्षेत्र विशेष का विशेष ज्ञान प्रयोक्ता को होना अत्यावश्यक होता है। ज्ञान-विज्ञान के फैलाव के फलस्वरूप बदली हुई स्थितियों की आवश्यकताओं के प्रयोजनविशेष या कार्य-विशेष के सन्दर्भ में प्रयोग में लायी जाने वाली भाषा प्रयोजनमूलक भाषा कहलाती है। प्रयोजनमूलक भाषा तथा साहित्यिक या सामान्य व्यवहार की भाषा में मूलभूत अन्तर यह होता है कि सामान्य या साहित्यिक भाषा अर्थ-बहुल, व्यंजनाश्रित अथवा वक्र या लक्षणा-व्यंजना से युक्त हो सकती है, इसके विपरित प्रयोजनमूलक भाषा अभिधापरक, एकार्थक तथा स्पष्ट होती है ताकि प्रयोक्ता की बात का निश्चित और सही-सटीक अर्थ समझा जा सके। प्रयोजनमूलक भाषा में व्यंग्यार्थ, अलंकार आदि की कोई गुंजाइश नहीं होती, इसीलिए यह भाषा बोधगम्य तथा अत्यधिक स्पष्ट होती है।

प्रयोजनमूलक हिन्दी की भाषिक संरचना अपने में अनेक विशिष्टाएँ समेटे हुए हैं। प्रयोजनमूलक हिन्दी की भाषिक अभिव्यक्ति शैली गम्भीर, वाच्यार्थ प्रधान तथा व्यंग्यार्थ रहित अर्थात एकार्थक होती है। प्रयोजनमूलक भाषा संरचना का एक "मानक रूप" (Standard form) निश्चित होता है जिसमें एकरूपता,

सुनिश्चितता तथा औचित्य का निर्वाह अनिवार्यतः किया जाता है। प्रयोजनमूलक हिन्दी की भाषिक संरचना में वैज्ञानिक तथा तकनीकी (परिभाषिक) शब्दावली का प्रयोग-बाहुल्य अनिवार्य रूप से विद्यमान रहता है। चूँकि प्रयोजनमूलक हिन्दी के माध्यम से विज्ञान, प्रौद्योगिकी, विधि, मानविकी तथा प्रशासन जैसे गम्भीर विषयों का विवेचन-विश्लेषण तथा निरूपण किया जाता है, अतः उसके भाषा शैली में भी विचारात्मकता, गम्भीरता तथा कुछ हद तक दुरूहता आना स्वाभाविक है। विज्ञान तथा प्रौद्योगिकी जैसे विषयों के निरूपण हेतु उनकी संकल्पनाओं, गुण-सूत्रों तथा प्रतीक-चिन्हों आदि के कारण प्रयोजनमूलक हिन्दी की संरचना में गम्भीरता के साथ जटिलता एवं दुरूहता आ जाती है। विधि अथवा कानून की धाराओं या उपबन्धों के स्पष्टीकरण में वाक्य-रचना को अत्यधिक जटिलता की शरण लेनी पड़ती है। प्रशासनिक कामकाज में उद्‌गार-वाचक या विस्मयादिबोधक पदों, अलंकार तथा कहावतें-मुहावरे आदि का प्रयोग कभी नहीं किया जाता। इसके विपरीत प्रशासनिक कामकाज की वाक्य-रचना में कर्म-वाच्य वाक्यों (मुझे यह कहने का निदेश हुआ है...श्री रामधन को सूचित किया जाता है...वह अपनी ड्यूटी पर तुरन्त लौट आये आदि) का प्रयोग मुख्यतः पाया जाता है।

प्रयोजनमूलक हिन्दी-भाषा का मुख्य ध्येय या उद्देश्य ज्ञान-विज्ञान तथा प्रशासन आदि अनेकविध क्षेत्रों की प्रयोजन-परक (प्रायोगिक) अभिव्यक्ति है और इस सन्दर्भ में उसका दायित्व उक्त ज्ञान-क्षेत्रों की उपयोगिता के साथ जुड़ा हुआ है। इस अर्थ में उसका ध्येय व्यापक रूप से सेवा-माध्यम (Service-Medium) के रूप में प्रभावशाली उपादेय कार्य होता है। फलतः विभिन्न ज्ञान-विज्ञान तथा प्रशासन की शाखा-उप-शाखाओं की अभिव्यक्ति संदर्भ स्थिति तथा विषय-वस्तु के अनुसार प्रयोजनमूलक हिन्दी की भाषा-संरचना में बदलाव अथवा भिन्नता पायी जाती है। किन्तु इसके बावजूद उसकी भाषिक संरचना की विशिष्टता बराबर बनी हुई है, जिसके कारण प्रयोजनमूलक हिन्दी की गत्यात्मकता अखण्ड रूप से अक्षुण्ण है।

भाग दो

प्रयोजनमूलक हिन्दी : प्रयोग के क्षेत्र

प्रकरण 6

राजभाषा हिन्दी : संवैधानिक प्रावधान

भारत के संविधान द्वारा राजभाषा के पद पर आसीन होने के कारण हिन्दी का प्रयोजनमूलक रूप अत्यधिक उपयोगी तथा सक्रिय होने के साथ उसके प्रगामी प्रयोग की अनेक नई दिशाएँ उद्‌घाटित हुई हैं। अतः राजभाषा हिन्दी के बारे में भारत के संविधान तथा उसके प्रावधान के अन्तर्गत निर्मित राजभाषा अधिनियम 1963, राजभाषा (संशोधन) अधिनियम 1967, राजभाषा नियम 1976 तथा अन्य कानूनी प्रावधानों की चर्चा एवं विश्लेषण आवश्यक हो जाता है।

भारत के संविधान (Constitution of India) को 26 नवम्बर, 1949 को स्वीकार किया गया तथा 26 जनवरी, 1950 से उसे लागू किया गया है। 14 सितम्बर, 1949 के दिन भारतीय संघ की राजभाषा के रूप में हिन्दी को स्वीकार किये जाने का निर्णय संविधान सभा द्वारा किया गया था। अतः प्रतिवर्ष 14 सितम्बर को भारत भर में "हिन्दी दिवस" का आयोजन किया जाता है।

भारतीय संविधान के–

(*i*) अनुच्छेद 343 में "संघ की राजभाषा"

(*ii*) अनुच्छेद 344 में "राजभाषा के लिए आयोग और संसद की समिति"

(*iii*) अनुच्छेद 345, 346 तथा 347 में "प्रादेशिक भाषाएँ अर्थात राज्य की राजभाषा/राजभाषाएँ"

(*iv*) अनुच्छेद 348 में "उच्चतम न्यायालय और उच्च न्यायालयों में तथा अधिनियमों, विधेयकों आदि की भाषा"

(*v*) अनुच्छेद 349 में "भाषी सम्बन्धी कुछ विधियों को अधिनियमित करने के लिए विशेष प्रक्रिया"

(*vi*) अनुच्छेद 350 में "व्यथा के निवारण के लिए प्रयुक्त भाषा, प्राथमिक स्तर

पर मातृभाषा में शिक्षा की सुविधाएँ तथा भाषाई अल्पसंख्यक-वर्गों के लिए विशेष अधिकारी”

(*vii*) अनुच्छेद 351 में “हिन्दी भाषा के विकास के लिए निदेश” आदि से सम्बन्धित प्रावधान किये गये हैं। इन प्रावधानों को विस्तृत रूप में यहाँ दिया जा रहा है और इसके बाद इन पर विश्लेषणात्मक चर्चा करने का भी प्रयास किया गया है।

राजभाषा
संघ की भाषा

संघ की राजभाषा

343 (1) संघ की राजभाषा हिन्दी और लिपि देवनागरी होगी। संघ के राजकीय प्रयोजनों के लिए प्रयोग होने वाले अंकों का रूप, भारतीय अंकों का अंतर्राष्ट्रीय रूप होगा।

(2) खण्ड (1) में किसी बात के होते हुए भी इस संविधान के प्रारम्भ से पन्द्रह वर्ष की कालावधि के लिए संध के उन सब राजकीय प्रयोजनों के लिए अंग्रेजी भाषा का प्रयोग जारी रहेगा जिनके लिए प्रारम्भ के ठीक पहले उनका प्रयोग होता था, परन्तु राष्ट्रपति उक्त कालावधि में, आदेश द्वारा, संघ के राजकीय प्रयोजनों में से किसी के लिए अंग्रेजी भाषा के साथ-साथ हिन्दी भाषा का तथा भारतीय अंकों के अंतर्राष्ट्रीय रूप के साथ-साथ देवनागरी रूप का प्रयोग प्राधिकृत कर सकेंगे।

(3) इस अनुच्छेद में किसी बात के होते हुए भी संसद विधि द्वारा उक्त पंद्रह साल की अवधि के पश्चात :

(क) अंग्रेजी भाषा का, अथवा,

(ख) अंकों के देवनागरी रूप का,

ऐसे प्रयोजनों के लिए प्रयोग उपबंधित कर सकेगी जैसे कि ऐसी विधि में उल्लिखित हों।

राजभाषा के लिए संसद का आयोग और समिति

344 (1) राष्ट्रपति इस संविधान के प्रारम्भ में पाँच वर्ष की समाप्ति पर तथा तत्पश्चात ऐसे प्रारम्भ से दस वर्ष की समाप्ति पर आदेश द्वारा एक

आयोग गठित करेगा, जो एक सभापति और अष्टम अनुसूची में उल्लिखित भिन्न भाषाओं का प्रतिनिधित्व करने वाले अन्य सदस्यों आयोग द्वारा अनुसरण की जाने वाली प्रक्रिया का आदेश परिभाषित करेगा।

(2) राष्ट्रपति को–

(क) संघ के राजकीय प्रयोजनों के लिए हिन्दी भाषा के लिए उत्तरोत्तर अधिक प्रयोग के,

(ख) संघ के राजकीय प्रयोजनों में से सब या किसी के लिए अंग्रेजी भाषा के प्रयोग पर निर्बन्धनों के,

(ग) अनुच्छेद 348 में वर्णित प्रयोजनों में से सब या किसी के लिए प्रयोग की जाने वाली भाषा को,

(घ) संघ के किसी एक या अधिक उल्लिखित प्रयोजनों के लिए प्रयोग किए जाने वाले अंकों के रूप के,

(ङ) संघ की राजभाषा तथा संघ और किसी राज्य के बीच अथवा एक राज्य और दूसरे राज्य के बीच संचार की भाषा तथा उनके प्रयोग के बारे में राष्ट्रपति द्वारा आयोग से पृच्छा किए हुए किसी अन्य विषय के बारे में सिफारिश करने का आयोग का कर्तव्य होगा।

(3) खण्ड (2) के अधीन अपनी सिफारिशें करने में आयोग भारत की औद्योगिक, सांस्कृतिक और वैज्ञानिक उन्नति का तथा लोकसेवाओं के बारे में अहिन्दी भाषा-भाषी क्षेत्रों के लोगों के न्यायपूर्ण दावों और हितों का सम्यक ध्यान रखेगा।

(4) तीस सदस्यों की एक समिति गठित की जाएगी, जिनमें से बीस लोकसभा के सदस्य होंगे तथा दस राज्यसभा के सदस्य होंगे, जो कि क्रमशः लोकसभा के सदस्यों तथा राज्यसभा के सदस्यों द्वारा अनुपाती प्रतिनिधित्व पद्धति के अनुसार एकल संक्रमणीय मत द्वारा निर्वाचित होंगे।

(5) खण्ड (1) के अधीन गठित आयोग की सिफारिशों की परीक्षा करना तथा उन पर अपनी राय का प्रतिवेदन राष्ट्रपति को प्रस्तुत करना समिति का कर्तव्य होगा।

(6) अनुच्छेद 343 में किसी बात के होते हुए भी राष्ट्रपति खण्ड (5) में निर्दिष्ट प्रतिवेदन पर विचार करने के पश्चात् उस सारे प्रतिवेदन के या उसके किसी भाग के अनुसार निदेश निकाल सकेगा।

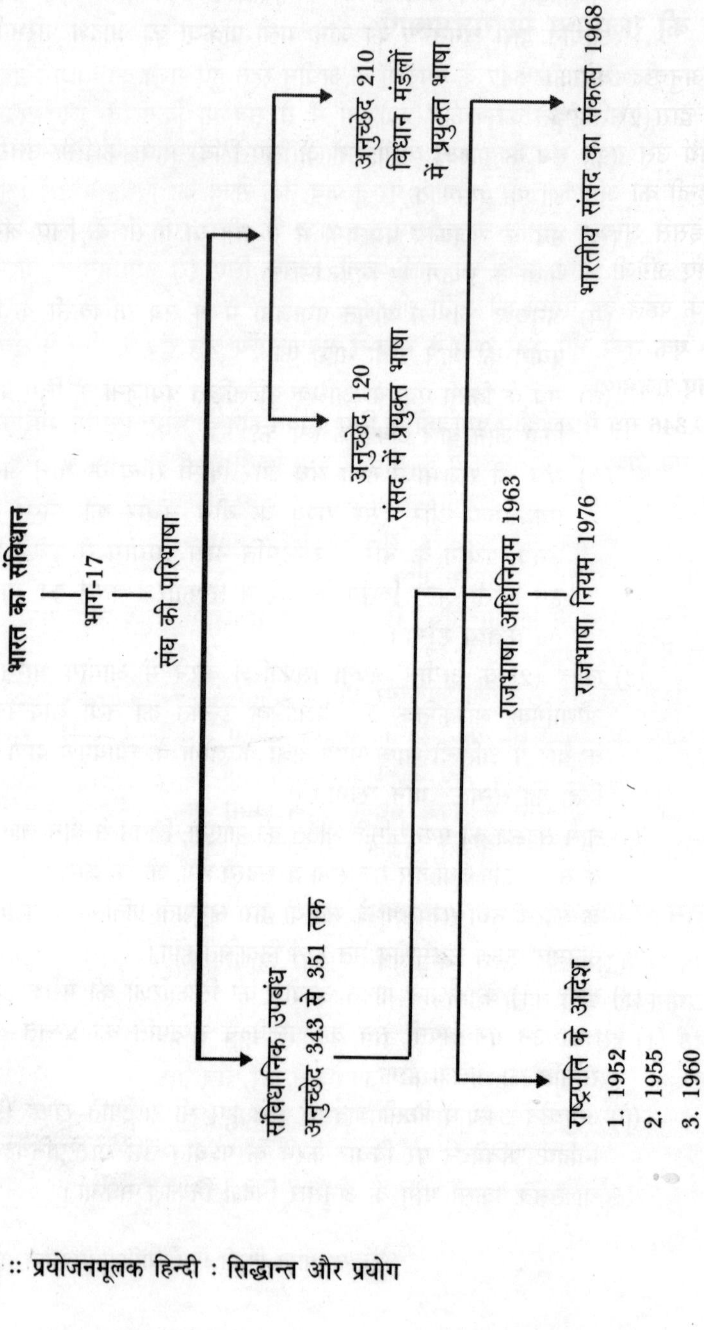
भारत का संविधान
भाग-17
संघ की परिभाषा
संविधानिक उपबंध
अनुच्छेद 343 से 351 तक
अनुच्छेद 120
संसद में प्रयुक्त भाषा
अनुच्छेद 210
विधान मंडलों
में प्रयुक्त भाषा
राष्ट्रपति के आदेश
1. 1952
2. 1955
3. 1960
राजभाषा अधिनियम 1963
राजभाषा नियम 1976
भारतीय संसद का संकल्प 1968

प्रादेशिक भाषाएँ

राज्य की राजभाषा या राजभाषाएँ

345 अनुच्छेद 346 और 347 के उपबंधों के अधीन रहते हुए राज्य का विधान-मंडल विधि द्वारा उस राज्य के राजकीय प्रयोजनों में से सब या किसी के लिए प्रयोग के अर्थ उस राज्य में प्रयुक्त होने वाली भाषाओं में से किसी एक या अनेक को या हिन्दी को अंगीकार कर सकेगा। परन्तु जब तक राज्य का विधानमण्डल विधि द्वारा इससे अन्यथा उपबंध न करें तब तक राज्य के भीतर उन राजकीय प्रयोजनों के लिए अंग्रेजी भाषा प्रयोग की जाती रहेगी, जिनके लिए इस संविधान के प्रारम्भ से ठीक पहले वह प्रयोग की जाती थी।

एक राज्य और दूसरे राज्य के बीच में अथवा राज्य और संघ के बीच में संचार के लिए राजभाषा

346 संघ में राजकीय प्रयोजनों के लिए प्रयुक्त होने के लिए तत्समय प्राधिकृत भाषा, एक राज्य और दूसरे राज्य के बीच में तथा किसी राज्य और संघ के बीच में संचार के लिए राजभाषा होगी, परन्तु यदि दो या अधिक राज्य करार करते हैं कि ऐसे राज्यों के बीच में संचार के लिए राजभाषा हिन्दी भाषा होगी तो ऐसे संचार के लिए वह भाषा प्रयोग की जा सकेगी।

किसी राज्य के जनसमुदाय के किसी विभाग द्वारा बोली जाने वाली भाषा के सम्बन्ध में विशेष उपबंध

347 तद्विषय माँग की जाने पर यदि राष्ट्रपति का समाधान हो जाए कि किसी राज्य के जनसमुदाय का पर्याप्त अनुपात चाहता है कि उसके द्वारा बोली जाने वाली कोई भाषा राज्य द्वारा अभिज्ञात की जाए तो वह निदेश दे सकेगा कि ऐसी भाषा को उस राज्य में सर्वत्र अथवा उसके किसी भाग में ऐसे प्रयोजन के लिए जैसा कि वह उल्लिखित करें, राजकीय मान्यता दी जाए।

उच्चतम न्यायालय, उच्च न्यायालयों आदि की भाषा

उच्चतम न्यायालय और उच्च न्यायालयों में और अधिनियमों, विधेयकों आदि के लिए प्रयोग की जाने वाली भाषा।

348 (1) इस भाग के पूर्ववर्ती उपबंधों में किसी बात के होते हुए भी जब तक संसद विधि द्वारा अन्यथा उपबंध न करें, तब तक—

(क) उच्चतम न्यायालय में तथा प्रत्येक उच्च न्यायालय में सब कार्यवाहियाँ,

(ख) जो—

(*i*) विधेयक, अथवा उन पर प्रस्तावित किए जाने वाले जो संशोधन संसद के प्रत्येक सदन में अथवा राज्य के विधान-मण्डल के सदन या प्रत्येक सदन में पुरःस्थापित किए जाएँ, उन सबके प्राधिकृत पाठ,

(*ii*) अधिनियम संसद द्वारा या राज्य के विधान-मण्डल द्वारा पारित किए जाएँ, तथा जो अध्यादेश राष्ट्रपति या राज्यपाल द्वारा प्रख्यापित किए जाएँ, उन सबके प्राधिकृत पाठ, तथा

(*iii*) आदेश, नियम, विनियम और उपविधि इस संविधान के अधीन, अथवा संसद या राज्यों के विधान-मंडल द्वारा निर्मित किसी विधि के अधीन, निकाले जाएँ, उन सबके प्राधिकृत पाठ, अंग्रेजी भाषा में होंगे।

(2) खण्ड (1) के उपखण्ड (क) में किसी बात के होते हुए भी किसी राज्य का राज्यपाल राष्ट्रपति की पूर्व सम्मति से हिन्दी भाषा का या उस राज्य में राजकीय प्रयोजन के लिए प्रयुक्त होने वाली किसी अन्य भाषा का प्रयोग उस राज्य में मुख्य स्थान रखने वाले उच्च न्यायलय में की कार्यवाहियों के लिए प्राधिकृत कर सकेगा :

परन्तु इस खण्ड की कोई बात वैसे उच्च न्यायालय द्वारा दिए गए निर्णय, आज्ञप्ति अथवा आदेश पर लागू न होगी।

(3) खण्ड (1) के उपखण्ड (ख) में किसी बात के होते हुए भी, जहाँ किसी राज्य के विधान-मण्डल ने, उस विधान-मण्डल में पुरःस्थापित विधेयकों या उसके द्वारा पारित अधिनियमों में अथवा उस राज्य के राज्यपाल द्वारा प्रख्यापित अध्यादेशों में अथवा उस उपखण्ड की कंडिका (111) में निर्दिष्ट किसी आदेश, नियम, विनियम या उपविधि में प्रयोग के लिए अंग्रेजी भाषा से अन्य किसी भाषा के प्रयोग को विहित किया है, वहाँ उस राज्य के राजकीय सूचना-पत्र में उस राज्य के राज्यपाल के प्राधिकार से प्रकाशित अंग्रेजी में उसका अनुवाद उस खण्ड के अभिप्रायों के लिए उसका अंग्रेजी भाषा में प्राधिकृत पाठ समझा जाएगा।

भाषा सम्बन्धी कुछ विधियों को अधिनियमित करने के लिए विशेष प्रक्रिया

349 इस संविधान के प्रारम्भ से पन्द्रह वर्षों की कालावधि तक अनुच्छेद 348 के खण्ड (1) में वर्णित प्रयोजनों में से किसी के लिए प्रयोग की जाने वाली भाषा के लिए उपबंध करने वाला कोई विधेयक या संशोधन संसद के किसी सदन में राष्ट्रपति की पूर्व मंजूरी के बिना पुरःस्थापित या प्रस्तावित नहीं किया जाएगा तथा ऐसे किसी विधेयक के पुरःस्थापित अथवा ऐसे किसी संशोधन के प्रस्तावित किए जाने की मंजूरी अनुच्छेद 344 के खण्ड (1) के अधीन गठित आयोग की सिफारिशों पर तथा

उस अनुच्छेद के खण्ड (4) के अधीन गठित समिति के प्रतिवेदन पर विचार करने के पश्चात ही राष्ट्रपति देगा।

विशेष निदेश

व्यथा के निवारण के लिए अभ्यावेदन में प्रयोग की जाने वाली भाषा

350 प्रत्येक व्यक्ति किसी व्यथा के निवारण के लिए संघ या राज्य के किसी अधिकारी या प्राधिकारी को, यथास्थिति, संघ में या राज्य में प्रयोग होने वाली किसी भाषा में अभ्यावेदन देने का हकदार होगा।

प्राथमिक स्तर पर मातृभाषा में शिक्षा की सुविधाएँ

350 क प्रत्येक राज्य और राज्य के भीतर प्रत्येक स्थानीय प्राधिकारी भाषाई अल्पसंख्यक-वर्गों के बालकों को शिक्षा के प्राथमिक स्तर पर मातृभाषा में शिक्षा की पर्याप्त सुविधाओं की व्यवस्था करने का प्रयास करेगा और राष्ट्रपति किसी राज्य को ऐसे निवेश दे सकेगा जो वह ऐसी सुविधाओं का उपबंध सुनिश्चित कराने के लिए आवश्यक या उचित समझता है।

भाषाई अल्पसंख्यक-वर्गों के लिए विशेष अधिकारी

350 ख (1) भाषाई अल्पसंख्यक-वर्गों के लिए एक विशेष अधिकारी होगा जिसे राष्ट्रपति नियुक्त करेगा।

(2) विशेष अधिकारी का यह कर्तव्य होगा कि वह इस संविधान के अधीन भाषाई अल्पसंख्यक-वर्गों के लिए उपबंधित रक्षोपायों से सम्बन्धित सभी विषयों का अन्वेषण करें और उन विषयों के सम्बन्ध में ऐसे अंतरालों पर जो राष्ट्रपति निर्दिष्ट करें, राट्रपति को प्रतिवेदन दें और राष्ट्रपति ऐसे सभी प्रतिवेदनों को संसद के प्रत्येक सदन के समक्ष रखवाएगा और सम्बन्धित राज्यों की सरकारों को भिजवाएगा।

हिन्दी भाषा के विकास के लिए निदेश

351 संघ का यह कर्तव्य होगा कि वह हिन्दी भाषा का प्रसार बढ़ाए, उसका विकास करें जिससे वह भारत की सामासिक संस्कृति के सभी तत्त्वों की अभिव्यक्ति का माध्यम बन सके और उसकी प्रकृति में हस्तक्षेप किए बिना हिन्दुस्तानी में और आठवीं अनुसूची में निर्दिष्ट भारत की अन्य भाषाओं में प्रयुक्त रूप, शैली और पदों को आत्मसात करते हुए और जहाँ आवश्यक या वांछनीय हो वहाँ उसके शब्द भण्डार के लिए मुख्यतः संस्कृत से और गौणतः अन्य भाषाओं से शब्द ग्रहण करते हुए उसकी समृद्धि सुनिश्चित करें।

संसद में प्रयोग की जाने वाली भाषा

120 (1) भाग 17 में किसी बात के होते हुए भी, किन्तु अनुच्छेद 348 के उपबंधों के अधीन रहते हुए संसद में कार्य हिन्दी में या अंग्रेजी में किया जाएगा। परन्तु, यथास्थिति राज्यसभा का सभापति या लोकसभा का अध्यक्ष अथवा उस रूप में कार्य करने वाला व्यक्ति किसी सदस्य को, जो हिन्दी में या अंग्रेजी में अपनी पर्याप्त अभिव्यक्ति नहीं कर सकता है, अपनी मातृभाषा में सदन को सम्बोधित करने की अनुज्ञा दे सकेगा।

(2) जब तक संसद विधि द्वारा अन्यथा उपबंध न करें तब तक इस संविधान के प्रारम्भ से पन्द्रह वर्ष की अवधि की समाप्ति के पश्चात यह अनुच्छेद ऐसे प्रभावी होगा मानो "या अंग्रेजी में" शब्दों का उसमें से लोप कर दिया गया हो।

भारतीय संविधान की अष्टम् अनुसूची में समाविष्ट भाषाएँ

1. असमिया
2. उड़िया
3. उर्दू
4. कन्नड़
5. कश्मीरी
6. गुजराती
7. तमिल
8. तेलुगु
9. पंजाबी
10. बंगला
11. मराठी
12. मलयालम
13. संस्कृत
14. सिन्धी
15. हिन्दी

सन् 1992 में विधि द्वारा तीन और भाषाओं को अष्टम् अनुसूची में शामिल किया गयाः

1. कोंकणी
2. नेपाली
3. मणिपुरी

संविधान की अष्टम् अनुसूची

भारत के संविधान के अनुच्छेद 344 (1) तथा 351 में उल्लिखित अष्टम् अनुसूची में सन् 1992 तक कुल 18 भारतीय भाषाओं को मान्यता प्रदान की गई है। यह अनुसूची इस प्रकार है–

अष्टम् अनुसूची

(अनुच्छेद 344 (1) और 351)

भाषाएँ

1. असमिया 2. उड़िया 3. उर्दू 4. कन्नड़ 5. कश्मीरी 6. कोंकणी 7. गुजराती 8. तमिल 9. तेलुगु 10. नेपाली 11. पंजाबी 12. बंगला 13. मराठी 14. मणिपुरी

15. मलयालम 16. संस्कृत 17. सिन्धी 18. हिन्दी

(टिप्पणी–कोंकणी, मणिपुरी तथा नेपाली को सन् 1992 में अष्टम् अनुसूची में शामिल किया गया है।)

संविधान में राजभाषा–प्रावधान : कुछ विशिष्टताएँ

भारत के संविधान में संघ की राजभाषा के बारे में जो प्रावधान किये गये हैं, उनकी कुछ विशिष्टताएँ (Highlights) इस प्रकार हैं :

1. संविधान के अनुच्छेद 343 से लेकर अनुच्छेद 351 तक कुल नौ अनुच्छेदों में संघ की राजभाषा, प्रादेशिक भाषाएँ (राज्य की राजभाषा या राजभाषाएँ) उच्च न्यायालयों, उच्चतम न्यायालय आदि में प्रयुक्त भाषा तथा हिन्दी भाषा के विकास आदि के बारे में प्रावधान किये गये हैं। इसके साथ अनुच्छेद 120 में संसद तथा अनुच्छेद 210 में देश के (राज्यों के) विधानमण्डल में प्रयुक्त भाषा के बारे में प्रावधान हैं।
2. संविधान के अनुच्छेद 120 में संसद में प्रयोग की जाने वाली भाषा के बारे में प्रावधान किया गया है। इसके अनुसार संसद में हिन्दी अथवा अंग्रेजी भाषा में कार्य किया जायेगा परन्तु यदि कोई संसद-सदस्य हिन्दी अथवा अंग्रेजी भाषा में अपने विचार व्यक्त नहीं कर सकता तो वह अपने विचार उसकी अपनी मातृभाषा में व्यक्त कर सकता है।
3. संविधान के अनुच्छेद 210 में देश के विभिन्न विधान-मण्डल (Lagislative Assembly) में प्रयुक्त भाषा के बारे में प्रावधान किया गया है। इसके अनुसार राज्य के विधान-मण्डल में सम्बन्धित राज्य की मान्यता प्राप्त राजभाषा या भाषाओं अथवा हिन्दी या अंग्रेजी में कार्य किया जायेगा परन्तु यदि कोई सदस्य जो उपर्युक्त भाषाओं में से किसी भी भाषा में अपने विचार व्यक्त नहीं कर सकता वह अपनी मातृभाषाओं में सदन में अपने विचार व्यक्त कर सकता है।

   (यह अनुच्छेद जम्मू-कश्मीर पर लागू नहीं है)
4. संविधान के अनुच्छेद 343 के अनुसार संघ की राजभाषा हिन्दी, लिपि देवनागरी तथा अंक भारतीय अंकों के अन्तर्राष्ट्रीय रूप वाले होंगे जैसे–1, 2, 3, 4, 5, 6, 7, 8, 9, एवं 0

   (गलती से कुछ लोग इन अंकों को अंग्रेजी अंक कहते हैं। वस्तुतः अंग्रेजी की अपनी न लिपि है न अंक। अंग्रेजी की लिपि तथा अंक रोमन हैं।)

5. संविधान के अनुच्छेद 343 (2) में प्रावधान हैं कि संविधान लागू होने के शुरू से पन्द्रह वर्ष की कालावधि अर्थात 26 जनवरी, 1950 से 26 जनवरी, 1965 तक अंग्रेजी भाषा का प्रयोग सरकारी कामकाज में जारी रहेगा। इसमें उद्देश्य यह था कि इस पन्द्रह वर्ष की कालावधि में हिन्दी का समुचित विकास होकर वह शासन के सभी अंगों में प्रयुक्त होने में सक्षम हो सकें।

संविधान के इसी अनुच्छेद 343 (3) में किये गये प्रावधान के अनुसार संसद को यह अधिकार दिया गया कि प्रन्द्रह वर्षों की निर्धारित अवधि की समाप्ति के पश्चात् विधि द्वारा अंग्रेजी भाषा अथवा अंकों के देवनागरी रूप के प्रयोग को उपबंधित कर सकती है।

उक्त प्रावधान आगे चलकर हिन्दी के लिए अत्यन्त घातक सिद्ध हुआ क्योंकि इसी के अन्तर्गत राजभाषा अधिनियम 1963 पारित किया गया जिसने अंग्रेजी भाषा को अनंतकाल तक जारी रखने का मानो परमिट ही दे दिया।

6. संविधान के अनुच्छेद 344 में राजभाषा के लिए आयोग और संसदीय राजभाषा समिति के गठन के लिए प्रावधान किये गये हैं। इसके अनुसार संविधान लागू होने के पाँच एवं दस वर्ष की समाप्ति पर राष्ट्रपति आदेश द्वारा राजभाषा आयोग का गठन करेंगे। यह आयोग राष्ट्रपति को हिन्दी के उत्तरोत्तर प्रयोग तथा उसके अनुषंगी बातों पर प्रतिवेदन देगा तथा सिफारिशें करेगा।

अनुच्छेद 344 (4) में संसदीय राजभाषा समिति के गठन के बारे में प्रावधान है। इस समिति में लोकसभा के बीस सदस्य तथा राज्यसभा के दस सदस्य होंगे। यह समिति राजभाषा आयोग की सिफारिशें तथा हिन्दी के प्रागमी प्रयोग के बारे में अपनी रिपोर्ट राष्ट्रपति को प्रस्तुत करेंगी।

इस अनुच्छेद के प्रावधान से सही मायने में राजभाषा हिन्दी के विकास तथा उसके प्रगामी प्रयोग में प्रगति संभव हो सकी हैं। संसदीय राजभाषा समिति के अत्यधिक सक्रिय प्रयासों से सरकारी कार्यालयों में राजभाषा के रूप में हिन्दी की उत्तरोत्तर प्रगति देखने को मिलती हैं।

7. अनुच्छेद 345 में विभिन्न राज्यों की राजभाषाओं के बारे में प्रावधान किये गये हैं। इसके अनुसार राज्य का विधान मंडल विधि द्वारा उस राज्य की किसी एक अधवा अनेक अथवा हिन्दी भाषा को अपनी राजभाषा के रूप में अंगीकार कर सकता है।

अनुच्छेद 346 में एक राज्य और दूसरे राज्य के.बीच में अथवा राज्य और संघ के बीच में संचार (Communication) के लिए राजभाषा के लिए प्रावधान किया गया है। इसके अनुसार किसी एक या दूसरे राज्य और संघ के बीच संचार

की भाषा "तत्समय प्राधिकृत भाषा" होगी। यदि दो या अधिक राज्य करार करते हैं तो ऐसे राज्यों के बीच संचार हेतु राजभाषा हिन्दी का प्रयोग किया जा सकेगा।

अनुच्छेद 347 में किसी राज्य के जनसमुदाय के किसी विभाग द्वारा बोली जाने वाली भाषा के सम्बन्ध में विशेष प्रावधान किया गया है कि यदि राष्ट्रपति का समाधान हो जाता है कि किसी राज्य के जनसमुदाय के पर्याप्त समुदाय चाहता है कि उसके द्वारा बोली जाने वाली किसी भाषा को मान्यता दी जाय तो वे वैसा करने के लिए सम्बन्धित राज्य को आदेश दे सकते हैं।

8. अनुच्छेद 348 में उच्चतम न्यायालय (Supreme Court) तथा उच्च न्यायालयों (Hight Courts) आदि की भाषा के बारे में प्रावधान करते हुए स्पष्ट किया गया है कि जब तक संसद विधि द्वारा उपबन्ध न करें तब तक उच्चतम न्यायालय तथा उच्च न्यायालय की सभी कार्यवाहियाँ अंग्रेजी भाषा में होगी। और, संसद एवं राज्यों के विधान-मण्डलों में पारित विधेयक तथा राष्ट्रपति एवं राज्यपालों द्वारा जारी सभी अध्यादेश, आदेश विनियम, नियम आदि सबके प्राधिकृत पाठ (Authoritative Text) भी अंग्रेजी भाषा में ही माना जायेगा।

संविधान का यह अनुच्छेद 348 अंग्रेजी के एकछत्र साम्राज्य को ही स्थापित करता है। यह अनुच्छेद इस कटु सत्य को भी उजागर करता है कि न्यायपालिका तथा विधि के क्षेत्र में राजभाषा का पद प्राप्त न करते हुए भी अंग्रेजी ही सभी कार्यकलापों की एकमात्र विधिवत भाषा है। इस प्रकार यह अनुच्छेद राजभाषा हिन्दी के अधिकारों पर सीधा आक्रमण करता है और अंग्रेजी की सत्ता तथा महत्ता को स्पष्ट रूप से स्थापित करता है।

9. संविधान के अनुच्छेद 349 के अनुसार संविधान के लागू होने के पन्द्रह वर्षों की अवधि तक अंग्रेजी के अलावा किसी भी दूसरी भाषा का पाठ प्राधिकृत पाठ नहीं माना जायेगा परन्तु किसी अन्य भाषा के प्राधिकृत पाठ हेतु भाषा आयोग तथा संसदीय समिति के प्रतिवेदनों एवं सिफारिशों पर विचार करने के पश्चात राष्ट्रपति अपनी स्वीकृति प्रदान कर सकता है।

   यहाँ स्पष्ट होता है कि हिन्दी पूर्णतः राष्ट्रपति की अनुकम्पा पर निर्भर है।

10. अनुच्छेद 350 में प्रावधान है कि किसी व्यथा के निवारण लिए संघ अथवा राज्य के किसी भी अधिकारी या प्राधिकारी को संघ अथवा राज्य में प्रयोग होने वाली किसी भाषा में अभिवेदन देने का प्रत्येक व्यक्ति का हक होगा। स्पष्ट है कि कोई भी व्यक्ति संघ अथवा राज्य में प्रयुक्त किसी भी भाषा में अपना अभिवेदन अथवा आवेदन देने का हकदार है।

11. संविधान का अनुच्छेद 351 अत्यन्त महत्त्वपूर्ण माना जा सकता है क्योंकि

इसके अनुसार राजभाषा हिन्दी के बहुमुखी विकास तथा प्रचार-प्रसार का कानूनी दायित्व संघ (केन्द्र सरकार) को सौंपा गया है। और, किस प्रकार हिन्दी को विकसित करना है, इसके लिए भी स्पष्ट निर्देश उक्त अनुच्छेद में दिये गये हैं।

(*i*) अनुच्छेद 351 में प्रावधान है कि हिन्दी भाषा की प्रसार वृद्धि तथा विकास करना संघ का कर्तव्य होगा। ऐसी हिन्दी विकसित करनी चाहिए जो भारत की सामाजिक संस्कृति के सभी तत्त्वों की अभिव्यक्ति का माध्यम हो सके।

(*ii*) अनुच्छेद में ऐसी हिन्दी के विकास के लिए निर्देश दिया है जो हिन्दुस्तानी तथा अन्य भारतीय भाषाओं के रूप शैली और पदावली को आत्मसात कर लें तथा अपने शब्द भण्डार के लिए मुख्य रूप से संस्कृत और गौण रूप से अन्य भाषाओं से शब्द ग्रहण करें।

(*iii*) संविधान के उक्त अनुच्छेद 351 से स्पष्ट होता है कि राजभाषा के रूप में हिनी को भारतीय तथा अन्य भाषाओं से जोड़कर उसका दायरा विस्तृत बना दिया गया है तथा उसे अप्रत्यक्ष रूप से सम्पर्क भाषा के रूप में भी मान्यता दी गई है।

(*iv*) इस अनुच्छेद में 'भारत की सामासिक संस्कृति' (Composite Culture of India) का उल्लेख किया गया है जो भारत की धर्म-निरपेक्षा की नीति को उजागर करता है। भारत में हिन्दु, मुसलमान, सिख, ईसाई, बुद्ध, जैन आदि अनेक धर्मों की संस्कृतियों को सुन्दर मेल है। यही सामासिक संस्कृति है, और इसी को अभिव्यक्ति प्रदान करने का सशक्त माध्यम बनाना है।

(*v*) शासन के विभिन्न अंगों तथा जनता के बीच हिन्दी भाषा के समुचित विकास तथा प्रचार-प्रसार के लिए यह अनुच्छेद दीप स्तम्भ की भाँति सिद्ध हुआ है।

राजभाषा अधिनियम 1963

भारत के संविधान में राजभाषा सम्बन्धी किये गये प्रावधानों के अनुसार 26 जनवरी, 1965 के बाद (संविधान लागू होने के 15 वर्ष की अवधि के पश्चात) संघ के सरकारी प्रयोजनों में अंग्रेजी को पूर्णतः हटाकर राजभाषा के रूप में केवल हिन्दी का ही प्रयोग किया जाना अपेक्षित था। संविधान के अनुच्छेद 344 के प्रावधानों के अधीन राष्ट्रपति के आदेशानुसार सन् 1956 में एक राजभाषा आयोग स्थापित

किया गया जिसने राजभाषा हिन्दी के प्रगामी प्रयोग से सम्बन्धित अपनी सिफारिशों समेत विस्तृत रिपोर्ट प्रस्तुत की। किन्तु इस रिपोर्ट के प्रकाशित होते ही अहिन्दी भाषी प्रदेश, विशेषतः दक्षिण भारत में हिन्दी के विरोध में तीव्र आन्दोलन शुरू हुआ। इस आन्दोलन में स्वतन्त्र भारत के जान-माल को बहुत नुकसान हुआ और अंततः सरकार ने दंगाइयों के आगे घुटने टेक कर राजभाषा के बारे में तुष्टीकरण की नीति को अपनाते हुए 1963 में एक अधिनियम पारित किया जो "राजभाषा अधिनियम 1963" के नाम से जाना जाता है। यह अधिनियम इस प्रकार है–

राजभाषा अधिनियम 1963

उन भाषाओं का जो संघ के राजकीय प्रयोजनों, संसद में कार्य के संव्यवहार, केन्द्रीय और राज्य अधिनियमों और उच्च न्यायालयों में कतिपय प्रयोजनों के लिए प्रयोग में लाई जा सकेगी, उपबंध करने के लिए अधिनियम

संक्षिप्त नाम और प्रारम्भ

1. (1) यह अधिनियम राजभाषा अधिनियम, 1963 कहा जा सकेगा।

(2) धारा 3, जनवरी, 1965 के 26वें दिन को प्रवृत्त होगी और इस अधिनियम के शेष उपबंध उस तारीख को प्रवृत्त होंगे जिसे केन्द्रीय सरकार, शासकीय राजपत्र में अधिसूचना द्वारा, नियत करें और इस अधिनियम के विभिन्न उपबंधों के लिए विभिन्न तारीखें नियत की जा सकेंगी।

परिभाषाएँ

2. इस अधिनियम में, जब तक कि प्रसंग से अन्यथा अपेक्षित न हो,–

(क) 'नियत दिन' से, धारा 3 के सम्बन्ध में, जनवरी 1965 का 26वाँ दिन अभिप्रेत हैं और इस अधिनियम के किसी अन्य उपबंध के सम्बन्ध में वह दिन अभिप्रेत है जिस दिन को वह उपबंध प्रवृत्त होता है;

(ख) 'हिन्दी' से वह हिन्दी अभिप्रेत है जिनकी लिपि देवनागरी है।

संघ के राजकीय प्रयोजनों के लिए और संसद में प्रयोग के लिए अंग्रेजी भाषा का बना रहना।

3. (1) संविधान के प्रारम्भ से 15 वर्ष की कालावधि की समाप्ति हो जाने पर भी, हिन्दी के अतिरिक्त अंग्रेजी भाषा नियत दिन से ही–

(क) संघ के उन सब राजकीय प्रयोजनों के लिए जिनके लिए वह उस दिन

से ठीक पहले प्रयोग में लाई जाती थी; तथा

(ख) संसद में कार्य के संव्यवहार के लिए;

प्रयोग में लाई जाती रह सकेगी :

परन्तु संघ और किसी ऐसे राज्य के बीच, जिसने हिन्दी को अपनी राजभाषा के रूप में नहीं अपनाया है पत्रादि के प्रयोजनों के लिए अंग्रेजी भाषा प्रयोग में लाई जाएगी :

परन्तु यह और कि जहाँ किसी ऐसे राज्य के, जिसने हिन्दी को अपनी राजभाषा के रूप में अपनाया है और किसी अन्य राज्य के, जिसने हिन्दी को अपनी राजभाषा के रूप में नहीं अपनाया है, बीच पत्रादि के प्रयोजनों के लिए हिन्दी को प्रयोग में लाया जाता है, वहाँ हिन्दी में ऐसे पत्रादि के साथ-साथ उसका अनुवाद अंग्रेजी भाषा में भेजा जाएगाः

परन्तु यह और भी कि इस उपधारा की किसी भी बात का यह अर्थ नहीं लगाया जाएगा कि वह किसी ऐसे राज्य को, जिसने हिन्दी को अपनी राजभाषा के रूप में नहीं अपनाया है, संघ के साथ या किसी ऐसे राज्य के साथ जिसने हिन्दी को अपनी राजभाषा के रूप में अपनाया है, या किसी अन्य राज्य के साथ, उसकी सहमति से, पत्रादि के प्रयोजनों के लिए हिन्दी को प्रयोग में लाने से निवारित करती है, और ऐसे किसी मामले में उस राज्य के साथ पत्रादि के प्रयोजनों के लिए अंग्रेजी भाषा का प्रयोग बाध्यकर न होगा।

(2) उपधारा (1) में अन्तर्विष्ट किसी बात के होते हुए भी, जहाँ पत्रादि के प्रयोजनों के लिए हिन्दी या अंग्रेजी भाषा–

(*i*) केन्द्रीय सरकार के एक मंत्रालय या विभाग या कार्यालय के और दूसरे मंत्रालय या विभाग या कार्यालय के बीच;

(*ii*) केन्द्रीय सरकार के एक मंत्रालय या विभाग या कार्यालय के और केन्द्रीय सरकार के स्वामित्व में के या नियंत्रण में के किसी निगम या कम्पनी या उसके किसी कार्यालय के बीच;

(*iii*) केन्द्रीय सरकार के स्वामित्व में के या नियंत्रण में के किसी निगम या कम्पनी या उसके किसी कार्यालय के और किसी अन्य ऐसे निगम या कम्पनी या कार्यालय के बीच;

प्रयोग में लाई जाती है वहाँ उस तारीख तक, जब तक पूर्वोक्त सम्बन्धित मंत्रालय, विभाग, कार्यालय या निगम या कम्पनी का कर्मचारीवृन्द हिन्दी का कार्यसाधक ज्ञान प्राप्त नहीं कर लेता, ऐसे पत्रादि का अनुवाद, यथास्थिति, अंग्रेजी भाषा या हिन्दी में भी दिया जाएगा–

(3) उपधारा (1) में अन्तर्विष्ट किसी बात के होते हुए भी हिन्दी और अंग्रेजी भाषा दोनों ही–

(*i*) संकल्पों, साधारण आदेशों, नियमों, अधिसूचनाओं, प्रशासनिक या अन्य प्रतिवेदनों या प्रेस विज्ञप्तियों के लिए, जो केन्द्रीय सरकार द्वारा या उसके किसी मंत्रालय, विभाग या कर्यालय द्वारा या केन्द्रीय सरकार के स्वामित्व में के या नियंत्रण में के किसी निगम या कम्पनी द्वारा या ऐसे निगम या कम्पनी के किसी कार्यालय द्वारा निकाले जाते हैं या किये जाते हैं;

(*ii*) संसद के किसी सदन या सदनों के समक्ष रखे गये प्रशासनिक तथा अन्य प्रतिवेदनों और राजकीय कागज-पत्रों के लिए;

(*iii*) केन्द्रीय सरकार या उसके किसी मंत्रालय, विभाग या कार्यालय द्वारा या उसकी ओर से या केन्द्रीय सरकार के स्वामित्व में के किसी निगम या कम्पनी द्वारा या ऐसे निगम या कम्पनी के किसी कार्यालय द्वारा निष्पादित संविदाओं और करारों के लिए तथा निकाली गई अनुज्ञप्तियों, अनुज्ञापत्रों, सूचनाओं और निविदा-प्ररूपों के लिए प्रयोग में लाई जाएगी।

(4) उपधारा (1) या उपधारा (2) या उपधारा (3) के उपबन्धों पर प्रतिकूल प्रभाव डाले बिना केन्द्रीय सरकार, धारा 8 के अधीन बनाये गए नियमों द्वारा उस भाषा या उन भाषाओं का उपबन्ध कर सकेगी जिसे या जिन्हें संघ के राजकीय प्रयोजन के लिए, जिसके अन्तर्गत किसी मंत्रालय, विभाग, अनुभाग या कार्यालय का कार्यकरण है, प्रयोग में लाया जाना है और ऐसे नियम बनाने में राजकीय कार्य के शीघ्रता और दक्षता के साथ निपटारे का तथा जनसाधारण के हितों का सम्यक ध्यान रखा जाएगा और इस प्रकार बनाये गए नियम विशिष्टतया यह सुनिश्चित करेंगे कि जो व्यक्ति संघ के कार्यकलाप के सम्बन्ध में सेवा कर रहे हैं और जो या तो हिन्दी में या अंग्रेजी भाषा में प्रवीण हैं वे प्रभावी रूप से अपना काम कर सकें और यह भी कि केवल इस आधार पर कि वे दोनों ही भाषाओं में प्रवीण नहीं हैं उनका कोई अहित नहीं होता है।

(5) उपधारा (1) के खण्ड (क) के उपबन्ध और उपधारा (2), उपधारा (3) और उपधारा (4) के उपबन्ध तब तक प्रवृत्त बने रहेंगे जब तक उनमें वर्णित प्रयोजनों के लिए अंग्रेजी भाषा का प्रयोग समाप्त कर देने के लिए ऐसे सभी राज्यों के विधान-मण्डलों द्वारा, जिन्होंने हिन्दी को अपनी राजभाषा के रूप में नहीं अपनाया है, संकल्प पारित नहीं कर दिये जाते और जब तक पूर्वोक्त संकल्पों पर विचार कर लेने के पश्चात ऐसी समाप्ति के लिए संसद के हर एक सदन द्वारा संकल्प पारित नहीं कर दिया जाता।

राजभाषा के सम्बन्ध में समिति

4. (1) जिस तारीख को धारा 3 प्रवृत्त होती है उससे दस वर्ष की समाप्ति के पश्चात, राजभाषा के सम्बन्ध में एक समिति इस विषय का संकल्प संसद के किसी भी सदन में राष्ट्रपति की पूर्व मंजूरी से प्रस्तावित और दोनों सदनों द्वारा पारित किये जाने पर गठित की जाएगी।

(2) इस समिति में तीस सदस्य होंगे जिनमें से बीस लोकसभा के सदस्य होंगे तथा दस राज्यसभा के सदस्य होंगे, जो क्रमशः लोकसभा के सदस्यों तथा राज्यसभा के सदस्यों द्वारा आनुपातिक प्रतिनिधित्व पद्धति के अनुसार एकल संक्रमणीय मत द्वारा निर्वाचित होंगे।

(3) इस समिति का कर्तव्य होगा कि वह संघ के राजकीय प्रयोजनों के लिए हिन्दी के प्रयोग में की गई प्रगति का पुनर्विलोकन करें और उस पर सिफारिशें करते हुए राष्ट्रपति को प्रतिवेदन करें और राष्ट्रपति उस प्रतिवेदन को संसद के हर एक सदन के समक्ष रखवाएगा और सभी राज्य सरकारों को भिजवाएगा।

(4) राष्ट्रपति उपधारा (3) में निर्दिष्ट प्रतिवेदन पर और उस पर राज्य सरकारों ने यदि कोई मत किये हों तो उन पर विचार करने के पश्चात उस समस्त प्रतिवेदन के या उसके किसी भाग के अनुसार निर्देश निकाल सकेगा :

*परन्तु इस प्रकार निकाले गए निदेश धारा 3 के उपबन्धों से असंगत नहीं होंगे।

केन्द्रीय अधिनियमों आदि का प्राधिकृत हिन्दी अनुवाद

5. (1) नियत दिन को और उसके पश्चात शासकीय राजपत्र में राष्ट्रपति के प्राधिकार से प्रकाशित–

(क) किसी केन्द्रीय अधिनियम का या राष्ट्रपति द्वारा प्रख्यापित किसी अध्यादेश का, अथवा

(ख) संविधान के अधीन या किसी केन्द्रीय अधिनियम के अधीन निकाले गए किसी आदेश, नियम, विनियम या उपविधि का,–हिन्दी में अनुवाद उसका हिन्दी में प्राधिकृत पाठ समझा जाएगा।

(2) नियत दिन से ही उन सब विधेयकों के जो संसद के किसी भी सदन में पुःरस्थापित किये जाने हों और उन सब संशोधनों के, जो उनके सम्बन्ध में संसद के किसी भी सदन में प्रस्तावित किये जाने हों, अंग्रेजी भाषा के प्राधिकृत किया जाएगा, जो इस अधिनियम के अधीन बनाये गए नियमों द्वारा विहित की जाए।

कतिपय दशाओं में राज्य अधिनियमों का प्राधिकृत हिन्दी अनुवाद

6. जहाँ किसी राज्य के विधान-मण्डल ने उस राज्य के विधान-मण्डल द्वारा पारित अधिनियमों में अथवा उस राज्य में राज्यपाल द्वारा प्रस्थापित अध्यादेशों में प्रयोग के लिए हिन्दी से भिन्न कोई भाषा विहित की है। वहाँ संविधान के अनुच्छेद 348 के खण्ड (3) द्वारा अपेक्षित अंग्रेजी भाषा में उसके अनुवाद के अतिरिक्त, उसका हिन्दी में अनुवाद उस राज्य के शासकीय राजपत्र में उस राज्य के राज्यपाल के प्राधिकार से, नियत दिन को या उसके पश्चात प्रकाशित किया जा सकेगा और ऐसी दशा में ऐसे किसी अधिनियम या अध्यादेश का हिन्दी में अनुवाद हिन्दी भाषा में उसका प्राधिकृत पाठ समझा जाएगा।

उच्च न्यायालयों के निर्णयों, आदि में हिन्दी या अन्य राजभाषा का वैकल्पिक प्रयोग

7. नियत दिन से ही या तत्पश्चात किसी भी दिन से किसी राज्य का राज्यपाल, राष्ट्रपति की पूर्व सम्मति, से अंग्रेजी भाषा के अतिरिक्त हिन्दी या उस राज्य की राजभाषा का प्रयोग, उस राज्य के उच्च न्यायालय द्वारा पारित या दिये गए किसी निर्णय, डिक्री या आदेश के प्रयोजन के प्रयोजकों के लिए प्राधिकृत कर सकेगा और जहाँ कोई निर्णय, डिक्री या आदेश (अंग्रेजी भाषा से भिन्न) ऐसी किसी भाषा में पारित किया या दिया जाता है वहाँ उसके साथ-साथ उच्च न्यायालय के प्राधिकरण से निकाला गया अंग्रेजी भाषा में उसका अनुवाद भी होगा।

नियम बनाने की शक्ति

8. (1) केन्द्रीय सरकार इस अधिनियम के प्रयोजनों को कार्यान्वित करने के लिए नियम, शासकीय राजपत्र में अधिसूचना द्वारा, बना सकेगी।

(2) इस धारा के अधीन बनाया गया हर नियम, बनाए जाने के पश्चात यथाशक्य शीघ्र, संसद के हर एक सदन के समक्ष, उस समय जब वह सत्र में हो, कुछ मिलाकर तीस दिन की कालावधि के लिए, जो एक सत्र में या दो क्रमवर्ती सत्रों में समाविष्ट हो सकेगी, रखा जाएगा और यदि उस सत्र के, जिसमें वह ऐसे रखा गया हो या ठीक पश्चातवर्ती सत्र के अवसान के पूर्व दोनों सदन उस नियम में कोई उपान्तर करने के लिए सहमत हो जाए या दोनों सदन सहमत हो जाए कि वह नियम नहीं बनाया जाना चाहिए तो तत्पश्चात यथास्थिति, वह नियम ऐसे उपान्तरित रूप में ही प्रभावशाली होगा या उसका कोई भी प्रभाव न होगा, किन्तु इस प्रकार कि ऐसा कोई उपान्तर या बातिलकरण उस

नियम के अधीन पहले की गई किसी बात की विधिमान्यता पर प्रतिकूल प्रभाव डाले बिना होगा।

कतिपय उपबन्धों का जम्मू-कश्मीर पर लागू न होना

9. धारा 6 और धारा 7 के उपबन्ध जम्मू-कश्मीर राज्य को लागू न होंगे।

राजभाषा अधिनियम 1963 की मुख्य विशिष्टताएँ

1. राजभाषा अधिनियम 1963 में कुल नौ उपबन्ध हैं।
2. सन् 1965 के बाद भी हिन्दी भाषा के अतिरिक्त अंग्रेजी सहभाषा के रूप में सरकारी प्रयोजनों के लिए प्रयुक्त होती रहेगी।
3. अंग्रेजी को जारी रखने की कोई निश्चित अंतिम कालावधि नहीं होगी, अर्थात वह अबाध रूप से जारी रहेगी।
4. इस अधिनियम के उपबन्ध 3 के अनुसार अंग्रेजी भाषा के बने रहने के लिए कानूनी प्रावधान किया गया है। और, यही उपबन्ध है जिसके तहत हिन्दी का स्थान कानूनी रूप से भले ही मुख्य रहा हो परन्तु व्यावहारिक दृष्टि से गौण हो गया और अंग्रेजी का स्थान गौण होने पर भी व्यावहारिक स्तर पर वह प्रमुख बन गई।
5. राजभाषा अधिनियम 1963 की धारा 3 (3) अत्यंत महत्त्वपूर्ण मानी जा सकती है क्योंकि इसी के अनुसरण में सरकारी कार्यालयों आदि में हिन्दी अंग्रेजी द्विभाषी युग का सूत्रपात हुआ। इस धारा के प्रावधान के अनुसार केन्द्र सरकार के मंत्रालयों, कार्यालयों तथा सभी सम्बद्ध निगमों, संस्थानों, कम्पनियों एवं निकायों आदि से जारी सभी परिपत्र, सामान्य आदेश, संकल्प, नियम, अधिसूचना, प्रेस विज्ञप्ति, संविदा और करार, टेंडर, विज्ञापन, प्रशासनिक तथा अन्य रिपोर्ट और संसद के समक्ष रखे गये सभी प्रकार के प्रतिवेदन एवं राजकीय कागज-पत्र आदि अनिवार्य रूप से हिन्दी-अंग्रेजी द्विभाषी रूप में होंगे।
6. इस अधिनियम की धारा 4 के अनुसार राजभाषा के बारे में एक संसदीय राजभाषा समिति के गठन का प्रावधान है। इस "संसदीय राजभाषा समिति" में तीस सदस्य होंगे जिसमें लोकसभा के बीस और राज्यसभा के दस सदस्य होंगे। समिति के प्रतिवेदन पर राज्य सरकारों की राय प्राप्त किये जाने के बाद प्रतिवेदन को विचारार्थ संसद में रखा जायेगा।
7. इस अधिनियम की धारा में प्रावधान है कि सन् 1965 के बाद राष्ट्रपति के प्राधिकार के अधीन सरकारी राजपत्र में प्रकाशित हिन्दी अनुवाद, उसका हिन्दी में प्राधिकृत पाठ माना जायेगा।

   धारा 5 (2) में व्यवस्था की गई है कि 1965 के बाद (नियत दिन से) सभी

विधेयकों आदि के प्राधिकृत अंग्रेजी पाठों के साथ-साथ उनके प्राधिकृत हिन्दी अनुवाद भी देने होंगे।

8. अधिनियम की धारा 7 में प्रावधान किया गया है कि राष्ट्रपति की पूर्व अनुमति से किसी राज्य का राज्यपाल उच्च न्यायालय के फैसलों, आदेशों आदि के लिए हिन्दी या राज्य की राजभाषा के वैकल्पिक प्रयोग को प्राधिकृत कर सकता है।
9. निष्कर्ष रूप में कहा जा सकता है कि कानूनी तौर पर राजभाषा अधिनियम 1963 ने हिन्दी को संघ की मुख्य राजभाषा के रूप में स्थापित किया किन्तु दूसरी ओर अंग्रेजी भाषा को अबाधित रूप से अनिश्चित काल तक जारी रखने के लिए खुली छूट भी मिल गई।

राजभाषा नियम 1976

राजभाषा हिन्दी के प्रयोग को सरकारी कार्यालयों, केन्द्रीय सरकार के अधीन नियमों, कम्पनियों आदि में अधिक प्रभावी ढंग से किये जाने के लिए केन्द्रीय सरकार ने 1976 में, राजभाषा अधिनियम 1963 (1963 का 19) की धारा 3 की उपधारा (4) के साथ पठित धारा 8 द्वारा प्रदत्त शक्तियों का प्रयोग करते हुए निम्नलिखित नियम बनाए हैं। इन नियमों में सरकारी कर्मचारियों के हित को दृष्टिगत रखकर भी कुछ प्रावधन किये गए हैं। यह राजभाषा नियम, 1976 इस प्रकार है–

सा. का. नि. 1052–राजभाषा अधिनियम, 1963 (1963 का 19) की धारा 3 की उपधारा (4) के साथ पठित धारा 8 द्वारा प्रदत्त शक्तियों का प्रयोग करते हुए, केन्द्रीय सरकार निम्नलिखित नियम बनाती है, अर्थात–

1. संक्षिप्त नाम और प्रारम्भ–(1) इन नियमों का संक्षिप्त नाम राजभाषा (संघ के शासकीय प्रयोजनों के लिए प्रयोग) नियम, 1976 है।

   (2) इनका विस्तार, तमिलनाडु राज्य के सिवाय सम्पूर्ण भारत पर है।

   (3) ये राजपत्र में प्रकाशन की तारीख को प्रवृत्त होंगे।
2. परिभाषाएँ–इन नियमों में, जब तक कि सन्दर्भ से अन्यथा अपेक्षित न हो–

   (क) "अधिनियम" से राजभाषा अधिनियम, 1963 (1963 का 19) अभिप्रेत है;

   (ख) "केन्द्रीय सरकार के कार्यालय" के अन्तर्गत निम्नलिखित भी हैं, अर्थात :

   (*i*) केन्द्रीय सरकार का कोई मंत्रालय, विभाग या कार्यालय,

   (*ii*) केन्द्रीय सरकार द्वारा नियुक्त किसी आयोग, समिति या अधिकरण का कोई कार्यालय, और

राजभाषा हिन्दी के प्रयोग हेतु राज्यों का तीन क्षेत्रों में वर्गीकरण
(राजभाषा नियम 1976 के अधीन)

क्षेत्र 'क'	क्षेत्र 'ख'	क्षेत्र 'ग'
(हिन्दी भाषी क्षेत्र)	(ऐसे राज्य जिन्होंने हिन्दी को विधिवत रूप से अपना लिया है।)	(ऐसे राज्य जिन्होंने कानूनी रूप से हिन्दी को अभी तक नहीं अपनाया)
1. बिहार 2. हरियाणा 3. हिमाचल प्रदेश 4. मध्य प्रदेश 5. राजस्थान 6. उत्तर प्रदेश 7. दिल्ली संघ राज्य क्षेत्र 8. अंडमान निकोबार द्वीपसमूह	1. गुजरात 2. महाराष्ट्र 3. पंजाब 4. चंडीगढ़ संघ राज्य क्षेत्र	क्षेत्र 'क' एवं क्षेत्र 'ख' में उल्लिखित राज्यों को छोड़कर शेष सभी राज्य एवं संघ राज्य क्षेत्र

(iii) केन्द्रीय सरकार के स्वामित्व में या नियंत्रण के अधीन किसी निगम या कम्पनी का कोई कार्यालय;

(ग) कर्मचारी से केन्द्रीय सरकार के कार्यालय में नियोजित कोई व्यक्ति अभिप्रेत है;

(घ) "अधिसूचित कार्यालय" से नियम 10 के उपनियम (4) के अधीन अधिसूचित कार्यालय अभिप्रेत है;

(ङ) "हिन्दी में प्रवीणता" से नियम 9 में वर्णित प्रवीणता अभिप्रेत है;

(च) "क्षेत्र क" से बिहार, हरियाणा, हिमाचार प्रदेश, मध्य प्रदेश, राजस्थान और उत्तर प्रदेश राज्य तथा अंडमान निकोबार द्वीपसमूह एवं दिल्ली संघ राज्य क्षेत्र अभिप्रेत है;

(छ) "क्षेत्र ख" से गुजरात, महाराष्ट्र और पंजाब राज्य तथा अंडमान और चण्डीगढ़ संघ राज्यक्षेत्र अभिप्रेत है;

(ज) "क्षेत्र ग" से खण्ड (च) और (छ) में निर्दिष्ट राज्यों और संघ राज्यक्षेत्रों से भिन्न राज्य तथा संघ राज्यक्षेत्र अभिप्रेत है;

(झ) हिन्दी का कार्यसाधक ज्ञान से नियम 10 में वर्णित कार्यसाधक ज्ञान अभिप्रेत है।

3. राज्यों आदि और केन्द्रीय सरकार के कार्यालयों से भिन्न कार्यालयों के साथ पत्रादि–(1) केन्द्रीय सरकार के कार्यालय से "क्षेत्र क" में किसी राज्य या संघ राज्यक्षेत्र को या ऐसे राज्य या संघ राज्यक्षेत्र में किसी कार्यालय (जो केन्द्रीय सरकार का कार्यालय न हो) या व्यक्ति को पत्रादि, असाधारण दशाओं को छोड़कर हिन्दी में होंगे और यदि उनमें से किसी को कोई पत्रादि अंग्रेजी में भेजे जाते हैं तो उनके साथ उनका हिन्दी अनुवाद भी भेजा जाएगा।

(2) केन्द्रीय सरकार के कार्यालय से–

(क) "क्षेत्र ख" में किसी राज्य या संघ राज्यक्षेत्र को या ऐसे राज्य या संघ राज्यक्षेत्र में किसी कार्यालय (जो केन्द्रीय सरकार का कार्यालय न हो) या व्यक्ति को पत्रादि मामूली तौर पर हिन्दी में होंगे और यदि इनमें से किसी को कोई पत्रादि अंग्रेजी में भेजे जाते हैं तो उनके साथ उनका हिन्दी अनुवाद भी भेजा जाएगा।

परन्तु यदि कोई राज्य या संघ राज्यक्षेत्र यह चाहता है कि किसी विशिष्ट वर्ग या प्रवर्ग के पत्रादि या उसके किसी कार्यालय के लिए आशयित पत्रादि सम्बद्ध राज्य या संघ राज्यक्षेत्र की सरकार द्वारा विनिर्दिष्ट अवधि तक अंग्रेजी या हिन्दी में भेजे जाएँ और उसके साथ दूसरी भाषा में उसका अनुवाद भी भेजा जाए तो ऐसे पत्रादि उसी रीति से भेजे जाएँगे।

(ख) 'क्षेत्र ख' के किसी राज्य या संघ राज्यक्षेत्र में किसी व्यक्ति को पत्रादि हिन्दी या अंग्रेजी में भेजे जा सकते हैं।

(3) केन्द्रीय सरकार के कार्यालय से "क्षेत्र ग" में किसी राज्य या संघ राज्य क्षेत्र को या ऐसे राज्य में किसी कार्यालय (जो केन्द्रीय सरकार का कार्यालय न हो) या व्यक्ति को पत्रादि अंग्रेजी में होंगे।

(4) उपनियम (1) और (2) में किसी बात के होते हुए भी, "क्षेत्र ग" में केन्द्रीय सरकार के कार्यालय से "क्षेत्र क" या 'क्षेत्र ख' में किसी राज्य या संघ राज्यक्षेत्र को या ऐसे राज्य में किसी कार्यालय (जो केन्द्रीय सरकार के कार्यालय न हों) या व्यक्ति को पत्रादि हिन्दी या अंग्रेजी में हो सकते हैं।

4. केन्द्रीय सरकार के कार्यालयों के बीच पत्रादि–

(क) केन्द्रीय सरकार के किसी एक मंत्रालय या विभाग और किसी दूसरे मंत्रालय या विभाग के बीच पत्रादि हिन्दी या अंग्रेजी में हो सकते हैं;

(ख) केन्द्रीय सरकार के एक मंत्रालय या विभाग और "क्षेत्र क" में स्थित संलग्न या अधीनस्थ कार्यालयों के बीच पत्रादि हिन्दी में होंगे और ऐसे अनुपात में होंगे जो केन्द्रीय सरकार ऐसे कार्यालयों में हिन्दी का कार्यसाधक ज्ञान रखने वाले व्यक्तियों की संख्या, हिन्दी में पत्रादि भेजने की सुविधाओं और उससे सम्बन्धित आनुषंगिक बातों को ध्यान में रखते हुए, समय-समय पर, अवधारित करे;

(ग) "क्षेत्र क" में स्थित केन्द्रीय सरकार के ऐसे कार्यालयों के बीच, जो खण्ड (क) या खण्ड (ख) में विनिर्दिष्ट कार्यालय से भिन्न हैं, पत्रादि हिन्दी में होंगे;

(घ) "क्षेत्र क" में स्थित केन्द्रीय सरकार के कार्यालयों और "क्षेत्र ख" या "क्षेत्र ग" में स्थित केन्द्रीय सरकार के कार्यालयों के बीच पत्रादि हिन्दी या अंग्रेजी में हो सकते हैं;

(ङ) "क्षेत्र ख" या "क्षेत्र ग" में स्थित केन्द्रीय सरकार के कार्यालयों के बीच पत्रादि हिन्दी या अंग्रेजी में हो सकते हैं परन्तु जहाँ ऐसे पत्रादि–

(*i*) क्षेत्र क या क्षेत्र ख के किसी कार्यालय को सम्बोधित हैं वहाँ, यदि आवश्यक हो तो, उनका दूसरी भाषा में अनुवाद पत्रादि प्राप्त करने के स्थान पर किया जाएगा;

(*ii*) क्षेत्र ग में किसी कार्यालय को सम्बोधित है वहाँ उनका दूसरी भाषा में अनुवाद उनके साथ भेजा जाएगाः

5. हिन्दी में प्राप्त पत्रादि के उत्तर–नियम 3 और नियम 4 में किसी बात के होते हुए भी, हिन्दी में पत्रादि के उत्तर केन्द्रीय सरकार के कार्यालय से हिन्दी में दिए जाएँगे।

6. **हिन्दी और अंग्रेजी दोनों का प्रयोग**–अधिनियम की धारा 3 की उपधारा (3) में विनिर्दिष्ट सभी दस्तावेजों के लिए हिन्दी और अंग्रेजी दोनों का प्रयोग किया जाएगा और ऐसी दस्तावेजों पर हस्ताक्षर करने वाले व्यक्तियों का यह उत्तरदायित्व होगा कि वे यह सुनिश्चित कर लें कि ऐसे दस्तावेजें हिन्दी और अंग्रेजी दोनों ही में तैयार की जाती हैं, निष्पादित की जाती हैं और जारी की जाती है।

7. **आवेदन, अभ्यावेदन आदि**–(1) कोई कर्मचारी आवेदन, अपील या अभ्यावेदन हिन्दी या अंग्रेजी में कर सकता है।

(2) जब उपनियम (1) में निर्दिष्ट कोई आवेदन, अपील या अभ्यावेदन हिन्दी में किया गया हो या उस पर हिन्दी में हस्ताक्षर किए गए हों तब उसका उत्तर हिन्दी में दिया जाएगा।

(3) यदि कोई कर्मचारी यह चाहता है कि सेवा सम्बन्धी विषयों (जिनके अन्तर्गत अनुशासनिक कार्यवाहियाँ भी हैं) से सम्बन्धित कोई आदेश या सूचना, जिसका कर्मचारी पर तामील किया जाना अपेक्षित है, यथास्थिति हिन्दी या अंग्रेजी में होनी चाहिए तो वह उसे असम्यक विलम्ब के बिना उसी भाषा में दी जाएगी।

8. **केन्द्रीय सरकार के कार्यालय में टिप्पणों का लिखा जाना**–(1) कोई कर्मचारी किसी फाइल पर टिप्पण या मसौदा हिन्दी या अंग्रेजी में लिख सकता है और उससे यह अपेक्षा नहीं की जाएगी कि वह उसका अनुवाद दूसरी भाषा में प्रस्तुत करें।

(2) केन्द्रीय सरकार का कोई भी कर्मचारी, जो हिन्दी का कार्यसाधक ज्ञान रखता है, हिन्दी में किसी दस्तावेज के अंग्रेजी अनुवाद की माँग तभी कर सकता है, जब वह दस्तावेज विधिक या तकनीकी प्रकृति की है, अन्यथा नहीं।

(3) यदि यह प्रश्न उठता है कि कोई विशिष्ट दस्तावेज विधिक या तकनीकी प्रकृति की है या नहीं तो विभाग या कार्यालय का प्रधान उसका विनिश्चय करेगा।

(4) उपनियम (1) में किसी बात के होते हुए भी, केन्द्रीय सरकार, आदेश द्वारा ऐसे अधिसूचित कार्यालयों को विनिर्दिष्ट कर सकती है, जहाँ ऐसे कर्मचारियों द्वारा, जिन्हें हिन्दी में प्रवीणता प्राप्त है, टिप्पण, प्रारूपण और ऐसे अन्य शासकीय प्रयोजनों के लिए, जो आदेश में विनिर्दिष्ट किए जाएँ, केवल हिन्दी का प्रयोग किया जाएगा।

9. **हिन्दी में प्रवीणता**–यदि किसी कर्मचारी ने–

(क) मैट्रिक परीक्षा या उसकी समतूल्य या उससे उच्चतर कोई परीक्षा हिन्दी के माध्यम से उत्तीर्ण करली है; या

(ख) स्नातक परीक्षा में अथवा स्नातक परीक्षा की समतुल्य या उससे उच्चतर किसी अन्य परीक्षा में हिन्दी को जो एक वैकल्पिक विषय के रूप में लिया था; या

(ग) यदि वह इन नियमों से उपाबद्ध प्ररूप में यह घोषणा करता है कि उसे हिन्दी में प्रवीणता प्राप्त है, तो उसके बारे में यह समझा जाएगा कि उसने हिन्दी में प्रवीणता प्राप्त कर ली है।

10. हिन्दी का कार्यसाधक ज्ञान–(1) (क) यदि किसी कर्मचारी ने–

(*i*) मैट्रिक परीक्षा या उसकी समतुल्य या उससे उच्चतर परीक्षा हिन्दी विषय के साथ उत्तीर्ण कर ली है; या

(*ii*) केन्द्रीय सरकार की हिन्दी प्रशिक्षण योजना के अन्तर्गत आयोजित प्राज्ञ परीक्षा या, जहाँ उस सरकार द्वारा किसी विशिष्ट प्रवर्ग के पदों के सम्बन्ध में उस योजना के अन्तर्गत कोई निम्नतर परीक्षा विनिर्दिष्ट है, जब वह परीक्षा उत्तीर्ण कर ली है; या

(*iii*) केन्द्रीय सरकार द्वारा उस निमित्त विनिर्दिष्ट कोई अन्य परीक्षा उत्तीर्ण कर ली है; या

(ख) यदि वह इन नियमों से उपाबद्ध प्ररूप में यह घोषणा करता है कि उसने ऐसा ज्ञान प्राप्त कर लिया है, तो उसके बारे में यह समझा जाएगा कि उसने हिन्दी का कार्यसाधक ज्ञान प्राप्त कर लिया है।

(2) यदि केन्द्रीय सरकार के किसी कार्यालय में कार्य करने वाले कर्मचारियों में से अस्सी प्रतिशत ने हिन्दी का ऐसा ज्ञान प्राप्त कर लिया है तो उस कार्यालय के कर्मचारियों के बारे में सामान्यतया यह समझा जाएगा कि उन्होंने हिन्दी का कार्यसाधक ज्ञान प्राप्त कर लिया है।

(3) केन्द्रीय सरकार या केन्द्रीय सरकार द्वारा इस निमित्त विनिर्दिष्ट कोई अधिकारी यह अवधारित कर सकता है कि केन्द्रीय सरकार के किसी कार्यालय के कर्मचारियों ने हिन्दी का कार्यसाधक ज्ञान प्राप्त कर लिया है या नहीं।

(4) केन्द्रीय सरकार के जिन कार्यालयों के कर्मचारियों ने हिन्दी का कार्यसाधक ज्ञान प्राप्त कर लिया है, उन कार्यालयों के नाम, राजपत्र में अधिसूचित किए जाएँगे।

परन्तु यदि केन्द्रीय सरकार की राय है कि किसी अधिसूचित कार्यालय में काम करने वाले और हिन्दी का कार्यसाधक ज्ञान रखने वाले कर्मचारियों का प्रतिशत किसी तारीख से उपनियम (2) में विनिर्दिष्ट प्रतिशत से कम हो गया है, तो वह,

राजपत्र में अधिसूचना द्वारा घोषित कर सकती है कि उक्त कार्यालय उस तारीख से अधिसूचित कार्यालय नहीं रह जाएगा।

11. **मैन्युअल, संहिताएँ और प्रक्रिया सम्बन्धी अन्य साहित्य, लेखन सामग्री आदि**–(1) केन्द्रीय सरकार के कार्यालयों से सम्बन्धित सभी मैन्युअल, संहिताएँ और प्रक्रिया सम्बन्धी अन्य साहित्य हिन्दी और अंग्रेजी में द्विभाषीय रूप में यथास्थिति, मुद्रित या साइक्लोस्टाइल किया जाएगा और प्रकाशित किया जाएगा।

(2) केन्द्रीय सरकार के किसी कार्यालय में प्रयोग किए जाने वाले रजिस्टरों के प्ररूप और शीर्षक हिन्दी और अंग्रेजी में होंगे।

(3) केन्द्रीय सरकार के किसी कार्यालय में प्रयोग के लिए सभी नामपट्ट सूचना पट्ट, पत्र शीर्ष और लिफाफों पर उत्कीर्ण लेख तथा लेखन सामग्री की अन्य मदें हिन्दी और अंग्रेजी में लिखी जाएँगी, मुद्रित या उत्कीर्ण होंगीः

परन्तु यदि केन्द्रीय सरकार ऐसा करना आवश्यक समझती है तो वह, साधारण या विशेष आदेश द्वारा केन्द्रीय सरकार के किसी कार्यालय को इस नियम के सभी या किन्हीं उपबन्धों से छूट दे सकती है।

12. **अनुपालन का उत्तरदायित्व**–(1) केन्द्रीय सरकार के प्रत्येक कार्यालय के प्रशासनिक प्रधान का यह उत्तरदायित्व होगा कि वह–

(*i*) यह सुनिश्चित करें कि अधिनियम और इन नियमों के उपबन्धों का समुचित रूप से अनुपालन हो रहा है; और

(*ii*) इस प्रयोजन के लिए उपयुक्त और प्रभावकारी जाँच के लिए उपाय करें।

(2) केन्द्रीय सरकार अधिनियम और इन नियमों के उपबन्धों के सम्यक अनुपालन के लिए अपने कर्मचारियों और कार्यालयों को समय-समय पर आवश्यक निदेश जारी कर सकती है।

राजभाषा नियम 1976 की विशिष्टताएँ

1. राजभाषा नियम 1976 के अन्तर्गत कुल बारह नियम बनाए गए हैं। ये नियम तमिलनाडु राज्य पर लागू नहीं होते। अर्थात तमिलनाडु राज्य को छोड़कर देश के अन्य सभी राज्यों पर समान रूप से ये नियम लागू होते हैं।
2. राजभाषा नियम 1976 के अन्तर्गत हिन्दी के प्रगामी प्रयोग को प्रभावी ढंग से लागू करने के उद्देश्य से पूरे भारत को तीन क्षेत्रों में बाँटा गया है। यथा–**क्षेत्र–'क', क्षेत्र–'ख', तथा क्षेत्र–'ग,**

   (Region 'A', Region 'B' & Region 'C')

   क्षेत्र 'क' के अन्तर्गत समस्त हिन्दी भाषी राज्य एवं संघ राज्यक्षेत्र का समावेश

है। यथा—बिहार, हरियाणा, हिमाचल प्रदेश, मध्य प्रदेश, राजस्थान तथा उत्तर प्रदेश राज्य और दिल्ली एवं अंडमान निकोबार द्वीप समूह।

क्षेत्र 'ख' के अन्तर्गत गुजरात, महाराष्ट्र तथा पंजाब राज्य और चण्डीगढ़ संघ राज्यक्षेत्र शामिल हैं।

क्षेत्र 'ग' के अन्तर्गत वे राज्य तथा संघ राज्यक्षेत्र आते हैं जो क्षेत्र 'क' और **क्षेत्र 'ख'** में शामिल नहीं है।

3. राजभाषा नियम 1976 में हिन्दी पत्राचार के बारे में स्पष्ट दिशा निर्देश दिए गए हैं।
4. राजभाषा नियम 1976 के नियम 5 के अन्तर्गत एक अत्यन्त महत्त्वपूर्ण प्रावधान यह किया गया है कि हिन्दी में प्राप्त पत्रों के उत्तर अनिवार्य रूप से हिन्दी में ही देना होगा चाहे वह पत्र किसी भी राज्य सरकार या व्यक्ति विशेष से आया हो। इस नियम से किसी को भी किसी भी प्रकार की छूट नहीं दी गई है।
5. नियम 5 के अनुसार यह प्रावधान किया गया है कि सरकारी कार्यालय से जारी होने वाले परिपत्र, प्रशासनिक रिपोर्ट, कार्यालय आदेश, अधिसूचना, करार, संधियों, विज्ञापन तथा निविदा सूचना आदि अनिवार्य रूप से हिन्दी-अंग्रेजी द्विभाषी रूप में जारी किए जाएँगे और ऐसे दस्तावेजों पर हस्ताक्षर करने वाले अधिकारी की यह जिम्मेदारी होगी कि वह यह सुनिश्चित कर लें कि ऐसे दस्तावेज हिन्दी और अंग्रेजी द्विभाषी रूप में जारी किए जा रहे हैं।
6. इन नियमों में यह भी प्रावधान है कि कोई भी कर्मचारी हिन्दी या अंग्रेजी में आवेदन या अभ्यावेदन दे सकता है।
7. केन्द्रीय सरकार का कोई अधिकारी अथवा कर्मचारी फाइलों में टिप्पणी का प्रारूप हिन्दी या अंग्रेजी में लिख सकता है। उससे यह अपेक्षा नहीं की जा सकती कि वह उसका अनुवाद दूसरी भाषा में प्रस्तुत करें।
8. राजभाषा नियम 1976 के नियम 12 में अत्यन्त महत्त्वपूर्ण प्रावधान यह है कि प्रत्येक केन्द्रीय सरकार के कार्यालय के प्रशासनिक प्रधान का यह उत्तरदायित्व होगा कि वह यह सुनिश्चित करें कि राजभाषा अधिनियम एवं राजभाषा नियमों के उपबन्धों का समुचित पालन किया जा रहा है। और, इनके सुनिश्चित अनुपालन के लिए प्रभावकारी जाँच बिन्दु (Check Point) निर्धारित करें।
9. संक्षेप में कहा जा सकता है कि राजभाषा नियम 1976 से राजभाषा हिन्दी प्रगामी प्रयोग में काफी मात्रा में गति आई तथा केन्द्रीय सरकार के कर्मचारियों को भी हिन्दी में काम-काज करने में निश्चित रूप से प्रोत्साहन भी मिला।

राजभाषा हिन्दी के प्रगामी प्रयोग से सम्बन्धित राष्ट्रपति के आदेश

भारतीय संविधान में राजभाषा के बारे में किए गए प्रावधानों के अन्तर्गत संघ की

राजभाषा के रूप में हिन्दी के प्रगामी प्रयोग से सम्बन्धित राष्ट्रपति ने सन् 1952, 1955 तथा 1960 में आदेश निकाले हैं।

(अ) राष्ट्रपति का आदेश 1952

भारत के संविधान के अनुच्छेद 343 के खण्ड (2) के परन्तुक द्वारा दी गई शक्तियों का प्रयोग करते हुए 27 मई, 1952 को राष्ट्रपति ने अंग्रेजी भाषा के अतिरिक्त हिन्दी भाषा का और भारतीय अंकों के अन्तर्राष्ट्रीय स्वरूप के अतिरिक्त अंकों के देवनागरी स्वरूप का प्रयोग संघ के निम्नलिखित राजकीय प्रयोजनों के लिए, अर्थात–

(*i*) राज्यों के राज्यपालों,

(*ii*) उच्चतम न्यायालय के न्यायाधीशों, और

(*iii*) उच्च न्यायालयों के न्यायाधीशों

की नियुक्तियों के अधिपत्रों के लिए प्राधिकृत कर दिया है।

(आ) राष्ट्रपति का आदेश 1955

संविधान के अनुच्छेद 343 के खण्ड (2) के परन्तुक द्वारा दी गई शक्तियों का प्रयोग करते हुए राष्ट्रपति ने 3 दिसम्बर, 1955 को गृह मंत्रालय द्वारा अधिसूचना के रूप में सांविधिक आदेश जारी किया जिसके अनुसार संघ के निम्नलिखित राजकीय प्रयोजनों के लिए अंग्रेजी भाषा के अतिरिक्त हिन्दी भाषा का प्रयोग किए जाने का प्रावधान किया गया–

(1) जनता के साथ पत्र-व्यवहार।

(2) प्रशासनिक रिपोर्टें, राजकीय पत्रिकाएँ और संसद को दी जाने वाली रिपोर्टें।

(3) सरकारी संकल्प और विधायी अधिनियमितियाँ।

(4) जिन राज्य सरकारों ने अपनी राजभाषा के रूप में हिन्दी को अपना लिया है उनसे पत्र-व्यवहार।

(5) संधियाँ और करार।

(6) अन्य देशों की सरकारों और उनके दूतों तथा अन्तर्राष्ट्रीय संगठनों से पत्र-व्यवहार।

(7) राजनयिक और कौंसलीय पदाधिकारियों और अन्तर्राष्ट्रीय संगठनों में भारतीय प्रतिनिधियों के नाम जारी किए जाने वाले औपचारिक दस्तावेज।

(इ) राष्ट्रपति का आदेश 1960

संसदीय राजभाषा समिति सिफारिशों को ध्यान में रखते हुए राष्ट्रपति ने संविधान के अनुच्छेद 344 खण्ड (6) के अन्तर्गत प्रदत्त शक्तियों का प्रयोग करते हुए केन्द्रीय सरकार के कार्यालयों के कामकाज में हिन्दी को प्रस्थापित किए जाने के उद्देश्य से

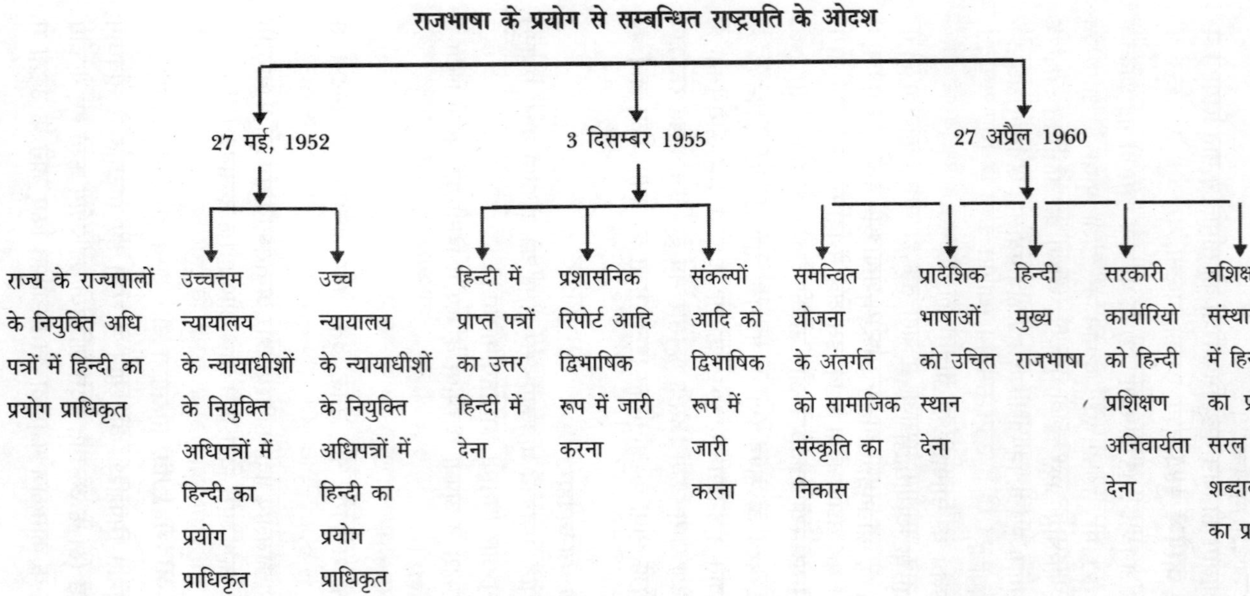
राजभाषा के प्रयोग से सम्बन्धित राष्ट्रपति के ओदश
27 मई, 1952
3 दिसम्बर 1955
27 अप्रैल 1960
राज्य के राज्यपालों के नियुक्ति अधि पत्रों में हिन्दी का प्रयोग प्राधिकृत
उच्चत्तम न्यायालय के न्यायाधीशों के नियुक्ति अधिपत्रों में हिन्दी का प्रयोग प्राधिकृत
उच्च न्यायालय के न्यायाधीशों के नियुक्ति अधिपत्रों में हिन्दी का प्रयोग प्राधिकृत
हिन्दी में प्राप्त पत्रों का उत्तर हिन्दी में देना
प्रशासनिक रिपोर्ट आदि द्विभाषिक रूप में जारी करना
संकल्पों आदि को द्विभाषिक रूप में जारी करना
समन्वित योजना के अंतर्गत को सामाजिक संस्कृति का निकास
प्रादेशिक भाषाओं को उचित स्थान देना
हिन्दी मुख्य राजभाषा
सरकारी कार्यारियो को हिन्दी प्रशिक्षण अनिवार्यता देना
प्रशिक्षण संस्थानों में हिन्दी का प्रयोग सरल शब्दावली का प्रयोग

27 अप्रैल, 1960 को एक आदेश जारी किया। इस आदेश में निम्नलिखित प्रमुख निदेशों का समावेश है–

1. **शब्दावली**–आयोग की जिन मुख्य सिफारिशों को समिति ने मान लिया वे ये हैं–(*i*) शब्दावली तैयार करने में मुख्य लक्ष्य, उसकी स्पष्टता, यथार्थता और सरलता चाहिए; (*ii*) अन्तर्राष्ट्रीय शब्दावली अपनाई जाए या जहाँ भी आवश्यक हो, अनुकूलन कर लिया जाए; (*iii*) सब भारतीय भाषाओं के लिए शब्दावली का विकास करते समय लक्ष्य यह होना चाहिए कि उसमें जहाँ तक हो सके अधिकतम एकरूपता हो; और (*iv*) हिन्दी और अन्य भारतीय भाषाओं की शब्दावली के विकास के लिए जो प्रयत्न केन्द्र और राज्यों में हो रहे हैं उनमें समन्वय स्थापित करने के लिए समुचित प्रबन्ध किये जाने चाहिए। इसके अतिरिक्त समिति का यह मत है कि विज्ञान और प्रौद्योगिकी के क्षेत्र में सब भारतीय भाषाओं में जहाँ तक हो सके एकरूपता होनी चाहिए और शब्दावली लगभग अंग्रेजी या अन्तर्राष्ट्रीय शब्दावली जैसी नहीं चाहिए। इस दृष्टि से समिति ने यह सुझाव दिया है कि इस क्षेत्र में विभिन्न संस्थाओं द्वारा किए गये काम में समन्वय स्थापित करने और उसकी देखरेख के लिए और सब भारतीय भाषाओं में प्रयोग में लाने की दृष्टि से एक प्रामाणिक शब्दकोश निकालने के लिए एक ऐसा स्थायी आयोग कायम किया जाए जिसके सदस्य मुख्यतः वैज्ञानिक और प्रौद्योगिकीविद् हों।

शिक्षा मंत्रालय निम्नलिखित विषय में कार्रवाई करें।

(क) अब तक किये काम पर पुनर्विचार और समिति द्वारा स्वीकृत सामान्य सिद्धान्तों के अनुकूल शब्दावली का विकास, विज्ञान और प्रौद्योगिकी के क्षेत्र में वे शब्द, जिनका प्रयोग अन्तर्राष्ट्रीय क्षेत्र में होता है, कम-से-कम परिवर्तन के साथ अपना लिए जाएँ, अर्थात मूल शब्द वे होने चाहिए जो कि आजकल अन्तर्राष्ट्रीय शब्दावली में काम आते हैं। उनसे व्युत्पन्न शब्दों का जहाँ भी आवश्यक हो भारतीयकरण किया जा सकता है;

(ख) शब्दावली तैयार करने के काम में समन्वय स्थापित करने के लिए प्रबन्ध करने के विषय में सुझाव देना; और

(ग) विज्ञान और तकनीकी शब्दावली के विकास के लिए समिति के सुझाव के अनुसार स्थायी आयोग का निर्माण।

2. **प्रशासनिक संहिताओं और अन्य कार्यविधि साहित्य का अनुवाद**–इस आवश्यकता को दृष्टि में रखकर कि संहिताओं और अन्य कार्यविधि साहित्य के अनुवाद में प्रयुक्त भाषा में किसी हद तक एकरूपता होनी चाहिए, समिति ने आयोग की यह सिफारिश मान ली है कि यह सारा काम एक अभिकरण को सौंप दिया जाए।

शिक्षा मंत्रालय सांविधिक, नियमों, विनियमों और आदेशों के अलावा बाकी सब संहिताओं और अन्य कार्यविधि साहित्य का अनुवाद करें। सांविधिक, नियमों, विनियमों और आदेशों का अनुवाद संविधियों के साथ अनुवाद के साथ घनिष्ट रूप से सम्बद्ध है, इसलिए यह काम विधि मंत्रालय करें। इस बात का पूरा प्रयत्न होना चाहिए कि सब भारतीय भाषाओं में इन अनुवादों की शब्दावली में जहाँ तक हो सके एकरूपता रखी जाए।

3. प्रशासनिक कर्मचारी वर्ग को हिन्दी का प्रशिक्षण–(क) समिति द्वारा अभिव्यक्त मत के अनुसार 45 वर्ष से कम आयु वाले सब केन्द्रीय कर्मचारियों के लिए सेवा-कालीन हिन्दी प्रशिक्षण प्राप्त करना अनिवार्य कर दिया जाना चाहिए। तृतीय श्रेणी के ग्रेड से नीचे के कर्मचारियों और औद्योगिक संस्थाओं और कार्यप्रभारित कर्मचारियों के सम्बन्ध में यह बात लागू न होगी। इस योजना के अन्तर्गत नियत तारीख तक विहित योग्यता प्राप्त कर सकने के लिए कर्मचारी को कोई दण्ड नहीं दिया जाना चाहिए। हिन्दी भाषा की पढ़ाई के लिए सुविधाएँ प्रशिक्षणार्थियों को मुफ्त मिलती रहनी चाहिए।

(ख) गृह मंत्रालय उन टाइपकारों और आशुलिपिकों को हिन्दी टाइप-राइटिंग और आशुलिपि का प्रशिक्षण देने के लिए आवश्यक प्रबन्ध करें जो केन्द्रीय सरकार की नौकरी में हैं।

(ग) शिक्षा मंत्रालय हिन्दी टाइपराइटरों के मानकी की-बोर्ड (कुंजी पटल) के विकास के लिए शीघ्र कदम उठाए।

4. हिन्दी प्रचार–(क) आयोग की इस सिफारिश से कि यह काम करने की जिम्मेदारी अब सरकार उठाए, समिति सहमत हो गई है। जिन क्षेत्रों में प्रभावी रूप से काम करने वाली गैर-सरकारी संस्थाएँ पहले से ही विद्यमान हैं उनमें उन संस्थाओं को वित्तीय और अन्य प्रकार की सहायता दी जाए और जहाँ ऐसी संस्थाएँ नहीं हैं, वहाँ सरकार आवश्यक संगठन कायम करें।

शिक्षा मंत्रालय इस बात की समीक्षा करें कि हिन्दी प्रचार के लिए जो वर्तमान व्यवस्था है वह कैसी चल रही है। साथ ही वह समिति द्वारा सुझाई गई दिशाओं में आगे कार्रवाई करें।

(ख) शिक्षा मंत्रालय और वैज्ञानिक अनुसंधान और सांस्कृतिक कार्य मंत्रालय परस्पर मिलकर भारतीय भाषाविज्ञान, भाषाशास्त्र और साहित्य सम्बन्धी अध्ययन और अनुसंधान को प्रोत्साहन देने के लिए समिति द्वारा सुझाये गए तरीके से आवश्यक कार्रवाई करें और विभिन्न भारतीय भाषाओं को परस्पर निकट लाने के लिए और अनुच्छेद 351 में दिये गए निदेश के अनुसार हिन्दी का विकास करने के लिए आवश्यक योजना तैयार करें।

5. केन्द्रीय सरकारी विभाग के स्थानीय कार्यालयों के लिए भर्ती–(क) समिति की राय है कि केन्द्रीय सरकारी विभागों के स्थानीय कार्यालय अपने आन्तरिक कामकाज के लिए हिन्दी का प्रयोग करें और जनता के साथ पत्र-व्यवहार में उन प्रदेशों की प्रादेशिक भाषाओं का प्रयोग करें।

अपने स्थानीय कार्यालयों में अंग्रेजी के अतिरिक्त हिन्दी का उत्तरोत्तर अधिक प्रयोग करने के वास्ते योजना तैयार करने में केन्द्रीय सरकारी विभाग इस आवश्यकता को ध्यान में रखें कि यथासम्भव अधिक-से-अधिक मात्रा में प्रादेशिक भाषाओं में फार्म और विभागीय साहित्य उपलब्ध कराकर वहाँ की जनता को पूरी सुविधाएँ प्रदान की जानी चाहिए।

(ख) समिति की राय है कि केन्द्रीय सरकार के प्रशासनिक अभिकरणों और विभागों में कर्मचारियों की वर्तमान व्यवस्था पर पुनर्विचार किया जाए, और कर्मचारियों का प्रादेशिक आधार पर विकेन्द्रीकरण कर दिया जाए; इसके लिए भर्ती के तरीकों और अर्हताओं में उपयुक्त संशोधन करना होगा।

स्थानीय कार्यालयों में जिन कोटियों के पदों पर कार्य करने वालों की बदली मामूली तौर पर प्रदेश के बाहर नहीं होती उन कोटियों के सम्बन्ध में यह सुझाव, कोई अधिवासी सम्बन्धी प्रतिबन्ध लगाए बिना, सिद्धांततः मान लिया जाना चाहिए।

(ग) समिति आयोग की इस सिफारिश से सहमत है कि केन्द्रीय सरकार के लिए यह विहित कर देना न्यायसम्मत होगा कि उसकी नौकरियों में लगने के लिए एक अर्हता यह भी होगी कि उम्मीदवार को हिन्दी भाषा का सम्यक ज्ञान हो। पर ऐसा तभी किया जाना चाहिए जबकि इसके लिए काफी पहले से सूचना दे दी गई हो और भाषा-योग्यता का विहित स्तर मामूली हो और इस बारे में जो भी कमी हो उसे सेवाकालीन प्रशिक्षण द्वारा पूरा किया जा सकता हो।

यह सिफारिश अभी हिन्दी-भाषी क्षेत्रों के केन्द्रीय सरकारी विभागों में ही कार्यान्वित की जाए, हिन्दीतर भाषा-भाषी क्षेत्रों के स्थानीय कार्यालयों में नहीं।

(क), (ख) और (ग) में दिये गये निर्देश भारतीय लेखा परीक्षा और लेखा विभाग के अधीन कार्यालयों के सम्बन्ध में लागू न होंगे।

6. प्रशिक्षण संस्थान–(क) समिति ने यह सुझाव दिया है कि नेशनल डिफेन्स एकेडमी जैसे प्रशिक्षण संस्थानों में शिक्षा का माध्यम अंग्रेजी ही बना रहे किन्तु शिक्षा सम्बन्धी कुछ या सभी प्रयोजनों के लिए माध्यम के रूप में हिन्दी का प्रयोग शुरू

करने के लिए उचित कदम उठाए जाएँ।

रक्षा मंत्रालय अनुदेश पुस्तिकाओं इत्यादि के हिन्दी प्रकाशन आदि के रूप में समुचित प्रारम्भिक कार्रवाई करे, ताकि जहाँ भी व्यवहार्य हो वहाँ शिक्षा के माध्यम के रूप में हिन्दी का प्रयोग सुगम हो जाए।

(ख) समिति ने सुझाव दिया कि प्रशिक्षण संस्थानों में प्रवेश के लिए अंग्रेजी और हिन्दी दोनों ही परीक्षा के माध्यम हों, किन्तु परीक्षार्थियों को यह विकल्प रहे कि वे सब या कुछ परीक्षा-पत्रों के लिए उनमें से किसी एक भाषा को चुन ले और एक विशेष समिति यह जाँच करने के लिए नियुक्त की जाए कि नियत कोटा प्रणाली अपनाए बिना प्रादेशिक भाषाओं का प्रयोग परीक्षा के माध्यम के रूप में कहाँ तक शुरू किया जा सकता है।

रक्षा मंत्रालय को चाहिए कि वह प्रवेश परीक्षाओं में वैकल्पिक माध्यम के रूप में हिन्दी का प्रयोग शुरू करने के लिए आवश्यक कार्रवाई करें और कोई नियत कोटा प्रणाली अपनाए बिना परीक्षा के माध्यम के रूप में प्रादेशिक भाषाओं का प्रयोग आरम्भ करने के प्रश्न पर विचार करने के लिए एक विशेषज्ञ समिति नियुक्त करें।

7. अखिल भारतीय सेवाओं और उच्चतर केन्द्रीय सेवाओं में भर्ती–(क) परीक्षा का माध्यम-समिति की राय है कि (*i*) परीक्षा का माध्यम अंग्रेजी बना रहे और कुछ समय पश्चात हिन्दी वैकल्पिक माध्यम के रूप में अपना ली जाए। उसके बाद जब तक आवश्यक हो अंग्रेजी और हिन्दी दोनों ही परीक्षाओं से विकल्पानुसार परीक्षा के माध्यम के रूप में अपनाने की छूट हो; और (*ii*) किस प्रकार की नियट कोटा प्रणाली अपनाए बिना परीक्षा के माध्यम के रूप में विभिन्न प्रादेशिक भाषाओं का प्रयोग करने की व्यवहार्यता की जाँच करने के लिए एक विशेषज्ञ समिति नियुक्त की जाए।

कुछ समय के पश्चात वैकल्पिक माध्यम के रूप में हिन्दी का प्रयोग शुरू करने के लिए संघ लोक सेवा आयोग के साथ परामर्श करके गृह मंत्रालय आवश्यक कार्रवाई करें। वैकल्पिक माध्यम के रूप में विभिन्न प्रादेशिक भाषाओं का प्रयोग करने से गम्भीर कठिनाइयाँ पैदा होने की सम्भावना है, इसलिए वैकल्पिक माध्यम के रूप में विभिन्न प्रादेशिक भाषाओं का प्रयोग शुरू करने की व्यवहार्यता की जाँच करने के लिए विशेषज्ञ समिति नियुक्त करना आवश्यक नहीं है।

(ख) **भाषा विषयक प्रश्न-पत्र**–समिति की राय है कि सम्यक सूचना के बाद समान स्तर के दो अनिवार्य प्रश्न-पत्र होने चाहिए जिनमें से एक हिन्दी और दूसरा हिन्दी से भिन्न किसी भारतीय भाषा का होना चाहिए और परीक्षार्थी को यह स्वतन्त्रता होनी चाहिए कि वह इनमें से किसी एक को चुन ले।

अभी केवल एक ऐच्छिक हिन्दी परीक्षा-पत्र शुरू किया जाए। प्रतियोगिता के फल पर चुने गये जो परीक्षार्थी इस परीक्षा-पत्र में उत्तीर्ण हो गए हों, उन्हें भर्ती के बाद जो विभागीय हिन्दी परीक्षा देनी होती है, उसमें बैठने और उसमें उत्तीर्ण होने की शर्त से छूट दी जाए।

8. अंक–जैसा कि समिति का सुझाव है, केन्द्रीय मंत्रालयों के हिन्दी प्रकाशनों में अन्तर्राष्ट्रीय अंकों के अतिरिक्त देवनागरी अंकों के सम्बन्ध में एक आधारभूत नीति अपनाई जाए, जिसका निर्धारण इस आधार पर किया जाए कि वे प्रकाशन किस प्रकार की जनता के लिए हैं और उसकी विषयवस्तु क्या है। वैज्ञानिक, औद्योगिकीय और सांख्यिकीय प्रकाशनों में, जिसमें केन्द्रीय सरकार का बजट सम्बन्धी साहित्य भी शामिल है, बराबर अन्तर्राष्ट्रीय अंकों का प्रयोग किया जाए।

9. अधिनियमों, विधेयकों इत्यादि की भाषा–(क) समिति ने राय दी है कि संसदीय विधियाँ अंग्रेजी में बनती रहें किन्तु उनका प्रामाणिक हिन्दी अनुवाद उपलब्ध कराया जाए।

संसदीय विधियाँ अंग्रेजी में बनती रहें पर उनके प्रामाणिक हिन्दी अनुवाद की व्यवस्था करने के वास्ते विधि मंत्रालय आवश्यक विधेयक उचित समय पर पेश करें। संसदीय विधियों का प्रादेशिक भाषाओं में अनुवाद कराने का प्रबन्ध भी विधि मंत्रालय करें।

(ख) समिति ने राय जाहिर की है जहाँ राज्य विधान-मण्डल में पेश किए गए विधेयकों या पास किए गए अधिनियमों का मूल पाठ हिन्दी से भिन्न किसी भाषा में है, वहाँ अनुच्छेद 348 के खण्ड (3) के अनुसार अंग्रेजी अनुवाद के अलावा उसका हिन्दी अनुवाद भी प्रकाशित किया जाए।

राज्य की राजभाषा में पाठ के साथ-साथ राज्य विधेयकों, अधिनियमों और अन्य सांविधिक लिखतों के हिन्दी अनुवाद के प्रकाशन के लिए आवश्यक विधेयक उचित समय पर पेश किया जाए।

10. उच्चतम न्यायालय और उच्च न्यायालय की भाषा–राजभाषा आयोग ने सिफारिश की थी कि जहाँ तक उच्चतम न्यायालय की भाषा का सवाल है उसकी भाषा इस परिवर्तन का समय आने पर अन्ततः हिन्दी होनी चाहिए। समिति ने यह सिफारिश मान ली है।

आयोग ने उच्च न्यायालयों की भाषा के विषय में प्रादेशिक भाषाओं और हिन्दी के पक्ष-विपक्ष में विचार किया और सिफारिश की कि जब भी इस परिवर्तन का समय आए, उच्च न्यायालयों के निर्णयों, आज्ञप्तियों (डिक्रियों) और आदेशों की भाषा सब प्रदेशों में हिन्दी होनी चाहिए, किन्तु समिति की राय है कि राष्ट्रपति की

पूर्व सम्मति से आवश्यक विधेयक पेश करके यह व्यवस्था करने की गुंजाइश रहे कि उच्च न्यायालयों के निर्णयों, आज्ञप्तियों (डिक्रियों) और आदेशों के लिए उच्च न्यायालय में हिन्दी और राज्यों की राजभाषाएँ विकल्पतः प्रयोग में लाई जा सकेंगी।

समिति की यह राय है कि उच्चतम न्यायालय अन्ततः अपना सब काम हिन्दी में करें यह सिद्धान्त रूप में स्वीकार्य है और इसके सम्बन्ध में समुचित कार्रवाई उसी समय अपेक्षित होगी जबकि इस परिवर्तन के लिए समय आ जाएगा।

जैसा कि आयोग की सिफारिश की तरमीम करते हुए समिति ने सुझाव दिया है, उच्च न्यायालयों की भाषा के विषय में यह व्यवस्था करने के लिए आवश्यक विधेयक विधि मंत्रालय उचित समय पर राष्ट्रपति की पूर्व सम्मति से पेश करें कि निर्णयों, आज्ञप्तियों (डिक्रियों) और आदेशों के प्रयोजनों के लिए हिन्दी और राज्यों की राजभाषाओं का प्रयोग विकल्पतः किया जा सकेगा।

11. विधि क्षेत्र में हिन्दी में काम करने के लिए आवश्यक प्रारम्भिक कदम—मानक विधि शब्द कोश तैयार करने, केन्द्र तथा राज्य के विधान निर्माण से सम्बन्धित सांविधिक ग्रन्थ का अधिनियम करने, विधि शब्दावली तैयार करने की योजना बनाने और जिस संक्रमण काल में सांविधिक ग्रन्थ और साथ ही निर्णयविधि अंशतः हिन्दी और अंग्रेजी में होंगे, उस अवधि में प्रारम्भिक कदम उठाने के बारे में आयोग ने जो सिफारिश की थी उन्हें समिति ने मान लिया है। साथ ही समिति ने यह सुझाव भी दिया है कि संविधियों के अनुवाद और विधि शब्दावली तथा कोशों से सम्बन्धित सम्पूर्ण कार्यक्रम की समुचित योजना बनाने और उसे कार्यान्वित करने के लिए भारत की विभिन्न राष्ट्रभाषाओं का प्रतिनिधित्व करने वाले विशेषज्ञों का एक स्थायी आयोग या इस प्रकार कोई उच्च स्तरीय निकाय बनाया जाए। समिति ने यह राय भी जाहिर की है कि राज्य सरकारों को परामर्श दिया जाए कि वे भी केन्द्रीय सरकार से राय लेकर इस सम्बन्ध में आवश्यक कार्रवाई करें।

समिति के सुझाव को दृष्टि में रखकर विधि मंत्रालय (यथासम्भव सब भारतीय भाषाओं में प्रयोग के लिए) सर्वमान्य विधि शब्दावली की तैयारी और संविधियों के हिन्दी में अनुवाद सम्बन्धी पूरे काम के लिए समुचित योजना बनाने और पूरा करने के लिए विधि विशेषज्ञों के एक स्थायी आयोग का निर्माण करें।

12. हिन्दी के प्रगामी प्रयोग के लिए योजना का कार्यक्रम—समिति ने यह सुझाव दिया है कि संघ की राजभाषा के रूप में हिन्दी के प्रगामी प्रयोग की योजना संघ सरकार बनाए और कार्यान्वित करे। संघ के राजकीय प्रयोजनों में से किसी के लिए अंग्रेजी के प्रयोग पर इस समय कोई रोक न लगाई जाए।

तदनुसार गृह मंत्रालय एक योजना कार्यक्रम तैयार करें और उसे अमल में

लाने के सम्बन्ध में आवश्यक कार्रवाई करें। इस योजना का उद्देश्य होगा संघीय प्रशासन में बिना कठिनाई के हिन्दी के प्रगामी प्रयोग के लिए प्रारम्भिक कदम उठाना और संविधान के अनुच्छेद के 343 खण्ड (2) में किए गए उपबंध के अनुसार संघ के विभिन्न कार्यों में अंग्रेजी के साथ-साथ हिन्दी के प्रयोग को बढ़ावा देना, अंग्रेजी के अतिरिक्त हिन्दी का प्रयोग कहाँ तक किया सकता है यह बात इन प्रारम्भिक कार्रवाइयों की सफलता पर बहुत कुछ निर्भर करेगी। इस बीच प्राप्त अनुभव के आधार पर अंग्रेजी के अतिरिक्त हिन्दी के वास्तविक प्रयोग की योजना पर समय-समय पर पुनर्विचार और उसमें हेर-फेर करना होगा।

राजभाषा संकल्प 1968

राजभाषा के रूप में हिन्दी के प्रगामी प्रयोग को सुनिश्चित करने तथा संविधान की अष्टम अनुसूची में उल्लिखित प्रन्द्रह (अब 17) भारतीय भाषाओं के विकास हेतु भारतीय संसद के दोनों सदनों (लोकसभा एवं राज्यसभा) ने दिसम्बर 1967 में एक संकल्प (Resolution) पारित किया जो "राजभाषा संकल्प" के नाम से जाना जाता है। यह संकल्प इस प्रकार है–

1. जबकि संविधान के अनुच्छेद 343 के अनुसार संघ की राजभाषा हिन्दी रहेगी और उसके अनुच्छेद 351 के अनुसार हिन्दी भाषा की प्रसार वृद्धि करना और उसका विकास करना ताकि वह भारत की सामासिक संस्कृति के सब तत्त्वों की अभिव्यक्ति का माध्यम हो सके, संघ का कर्तव्य है;
   यह सभा संकल्प करती है कि हिन्दी के प्रसार एवं विकास की गति बढ़ाने के हेतु तथा संघ के विभिन्न राजकीय प्रयोजनों के लिए उत्तरोत्तर इसके प्रयोग के हेतु भारत सरकार द्वारा एक अधिक गहन एवं व्यापक कार्य तैयार किया जाएगा और उसे कार्यान्वित किया जाएगा और किए जाने वाले उपायों एवं की जाने वाली प्रगति की विस्तृत वार्षिक मूल्यांकन रिपोर्ट संसद की दोनों सभाओं के पटल पर रखी जाएगी, और सब राज्य सरकारों को भेजी जाएगी;
2. जबकि संविधान की आठवीं अनुसूची में हिन्दी के अतिरिक्त भारत की 14 मुख्य भाषाओं का उल्लेख किया गया है, और देश की शैक्षणिक एवं सांस्कृतिक उन्नति के लिए यह आवश्यक है कि इन भाषाओं के पूर्ण विकास के हेतु सामूहिक उपाय किए जाने चाहिए;
   यह सभा संकल्प करती है कि हिन्दी के साथ-साथ इन सब भाषाओं के समन्वित विकास के हेतु भारत सरकार द्वारा राज्य सरकारों के सहयोग से एक कार्यक्रम तैयार किया जाएगा और उसे कार्यान्वित किया जाएगा ताकि वे शीघ्र समृद्ध हों और आधुनिक ज्ञान के संचार का प्रभावी माध्यम बनें;

भारतीय संसद का संकल्प

संसद के दोनों सदनों द्वारा 18 जनवरी, 1968 को लिए गए संकल्प की मुख्य बातें

- देवनागरी लिपि में लिखी हिन्दी राजभाषा
- वार्षिक मूल्यांकन रिपोर्ट को संसद के समक्ष प्रस्तुत करना
- संविधान की अष्टम अनुसूची में उल्लिखित भाषाओं का विकास किया जाना
- संघ लोक सेवा आयोग की परीक्षाओं में हिन्दी एक विषय के रूप में शामिल करना
- संघ लोक सेवा आयोग तथा अन्य परीक्षाओं का माध्यम हिन्दी या क्षेत्रीय भाषाएँ होना तथा वैकल्पिक माध्यम के रूप में अंग्रेजी का प्रयोग जारी रहना

3. जबकि एकता की भावना के संवर्धन तथा देश के विभिन्न भागों में जनता में संचार की सुविधा के हेतु यह आवश्यक है कि भारत सरकार द्वारा राज्य सरकारों के परामर्श से तैयार किये गये त्रै-भाषा सूत्र को सभी राज्यों में पूर्णतः कार्यान्वित करने के लिए प्रभावी उपाय किये जाने चाहिए;

यह सभा संकल्प करती है कि हिन्दी-भाषी क्षेत्रों में, हिन्दी तथा अंग्रेजी के अतिरिक्त एक आधुनिक भारतीय भाषा के दक्षिण भारत की भाषाओं में से किसी एक को तरजीह देते हुए और अहिन्द-भाषी क्षेत्रों में प्रादेशिक भाषाओं एवं अंग्रेजी के साथ-साथ हिन्दी के अध्ययन के लिए उस सूत्र के अनुसार प्रबन्ध किया जाना चाहिए;

4. और जबकि यह सुनिश्चित करना आवश्यक है कि संघ की लोक सेवाओं के विषय में देश के विभिन्न भागों के लोगों के न्यायोचित दावों और हितों का पूर्ण परित्राण किया जाए;

यह सभा संकल्प करती है—

(क) कि उन विशेष सेवाओं अथवा पदों को छोड़कर जिनके लिए ऐसी किसी सेवा अथवा पद के कर्तव्यों के संतोषजनक निष्पादन के हेतु केवल अंग्रेजी अथवा केवल हिन्दी अथवा दोनों जैसी कि स्थिति हो, का उच्च-स्तर का ज्ञान आवश्यक समझा जाए, संघ सेवाओं अथवा पदों के लिए भर्ती करने के हेतु उम्मीदवारों के चयन के समय हिन्दी अथवा अंग्रेजी में से किसी एक का ज्ञान अनिवार्यतः अपेक्षित होगा; और

(ख) कि परीक्षाओं का भावी योजना, प्रक्रिया सम्बन्धी पहलुओं एवं समय के विषय के संघ लोक सेवा आयोग के विचार जानने के पश्चात अखिल भारतीय एवं उच्चतर केन्द्रीय सेवाओं सम्बन्धी परीक्षाओं के लिए संविधान की आठवीं अनुसूची में सम्मिलित सभी भाषाओं तथा अंग्रेजी को वैकल्पिक माध्यम के रूप में रखने की अनुमति होगी।

प्रकरण 7

सरकारी कार्यालयों में प्रयुक्त हिन्दी

प्रयोजनमूलक हिन्दी के मुख्य प्रयोग क्षेत्र के रूप में केन्द्रीय सरकार के कार्यालय में कानूनी प्रावधानों के अनुपालन के अनुसरण में प्रयुक्त हिन्दी का स्थान महत्त्वपूर्ण माना जा सकता है। सरकारी कामकाज का विभिन्न मंत्रालयों, विभागों, संस्थानों, बैंकों तथा अन्य सम्बन्धित कार्यालयों को व्याप्ति की दृष्टिगत रखते हुए आवश्यक है कि यह पहले निर्धारित कर लिया जाए कि केन्द्रीय सरकार के कार्यालय के अन्तर्गत कौन से कार्यालय आयेंगे।

केन्द्रीय सरकारी कार्यालय–व्याख्या

कानूनी तौर पर राजभाषा नियम 1976 के अंतर्गत किये गये प्रावधानों के अनुसार केन्द्रीय सरकार के कार्यालय की व्याख्या स्पष्ट की गई है। राजभाषा नियम 1976 के नियम 2 (ख) के अनुसार केन्द्रीय सरकार का कोई मंत्रालय या विभाग या कार्यालय तथा केन्द्रीय सरकार द्वारा नियुक्त किसी आयोग, समिति या अभिकरण का कोई कार्यालय और केन्द्रीय सरकार के स्वामित्व में के या नियन्त्रण के अधीन किसी निगम या कम्पनी का कोई कार्यालय आदि केन्द्रीय सरकार के कार्यालय के अन्तर्गत आते हैं।

इसीलिए राजभाषा अधिनियम तथा राजभाषा नियम सभी सरकारी उपक्रमों, संस्थानों, नियमों और भारतीय रिजर्व बैंक, राष्ट्रीय कृषि और ग्रामीण विकास बैंक, भारतीय औद्योगिक विकास बैंक समेत सभी राष्ट्रीयकृत बैंकों एवं वित्तीय संस्थाओं को इसी प्रकार लागू होते हैं जिस प्रकार केन्द्रीय सरकार के अन्य कार्यालयों पर लागू होते हैं। संघ की राजभाषा नीति उक्त सभी कार्यालयों पर समान रूप से लागू होती है। इसकी पुष्टी राजभाषा विभाग (गृह मंत्रालय) भारत सरकार ने भी का.ज्ञा. संख्या 12027/77/88-रा. भा. (ख-2) दिनांक 6.08.1987 के अनुसार की है।

सरकारी कार्य-प्रणाली

केन्द्रीय सरकार के सभी मंत्रालयों, सचिवालयों, विभागों तथा उनके अधीन सभी कार्यालयों की कार्य-प्रणाली लगभग एक-सी होती है। परन्तु सरकारी नियन्त्रण के बैंकों, निगमों, संस्थानों तथा कम्पनियों आदि की कार्य-पद्धति भिन्न-भिन्न हो सकती है। सरकारी कार्यालयों में टिप्पण-लेखन एवं मसौदा-लेखन को अत्यधिक प्रधानता प्राप्त है, किन्तु सरकारी क्षेत्र के बैंकों, निगमों, संस्थानों तथा कम्पनियों आदि के कार्यालयों में टिप्पण तथा मसौदा-लेखन का स्थान गौण माना जा सकता है।

भारतीय शासन प्रणाली में राष्ट्रपति और प्रधानमंत्री का स्थान अपनी-अपनी व्यवस्था में सर्वोपरि होता है। राष्ट्रपति संघ का कार्यकारी प्रमुख होता है। प्रधानमंत्री मंत्रिपरिषद (Council of Ministers) का अध्यक्ष होता है। केन्द्रीय सरकार का कार्यालयीन कामकाज विभिन्न मंत्रालयों के माध्यम से किया जाता है। कैबिनेट मंत्री (Cabinet Minister) सम्बन्धित मंत्रालय प्रमुख होता है जिसकी सहायता राज्य मंत्री (Minister of State) अथवा उपमंत्री (Deputy Minister) करते हैं। भारतीय सं. विधान के अनुच्छेद 77 (3) के अधीन मंत्रिपरिषद के मंत्रियों के माध्यम से सरकारी कार्य को सुचारु रूप से चलाने एवं शासन की सुविधा हेतु 'कार्यसंचालन नियमावली' (Rules of Business) बनाई गई है। प्रत्येक मंत्रालय के अधीन विशिष्ट कार्य सौंपा जाता है। सरकार की नीति के निर्धारण, कार्यान्वयन तथा समीक्षण आदि के लिए सम्बन्धित मंत्रालय उत्तरदायी होता है। प्रधानमंत्री की सलाह पर विभिन्न मंत्रालयों के कार्य का आबंटन भारत के राष्ट्रपति करते हैं। प्रत्येक मंत्रालय का कामकाज केबिनेट मंत्री, राज्यमंत्री या उपमंत्री, सचिव, उपसचिव, संयुक्त सचिव, विभागप्रमुख निदेशक तथा वरिष्ठ अधिकारी आदि की सहायता से सम्पन्न किया जाता है। सरकारी क्षेत्र के निगमों, बैंकों, उद्यमों तथा कम्पनियों की कार्य-प्रणाली शासकीय कार्य-पद्धति से भिन्न होती है। इनमें कार्यालय या निगम अथवा कम्पनी के प्रमुख के रूप में अध्यक्ष एवं निदेशक (Chairman and Managing Director) कार्य करता है जिसकी सहायता कार्यकारी या कार्यपालक निदेशक, निदेशक, महाप्रबंधक, उपमहाप्रबंधक, आंचलिक प्रबंधक, क्षेत्रीय प्रबंधक तथा अन्य वरिष्ठ अधिकारी करते हैं।

सचिवालय कार्य-पद्धति

केन्द्रीय सरकार के विभिन्न मंत्रालयों के प्रशासन की महत्त्वपूर्ण कड़ी उनके सचिवालय होते हैं जिनके माध्यम से सरकारी कामकाज का सूत्र-संचालन किया जाता है। केन्द्रीय सरकार के प्रत्येक मंत्रालय, विभाग अथवा प्रधान कार्यालय में एक केन्द्रीय पंजीकरण अनुभाग (Central Registry Section) होता है जो बाहर के स्थानों से आई डाक को प्राप्त कर उचित कार्यवाही करता है। गोपनीय (Confidential या Secret) और परम गोपनीय (Top Secret) अंकित पत्रों को छोड़कर शेष सभी बंद

लिफाफों के पत्रों को प्राप्ति लिपिक (Recieving Clerk) खोलता है। कार्यालय में प्राप्त सभी पात्रों पर पत्र प्राप्त होने की तिथि की तारीख-मुहर लगाई जाती है, तत्पश्चात विभिन्न अनुभागों के अनुसार पत्रों की छंटनी कर दी जाती है। पत्रों की छंटनी होने के बाद पत्रों को आवक रजिस्टर (Inward Register) में दर्ज कर लिया जाता है। आवक रजिस्टर में केवल निम्न प्रकार की डाक दर्ज की जाती हैं :

(अ) डाक से प्राप्त पंजीकृत पत्र,

(आ) न्यायालयों से प्राप्त समन, करार, सेवा पंजी और अन्य महत्त्वपूर्ण कागजात,

(इ) गोपनीय पत्र, महत्त्वपूर्ण पत्र, परम गुप्त पत्र आदि वर्गीकृत डाक,

(ई) सभी प्रकार के तार,

(उ) अनौपचारिक फाइलें।

इस प्रकार पूरी डाक आवक रजिस्टर में दर्ज करने के बाद विभिन्न अनुभागों, कक्षों प्रभागों आदि को सम्बन्धित डाक भेज दी जाती है।

अनुभागों में प्राप्त हुई डाक को दैनिकी लिपिकी (Diarist) अपने अनुभाग अधिकारी (Section Officer) के पास अवलोकनार्थ रख देता है। सभी प्राप्त पत्रों पर आवश्यक कार्रवाई हेतु अनुभाग अधिकारी विशिष्ट सहायकों के नाम अंकित कर देता है। इस प्रकार अंकित पत्र अनुभाग की डायरी में दर्ज करके सम्बन्धित सहायकों (Assistants) को सौंपे जाते हैं। सरकारी अनुभागों में प्राप्त पत्रों को दो भागों में विभाजित कर सकते हैं–ऐसे पत्र जिनका निपटान अनुभाग अधिकारी द्वारा ही कर दिया जाता है। ये ऐसे पत्र होते हैं जो सामान्य प्रकृति के होने के साथ-साथ जिनका मकसद मात्र सूचना देना या अवलोकन ही होता है–इन्हें तुरन्त निपटा लिया जाता है। ऐसे पत्रों पर कोई विशेष निर्णय लेना नहीं होता और न ही उनके द्वारा नीति निर्धारित की जाती है। दूसरे पत्र विशिष्ट प्रकृति के होते हैं, जिन पर निर्णय लेना आवश्यक हो जाता है। ऐसे महत्त्वपूर्ण पत्रों को सम्बन्धित सहायक फाइल में विशेष नोट लिखकर प्रस्तुत करता है जिस पर अनुभाग अधिकारी अपने सुझाव लिखित रूप में देकर पत्र को उच्च अधिकारी अथवा सचिव आदि के पास निर्णयार्थ भेज देते हैं। सम्बन्धित मामले पर विचार करके सचिव अपनी सहमति अथवा असहमति प्रकट करते हैं। यदि मामला बहुत ही गम्भीर प्रकृति का, नीति-विषयक निर्णय लेने सम्बन्धी अथवा बड़ी लागत वाली परियोजनाओं का कार्यान्वयन, मंजूरी आदि का हो तो सम्बन्धित मंत्री की अनुमति प्राप्त करना बहुत आवश्यक होता है। यदि इस प्रकार का कोई मामला हो तो सम्बन्धित सचिव पत्र के साथ फाइल में उस मामले से सम्बन्धी जानकारी की आधिकारिक स्वतन्त्र टिप्पणी भी रखता है जिस पर विचार करके मंत्री अपना निर्णय देते हैं। इस प्रकार सामान्यता सचिवालय में प्राप्त पत्रादि के बारे में कार्रवाई की जाती है और उचित निर्णय लिया जाकर

मामलों का निपटान किया जाता है। सचिवालय में सामान्यता सचिव ही प्रमुख प्रशासनिक अधिकारी होता है। सचिव के अतिरिक्त संयुक्त सचिव, उपसचिव, अवर सचिव (Under Secretary), अनुभाग अधिकारी, सुपरिटेंडेंट, सहायक, उच्चश्रेणी लिपिक (Upper Division Clerk), निम्नश्रेणी लिपिक (Lower Division Clerk), निजी सचिव (Personal Secretary), वैयक्तिक सहायक (Personal assistant), आशुलिपिक तथा टंकक आदि अधिकारी-कर्मचारी होते हैं जो नेमी सरकारी कामकाज का निष्पादन करते हैं। केन्द्रीय सरकार के विभिन्न मंत्रालयों के अंतर्गत विभागों तथा अन्य कार्यालयों में महानिदेशक (Director General), निदेशक, उपनिदेशक, सहायक निदेशक, अधीक्षक, वरिष्ठ अधिकारी, पर्यवेक्षक (Supervisor), प्रधान लिपिक (Head Clerk), दफ्तरी, टेलीफोन परिचालक, अनुवादक आदि पदाधिकारी तथा कर्मचारी अपना नियत कामकाज करते हैं।

(क) कार्यालयी में टिप्पण और मसौदा लेखन
(Noting and Drafting)

सरकारी कार्यालय तथा सरकार के अधीन निगम, संस्थान, कम्पनी प्रतिष्ठान, बैंक आदि सभी में टिप्पण तथा मसौदा लेखन (Noting and Drafting) का प्रयोग आमतौर पर किया जाता है। किन्तु सरकार के मंत्रालयों, विभागों और कार्यालयों में टिप्पण तथा मसौदा लेखन को अत्यधिक अहमियत दी जाती है क्योंकि इन सरकारी कार्यालयों में फाइलों का प्रचलन अधिक मात्रा में है। कार्यालय में पत्र आने के पश्चात उसके निपटान तक उसे एक विशिष्ट पद्धति के अनुसार विशिष्ट प्रक्रिया से गुजरना पड़ता है। यथा–आवतियों (Inwards) पर कार्रवाई मंत्रालय के नाम आये हुए सभी पत्रादि, जिनमें कार्यालय की भाषा में 'आवतियाँ' कहते हैं, मंत्रालय की केन्द्रीय रजिस्ट्री में आते हैं और तब वे अलग-अलग अनुभागों में बाँट दिये जाते हैं। जहाँ तक हो सके रजिस्ट्री कहीं ऐसी जगह होती है जहाँ से वह सभी अनुभागों का काम समान रूप से जल्दी-जल्दी और अच्छी तरह कर सके।

मंत्रालय/कार्यालय के पते पर दस्ती तौर पर या डाक से आए हुए सभी पत्रादि, जिनमें सारी रजिस्ट्री की गई अथवा बीमा की गई चीजें भी शामिल हैं, कार्यालय-समय में आवर्ती क्लर्क द्वारा लिए जाते हैं। किसी अधिकारी के नाम से दस्ती तौर पर लाए गए पत्रादि या तो वह अधिकारी स्वयं लेता है या उसकी ओर से उसका व्यक्तिगत सहायक या आशुलिपिक लेता है। प्रत्येक अधिकारी से यह आशा की जाती है कि यदि वह दौरे या छुट्टी पर जाए तो अपनी अनुपस्थिति में आवतियों को लेने और उन पर कार्रवाई करने का भी कोई प्रबंध कर जाए। यदि वह इस प्रकार का कोई प्रबंध न करे तो उनके नाम आए हुए पत्रादि आवती-क्लर्क लेता है और उसकी पावती देता है। क्लर्क पत्रादि को उस अधिकारी के पास भेज

देता है जो अनुपस्थित अधिकारी की जगह काम कर रहा हो। मंत्री के नाम आए हुए पत्रादि को उसका निजी सचिव, वैयक्तिक सहायक या उनका कोई वैयक्तिक अनुभाग हो तो वह लेता है।

डाक खोलना–(*i*) साधारण डाक द्वारा किसी अधिकारी के नाम से आने वाले लिफाफे बिना खोले ही तुरन्त भेज दिए जाते हैं। यदि वह अधिकारी दौरे या छुट्टी पर होने के कारण अनुपस्थित हो, तो ऐसे बन्द लिफाफे उस अधिकारी को भेज दिए जाते हैं जो अनुपस्थित अधिकारी का काम देख रहा हो।

(*ii*) 'गुप्त' अथवा 'परम गुप्त' अंकित बन्द्र लिफाफे, जो किसी अधिकारी के नाम से नहीं आए हों, ऐसे अधिकारी के पास भेज दिए जाते हैं जिसे इस तरह के पत्रादि लेने और खोलने का प्राधिकारी हो। वह सुरक्षा अनुदेशों के अनुसार उन पर कार्रवाई करता है।

(*iii*) दूसरे सभी बन्द लिफाफे आवती-क्लर्क खोलता है और जहाँ तक सम्भव होगा उनके साथ भेजे गए कागजों की भी जाँच करता है और यदि साथ का कोई कागज़ उनमें न हो तो उसका उल्लेख भी कर देता है।

आवतियों पर मोहर लगाना, नाम डालना और छाँटना–प्रत्येक आवती पर तारीख-मोहर लगाई जाती है। तब आवतियों को अनुभाग-वार छाँटा जाता है। आवतियों के वितरण में मदद करने के लिए प्रत्येक अनुभाग में होने वाले काम के विषय की वर्णानुक्रम सूची आवती-क्लर्क को दी जाती है और मंत्रालय का प्रशासन अनुभाग समय-समय पर आवश्यक संशोधन करके उसे आज तक का (up to date) बनाता रहता है। यदि किसी आवती के ठीक-ठीक वितरण के विषय में कठिनाई या संशय हो तो आवती-क्लर्क अपने अनुभाग अधिकारी या शाखा अधिकारी से सलाह ले लेता है और उस पर कार्रवाई करता है।

इसके बाद आवतियों को रजिस्ट्री करने और वितरण के लिए रजिस्ट्री-क्लर्क अथवा क्लर्कों को दे दी जाती है। पत्रों के अलावा तारों को और 'तत्काल' तथा 'प्राथमिक' अंकित आवतियों को बाकी डाक से अलग कर लिया जाता है और उन पर पहले कार्रवाई की जाती है।

केन्द्रीय रजिस्ट्री में डाक की रजिस्ट्री करना–(1) रजिस्ट्री क्लर्क केवल नीचे दी गई श्रेणी की आवतियों को ही आवती रजिस्टर परिशिष्ट 1 (1) में दर्ज करता है–

(*i*) तार,

(*ii*) डाक से आए हुए रजिस्ट्री पत्र,

(*iii*) अशासनिक फाइलें,

(*iv*) वर्गीकृत (जैसे परम गुप्त, गुप्त और गोपनीय) कागजात (केवल अन्दर के लिफाफे),

(*v*) अदालती समन और ऐसी आवतियाँ, जिनके साथ महत्त्वपूर्ण कागजात भेजे

गए हों, जैसे, सेवापंजी, करार इत्यादि।

आवती पर लगी मोहर में छोड़े गए स्थान पर ही के.र.सं. (केन्द्रीय रजिस्ट्री संख्या) लिखी जाती है और प्रत्येक दिन के आरम्भ में कार्यालय में आए पत्रादि की प्राप्ति की तारीख रजिस्टर के पन्ने पर बीच में लाल स्याही से लिखी जाती है।

कार्यालय में रखे जाने वाले आवती रजिस्टरों की संख्या उस कार्यालय की सुविधा और कार्य की मात्रा के अनुसार निश्चित की जाती है। आमतौर पर इनकी संख्या रजिस्ट्री क्लर्कों की संख्या के बराबर होती है, अर्थात प्रत्येक रजिस्ट्री-क्लर्क के लिए एक रजिस्टर होता है और प्रत्येक क्लर्क के लिए अनुभागों की संख्या नियत होती है।

'गुप्त' और 'परम गुप्त' अंकित लिफाफे उसी अधिकारी के पास भेजे जाते हैं, जिसे उनको खोलने का प्राधिकारी हो। वह उन पर तारीख मोहर लगाता है और एक अलग आवती रजिस्टर में दर्ज करता है।

विभागों एवं अनुभागों में डाक का वितरण–इसके बाद रजिस्ट्री क्लर्क, जिन आवतियों को उसने दर्ज किया है केवल उन आवतियों का, निर्धारित फार्म पर प्रत्येक अनुभाग के लिए अलग-अलग दो प्रतियों में बीजक तैयार करता है और सारी आवतियों को (उन आवतियों को भी जो केन्द्रीय रजिस्ट्री में दर्ज नहीं की गई है) बीजक और दो प्रतियों के साथ सम्बन्धित अनुभाग के पास भेज देता है जहाँ का डायरीकार क्लर्क उन्हें ले लेता है। डायरीकार बीजक पर दी गई और आवती पर लिखी हुई के.र.सं. को मिलाकर जाँच करता है और बीजक की दूसरी प्रति पर हस्ताक्षर करके लौटा देता है। केन्द्रीय रजिस्ट्री में बीजक की दूसरी प्रतियों की जाँच की जाती है। फिर उन्हें तारीख के क्रम से फाइल कर दिया जाता है और हर महीने के अन्त में उनको एक साथ जिल्द में बाँध दिया जाता है। अनुभागों में नियमित समय पर दिन में दो-तीन बार आवश्कतानुसार डाक भेजी जाती है। परन्तु तार अथवा 'तत्काल' या 'प्राथमिकता' अंकित अन्य आवतियाँ प्राप्त होते ही सम्बन्धित अनुभागों में भेज दी जाती हैं ताकि उन पर अगली अत्यावश्यक कार्यवाही समय पर की जा सके।

डाक देखना

केन्द्रीय रजिस्ट्री से डाक मिलते ही डायरी कार सभी आवतियाँ अनुभाग अधिकारी की मेज़ पर डाक-ट्रे में रख देता है, तब अनुभाग अधिकारी आवतियों को पढ़कर उन पत्रों को चुनता है, जिन्हें अधिकारी या उच्चतर अधिकारियों को डाक आते ही देखना चाहिए और जिन अधिकारियों के पास उन्हें देखने के लिए भेजना हो उनके पदनाम लिख देता है। दूसरी आवतियाँ सम्बन्धित सहायकों (Dealing Assistant) को अंकित कर देता है और डायरीकार (क्लर्क) को सारी डाक वापस भेज देता है।

आवतियों को डायरी करना

इसके बाद डायरीकार डायरी करता है अर्थात सम्बन्धित अनुभाग डायरी में आवतियों को दर्ज करता है। पत्रादि के दर्ज करने की तारीख प्रतिदिन आरम्भ में ही अनुभाग डायरी के पृष्ठ के बीच में लिख दी जाती है। यदि भूल से किसी दूसरे अनुभाग से सम्बन्धित आवतियाँ किसी अनुभाग में आ जाएँ तो उन्हें वहाँ डायरी नहीं किया जाता और शीघ्र ही केन्द्रीय रजिस्ट्री में लौटा दिया जाता है ताकि वे फिर सम्बन्धित अनुभाग में भेजी जा सके।

गोपनीय आवतियाँ तो अनुभाग डायरी में दर्ज की जा सकती है किन्तु गुप्त आवतियाँ एक अलग डायरी में उसी तरह दर्ज की जाती हैं, जिस तरह अनुभाग अधिकारी को अनुभाग-डायरी में दर्ज की जाती है। 'गुप्त' कहे जाने वाले अनुभाग में गुप्त और अन्य प्रकार की आवतियों के लिए एक ही अनुभाग डायरी होती है।

इस प्रकार, डायरी करने के बाद डाक कार्यालय अधीक्षक अथवा अनुभाग अधिकारी के माध्यम से सम्बन्धित अधिकारी और आवश्यकतानुसार उच्चाधिकारी, उप सचिव, संयुक्त सचिव तथा सचिव आदि के पास जाती है। इस प्रक्रिया से गुजरते हुए प्रत्येक सम्बन्धित पदाधिकारी उस पर अपनी टिप्पणी (Noting) लिखते हैं और अगली कार्रवाई हेतु उच्चाधिकारी को अग्रेषित करते हैं। सक्षम अधिकारी मामले पर निर्णय लेते हैं और इस तरह उक्त (आवतियाँ) पर कार्रवाई पूर्ण होती है।

(अ) टिप्पणी लेखन (Noting)

व्याख्या–सरकारी कार्यप्रणाली में विचाराधीन कागज या मामले के बारे में उनके निपटान हेतु सुझाव या निर्णय देने के परिणामस्वरूप जो अभ्युक्तियाँ (Remarks) फाइल पर लिखी जाती है, उन्हें टिप्पण या टिप्पणी (Noting) कहते हैं।

अर्थात आवतियों अथवा विचाराधीन मामलों के बारे में संक्षेप में महत्त्वपूर्ण बातों को लिखित रूप में उल्लिखित करना। सरकारी कार्यालयों में पत्र-विशेष के निपटान के लिए उस पर सहायकों से लेकर आवश्यकतानुसार सचिव, मंत्री या प्रधानमंत्री तक जो संक्षिप्त मंतव्य लिखा जाता है उसे टिप्पण अथवा टिप्पणी (Noting) कहा जाता है। टिप्पणी में सन्दर्भ के रूप में पूर्ववर्ती पत्रों का सार, निर्णय आदि हेतु प्रश्न तथा विवरणादि सब कुछ अंकित किया जाता है। वास्तव में सभी प्रकार की टिप्पणियाँ सम्बन्धित कर्मचारी-अधिकारियों द्वारा विचाराधीन मामले के कागज पर लिखी जाती है। कार्यालयीन आवश्यकता के अनुसार अत्याधिक महत्त्व प्राप्त मामलों में अनुभाग अधिकारी आदि के स्तर से टिप्पणी आरम्भ होती है अन्यथा मामले के स्वरूप के अनुसार परम्परागत रूप से टिप्पणी लिपिक अथवा सहायक (Assistant) के स्तर में शुरू की जाती है। मंत्री, प्रधानमंत्री अथवा राष्ट्रपति आदि के द्वारा लिखी गई विशेष टिप्पणियाँ 'मिनट' (Minute) कही जाती है।

टिप्पण प्रक्रिया

कार्यालयीन टिप्पण में निम्नलिखित बातों का सामान्यतः समावेश रहता है—

(क) पूर्ववर्ती पत्र का सार-संक्षेप

(ख) मामले का विश्लेषण

(ग) अनुवर्ती कार्यवाही के बारे में सुझाव तथा

(घ) निर्णय के लिए अभिमत।

टिप्पण लेखन की प्रक्रिया सरकारी कार्यालयों में कुछ इस प्रकार की होती है—

(*i*) कार्यालय का लिपिक अथवा सहायक प्राप्त पत्र पर टिप्पण लिखता है।

(*ii*) कार्यालय का अधीक्षक अथवा अनुभाग अधिकारी उक्त टिप्पण को पढ़कर उस पर हस्ताक्षर करता है। सहायक द्वारा लिखे गए पूर्ववर्ती टिप्पण पर अपना मत या विचार व्यक्त करना चाहे तो अपनी टिप्पणी के साथ अवर सचिव को प्रस्तुत करता है।

(*iii*) पूर्व प्रक्रिया के अनुसार अवर सचिव (Under Secretary) को अपने विचारों के टिप्पण के अनुसार उसे उपसचिव के पास प्रस्तुत करता है। यदि विचाराधीन मामला उपसचिव (Deputy Secretary) के स्तर पर निपटाया जा सकता है तो वह आवश्यक आदेश देकर उस पर हस्ताक्षर करता है और इस प्रकार मामले का निपटान हो जाता है।

(*iv*) यदि मामला अधिक महत्त्वपूर्ण और गम्भीर है तो उपसचिव उस पर अपनी टिप्पणी देकर उसे आवश्यक कार्यवाही हेतु संयुक्त सचिव (Joint Secretary) या अपर सचिव को भेज देता है।

(*v*) संयुक्त सचिव अथवा सचिव के स्तर पर यदि मामले का निपटान न होता हो तब आवश्यक टिप्पणियों के बाद मामला आवश्यक निर्णय लेने हेतु सम्बन्धित मंत्री अथवा प्रधानमंत्री आदि के पास भेज दिया जाता है। इस प्रकार कुछ महत्त्वपूर्ण मामलों का निपटान उच्च स्तर पर किया जाता है।

टिप्पण के प्रकार

कार्यालयों में टिप्पणी का उपयोग अनेक स्तरों पर किया जाता है। मामलों का स्वरूप, अधिकार की स्थिति तथा कार्यालय की आवश्यकतानुसार अनेक प्रकार की टिप्पणियाँ लिखी जाती हैं, जिनमें प्रमुख हैं—नेमी टिप्पण, सामान्य टिप्पण, अनुभागीय टिप्पण, सम्पूर्ण टिप्पण, सूक्ष्म टिप्पण तथा अनौपचारिक टिप्पण आदि।

नेमी टिप्पण—कार्यालयीन कामकाज के एक भाग के रूप में नेमी टिप्पण लिखे जाते हैं। ये टिप्पण रोजमर्रा के कार्य का एक अंग होने के कारण संक्षिप्त रूप में छोटी-छोटी बातों के लिए लिखे जाते हैं। इनका महत्त्व केवल कार्यालयीन अभिलेख और औपचारिकता के निर्वाह तक ही सीमित होता है।

सामान्य टिप्पण–सरकारी कार्यालयों में जो पत्र/मामले पहली बार प्राप्त होते हैं, उन्हें प्रस्तुत करने की एक प्रक्रिया के रूप में जो टिप्पण लिखे जाते हैं, उन्हें सामान्य टिप्पण कहते हैं। ऐसे टिप्पणों में पत्र का पूर्ववर्ती सन्दर्भ अथवा प्रसंग का उल्लेख नहीं होगा।

अनुभागीय टिप्पण–इसे विभागीय टिप्पण भी कहा जाता है। कुछ मामलों पर सरकारी आवश्यकता के अनुसार विभिन्न विभागों अथवा अनुभावों से अनुदेश प्राप्त करना जरूरी होता है। ऐसी स्थिति में मामलों के स्वरूप के अनुसार टिप्पण कर्ताओं को प्रत्येक मामले पर स्वतन्त्र टिप्पण लिखना आवश्यक होता है और वे ऐसे स्वतन्त्र टिप्पणों पर अलग से अनुदेश प्राप्त करते हैं। इस प्रकार के टिप्पणों को विभागीय अथवा अनुभागीय टिप्पण कहते हैं।

सम्पूर्ण टिप्पण–विस्तृत टिप्पणों को सम्पूर्ण टिप्पण कहा जाता है। कार्यालयों में बहुत बार मामलों की गम्भीरता को ध्यान में रखते हुए उनके पूरे इतिवृत्त, तर्कवितर्क, प्रसंग आदि को समग्र रूप से फाइल में रखना होता है ताकि उसके आधार पर उच्चाधिकारी उचित निर्णय लेकर आदेश जारी कर सके। इस प्रक्रिया में टिप्पण में सम्पूर्ण इतिवृत्ति के साथ-साथ पूर्व संदर्भ, पूर्ववर्ती फाइलों के संदर्भ, पुराने फैसले आदि भी देने होते हैं। इस प्रकार मामले के बारे में पूरे अध्ययन के साथ विश्लेषणात्मक पद्धति से जो टिप्पण लिखा जाता है उसे सम्पूर्ण टिप्पण या समग्र टिप्पण कहते हैं।

सूक्ष्म टिप्पण–सूक्ष्म टिप्पण अत्यंत संक्षिप्त रूप में लिखे जाते हैं। कुछ पत्रों पर अनुभाग अधिकारी अथवा सम्बन्धित अधिकारी पत्र के हाशिये पर बाईं ओर निर्देश देता है जो सामान्यतया संक्षिप्त वाक्यों के रूप में होता है उसे ही सूक्ष्म टिप्पण कहा जाता है। सूक्ष्म टिप्पण में सामान्यतः 'सम्मति हेतु', 'स्वीकृति के लिए', 'अवलोकनार्थ' आदि वाक्य लिखे जाते हैं। बाद में सम्बन्धित फाइल वरिष्ठ अधिकारी के पास आवश्यक कार्यवाही हेतु भेज देने पर वह अधिकारी भी सूक्ष्म टिप्पण के रूप में 'स्वीकृत', 'अनुमोदित', 'देख लिया, ठीक है', 'मैं सहमत हूँ' आदि वाक्य लिखता है।

अनौपचारिक टिप्पण–एक कार्यालय से किसी दूसरे कार्यालय अथवा एक मंत्रालय से दूसरे मंत्रालय को कुछ कार्यालयीन जानकारी देने के लिए अनौपचारिक टिप्पण सीधे भेजे जाते हैं। अनौपचारिक टिप्पण में सभी कार्यालयीन नियमों तथा शर्तों आदि का सही-सही अनुपालन नहीं किया जाता है। इन टिप्पणों के उत्तर में जो टिप्पणादि प्राप्त होते हैं, उनका स्वरूप भी अनौपचारिक टिप्पण का ही होता है।

हिन्दी टिप्पण सम्बन्धी महत्त्वपूर्ण बातें

संक्षिप्तता–टिप्पण का उद्देश्य ही कम-से-कम शब्दों में अधिक-से-अधिक आशय व्यक्त करना होता है। अतः टिप्पण संक्षिप्त तथा सुस्पष्ट होना चाहिए।

अधिकारियों के पास समय की कमी रहती है और इस बात को ध्यान में रखकर आवश्यक हो उन बातों को ही सीधे ढंग से प्रस्तुत किया जाना चाहिए ताकि पढ़ने वालों को अपना निर्णय तुरन्त देने में कठिनाई महसूस न हो।

भाषा–टिप्पण की भाषा सुस्पष्ट हो और उसमें वर्णनात्मकता के बजाय भावों को अभिव्यक्ति देने की तीव्र शक्ति हो। सम्प्रेषण का उचित माध्यम भाषा को बनाया जाना चाहिए। टिप्पणी में कहावतों तथा मुहावरों का प्रयोग न करके विचारों तथा तथ्यों को वास्तविक रूप में प्रस्तुत किया जाना चाहिए। टिप्पण में ऐसे शब्दों का इस्तेमाल भी नहीं करना चाहिए जिसे कि अर्थ-विषयक भ्रम पैदा हो। टिप्पण की भाषा सरल, स्पष्ट तथा संयत होनी चाहिए।

क्रमबद्धता–टिप्पण लिखते समय विषय या तथ्यों को असम्बद्ध तरीके से प्रस्तुत न करके क्रम के साथ विचारों की शृंखला को रखना चाहिए। आशय के आकलन के लिए टिप्पण में क्रमबद्धता होना बहुत ही आवश्यक बात है। इसी प्रकार टिप्पण यदि विस्तृत है तो उसके प्रथम अनुच्छेद को छोड़कर अन्य अनुच्छेदों को क्रम संख्या में बाँट देना चाहिए। इससे टिप्पण पर निर्णय लेने वाले प्राधिकारी को विषय के आकलन में काफी सहायता मिलती है, क्योंकि वह प्रस्तावित अनुच्छेद को देखकर ही टिप्पण के किसी भी भाग को सहज तथा बोधगम्य बनाकर ग्रहण करके अपना विचार रख सकता है या निर्णय दे सकता है।

स्पष्टता–कार्यालयी टिप्पण प्रायः स्पष्ट ढंग से लिखे जाने चाहिए। टिप्पण लेखन में शब्दों या वाक्यों का अनुचित और भ्रामक इस्तेमाल नहीं किया जाना चाहिए। अतिशय उलझनपूर्ण, जटिल तथा कठिन विषय अथवा मामले को भी स्पष्टता के साथ बोधगम्य रीति से प्रस्तुत किया जाना चाहिए। शब्द-प्रयोग सारगर्भित होना बहुत आवश्यक है।

तटस्थता–किसी भी उत्कृष्ट टिप्पण के लिए तटस्थता का होना भी निहायत जरूरी है। टिप्पण लिखते समय पदाधिकारी व्यक्ति को चाहिए कि व्यक्तिगत भावों, विचारों, अनुभूतियों तथा अच्छे बुरे पूर्वाग्रहों से नितान्त दूर रहकर केवल आवश्यक बातों एवं तथ्यों को ही टिप्पण में प्रक्षेपित करें।

प्रभावान्विति–टिप्पण का संक्षिप्त एवं बोधगम्य होना आवश्यक होता है और साथ ही साथ उसे जहाँ आवश्यक हो अनुच्छेदों में विभाजित किया जाना चाहिए। परन्तु ऐसा करते समय इस बात की ओर ध्यान देना महत्त्वपूर्ण है कि शब्द, विचार, अनुच्छेद आदि के प्रभाव की अन्विति अस्त-व्यस्त न होकर ठीक ढंग से सुगठित रूप में होना चाहिए। पूरे टिप्पण का सकल प्रभाव (Total effect) स्पष्ट होना चाहिए।

शैली–टिप्पण लेखन में शैली की अपनी स्वतन्त्र सत्ता और महत्ता होती है। वैसे, प्रत्येक व्यक्ति की लेखन की अपनी एक विशिष्ट शैली होती है किन्तु इसके

बावजूद, शैली के बारे में कुछ सामान्य एवं सर्वमान्य बातों की ओर ध्यान दिया जाना चाहिए। एक बात विशेष ध्यान में रखी जानी चाहिए कि हिन्दी लेखन की शैली अंग्रेजी लेखन शैली से भिन्न होती है। अतः अंग्रेजी में सोचकर हिन्दी में अनुवाद के रूप में टिप्पण नहीं लिखा जाना चाहिए। जैसे– Necessary action may kindly be taken at the earliest–इसे हिन्दी में लिखते समय "कृपया तुरन्त आवश्यक कार्रवाई करें।" लिखा जाना चाहिए।

(आ) मसौदा लेखन (Drafting)

मसौदा लेखन को ही प्रारूप लेखन, प्रारूपण अथवा आलेखन आदि कहा जाता है, किन्तु सरकारी कार्यालयों में आमतौर पर मसौदा लेखन (Drafting) शब्द ही प्रचलित है। मसौदा लेखन के अन्तर्गत विभिन्न सरकारी पत्रों, परिपत्रों, आदेशों, अधिसूचनाओं, संकल्पों, सार्वजनिक सूचनाओं, करारों, प्रेस-विज्ञप्तियों तथा अन्य आवश्यक सूचनाओं आदि के प्रारूप (Draft) तैयार करने होते हैं। अतः मसौदा सरल, सुबोध तथा सुस्पष्ट होना अत्यावश्यक है।

मसौदा तैयार करना–जिन मामलों में की जाने वाली कार्रवाई बिल्कुल स्पष्ट तथा निश्चित हो तब अधिकारी या प्राधिकारी के आदेश के अनुसरण में मसौदा तैयार किया जाता है। सरकारी कार्यालयों में सामान्यतः मसौदा सहायक अथवा अधीक्षक या अनुभाग अधिकारी तैयार करते हैं। इस प्रकार, मसौदा तैयार करते समय उनसे यह अपेक्षा की जाती है कि अनुभाग अधिकारी अथवा सम्बन्धित वरिष्ठ अधिकारी द्वारा दिए गये आदेशों या अनुदेशों में निहित तथ्यों, बातों और भावों को सही और स्पष्ट रूप से प्रस्तुत किया जाए। इसे अधिकारी अथवा उच्च अधिकारी के पास अनुमोदन के लिए भेज दिया जाता है। तैयार किये गए मसौदे के ऊपर दाहिनी ओर 'अनुमोदनार्थ मसौदा' (Draft for approval-DFA) अवश्य लिखा जाता है। आवश्यक टिप्पणी के साथ उच्चाधिकारी के पास जब मसौदा आता है तब यदि आवश्यक हो तो वह अधिकारी मसौदे में थोड़ा संशोधन अथवा थोड़ा-बहुत फेर बदल करके अनुमोदित कर देता है। ऐसा अनुमोदित मसौदा फिर से टाइप कराके प्रेषण के लिए तैयार रखा जाता है।

मसौदा लेखन की सामान्य बातें

(*i*) कार्यालयीन मसौदा पर कागज के दोनों ओर आधा हाशिया छोड़कर लिखा या टाइप किया जाता है। दो पंक्तियों के बीच में काफी जगह छोड़नी चाहिए ताकि आवश्यकता होने पर उनमें कुछ शब्द या वाक्यांश जोड़े जा सकें।

(*ii*) मसौदे के साथ 'अनुमोदन के लिए मसौदा' (DFA) की पर्ची लगा देनी चाहिए। यदि दो या अधिक मसौदे एक ही मिसिल में रखकर पेश किए जा रहे हों

तो 'अनुमोदन के लिए मसौदे' की पर्चियों पर तथा मसौदों पर संख्या लिख देनी चाहिए, जैसे, अनु. म. 1, अनु. म. 2, अनु. म. 3 आदि।

(*iii*) जिस पत्र का उत्तर देना हो उसके या एक ही विषय पर किये गए पत्रव्यवहार के सिलसिले के अन्तिम पत्र की संख्या और तारीख का हमेशा हवाला देना चाहिए। यदि किसी पत्र पर पृष्ठांकन किया जाए तो जिस कार्यालय को पृष्ठांकित पत्र भेजा जा रहा है, उससे प्राप्त हुए या उसे भेजे गए अन्तिम पत्र का हवाला भी हमेशा देना चाहिए। यदि एक से अधिक पत्रों या पत्र-व्यवहार के पूरे के पूरे सिलसिले का हवाला देना आवश्यक हो तो वह मसौदे के हाशिए में देना चाहिए। सभी पत्रों में,—इसमें मरण-पत्र भी शामिल है—विषय का उल्लेख अवश्य करना चाहिए।

(*iv*) मसौदे से यह स्पष्ट पता चलना चाहिए कि साफ प्रति के साथ कितने सहपत्र जाएँगे। टाइपकार, मिलानकार और प्रेषक का ध्यान आकर्षित करने के लिए हाशिए में एक तिरछी रेखा बना देनी चाहिए। पृष्ठ के नीचे बाईं ओर सहपत्रों की संख्या भी इस प्रकार लिख देनी चाहिए "सहपत्र संख्या...."

(*v*) मसौदे में जिन सहपत्रों का हवाला दिया गया हो, उनकी प्रतियाँ यदि पहले से मौजूद हों और इसलिए उन्हें टाइप कराने की जरूरत न हो तो टाइपकार की जानकारी के लिए मसौदे के हाशिए में यह बात स्पष्ट रूप से लिख देनी चाहिए।

(*vi*) मिसिल में रखे गये सभी मसौदों पर मिसिल-संख्या लिखी होनी चाहिए। एक ही मिसिल में से एक ही तारीख को एक ही पते पर दो या अधिक पत्र या अधिसूचनाएँ आदि भेजनी हो तो क्रम संख्या भी देनी चाहिए ताकि हवाले में भ्रम का अन्देशा न रहे, जैसे—(1) 8/5 (i) 54-सिब्ब और (*ii*) 8/5 54 सिब्ब.।

(*vii*) जब किसी मामले में राज्य सरकारों या मंत्रालयों आदि की सलाह ली जाए तो आमतौर पर उत्तर भेजने की आखिरी तारीख तय कर देनी चाहिए।

(*viii*) केन्द्रीय रजिस्ट्री की जानकारी के लिए पत्रादि पर हस्ताक्षर करने वाले अधिकारी का नाम, पद और टेलीफोन नम्बर भी अवश्य लिखा जाना चाहिए। अधिकारी मसौदे पर अपने नाम के आद्यक्षर लिख देगा, जिससे पता चल जाए कि उसने मसौदे का अनुमोदन कर दिया है।

मसौदे के मानक रूप—यदि किसी एक ही ढंग के पत्रादि बार-बार भेजने पड़ते हों तो उनके लिए मानक मसौदा बना लेना चाहिए और साइकलोस्टाइल करवा लेना या छपवा लेना चाहिए। ऐसे मानक मसौदे साफ प्रति के साथ हस्ताक्षर के लिए सम्बन्धित अधिकारी को पेश किये जाएँ।

मसौदा लेखन की विशेषताएँ

(*i*) मसौदा लेखन की भाषा सरल, सुबोध तथा स्पष्ट होनी चाहिए।

(*ii*) मसौदा संक्षिप्त और विषयानुसार होना चाहिए।

(*iii*) मसौदा में समग्रता होनी चाहिए। साथ में इसमें, विषय-वस्तु तथा संदर्भ आदि की संरचना क्रमबद्ध होनी चाहिए।

(*iv*) मसौदा लेखन में स्पष्टता, शुद्धता तथा विशिष्टता का निर्वाह किया जाना चाहिए।

(*v*) मसौदा लेखन में कार्यालयी भाषा शुचिता, सभ्यता, परम्परा तथा कार्य पद्धति का भी बखूबी निर्वाह किया जाना चाहिए।

मसौदा-लेखन की रूपरेखा

मसौदा-लेखन के प्रमुख भाग हैं—विषय निर्देश अथवा शीर्षक, विषय-वस्तु निरूपण, अनुच्छेद तथा समापन।

विषय—सरकरी कार्यालयों में तैयार किये जाने वाले मसौदों के विषय भी आवश्यकतानुसार भिन्न-भिन्न होते हैं। फलतः मामलों की स्थिति, लिये गए निर्णय तथा विषय-वस्तु के अनुसार मसौदे का आकार-प्रकार भी अलग-अलग रूप का होगा। मसौदे के विषयानुसार आंतरिक बातें एवं भाषा शैली होती है। गम्भीर विषयों से सम्बन्धित प्रारूपों के लेखन में विशेष सावधानी बरती जाती है।

निर्देश—मसौदा तैयार करते समय यदि उसका सम्बन्ध पहले किसी पत्र या मामले से है तो उस प्रकार निर्देश (Reference) दे दिया जाना उचित होता है। मसौदे के सर्वोपरी मध्य अथवा बाएँ कोने पर पत्र संख्या दी जाती है और तत्पश्चात उसके नीचे मंत्रालय, विभाग अथवा कार्यालय आदि का नाम, स्थान, पता एवं दिनांक दिया जाता है। इसके बाद मसौदे की दायीं ओर अगली पंक्ति में पत्र-प्रेषक का स्थान और दिनांक के पश्चात इसके ठीक नीचे प्रेषिती का नाम, पद और पूरा पता आदि दिया जाता है। यदि आवश्यक हो तो उसके बाद सन्दर्भ आदि भी यथास्थिति दे दिया जाता है।

विषय-वस्तु निरूपण—यह मसौदा-लेखन का सबसे मूल एवं महत्त्वपूर्ण भाग होता है। प्रारूप के 'विषय' के अन्तर्गत लिखे संक्षिप्त कथन की पूरी विवरणात्मक जानकारी यहाँ दी जाती है। इसके पश्चात सम्बन्धित विषय की पूरी तथ्यात्मक, विवेचनात्मक व मुख्य जानकारी का सर्वांगीण लेखा-जोखा प्रस्तुत किया जाता है। मसौदे में किये गये कथ्य एवं टिप्पणी की पुष्टि हेतु न्यायसंगत तर्क-वितर्क भी दिये जाते हैं और अन्त में तर्कों के आधार पर विषय से सम्बन्धित अन्तिम निष्कर्ष प्रस्तुत करके अपना अभिमत भी प्रकट कर दिया जाता है। इस प्रकार मसौदा लेखन में विषय-वस्तु का पूरा सांगोपांग विश्लेषण प्रस्तुत किया जाता है।

अनुच्छेद–सामान्यतः प्रारूप-लेखन में भी विषय की आवश्यकता के अनुसार अनुच्छेद किये जाते हैं। छोटे या संक्षिप्त प्रारूपों में एक या दो ही अनुच्छेद होते हैं किन्तु प्रेस विज्ञप्ति, निविदा सूचना, राष्ट्रपति की ओर से जारी किये जाने वाले पत्र तथा परिपत्र आदि के बावत कभी-कभी दो-तीन अथवा चार पृष्ठों के भी प्रारूप तैयार किये जाते हैं। ऐसे प्रारूपों में विचारों की संगति के अनुसार अनेक अनुच्छेद किये जाते हैं। प्रारूप तैयार करते समय ऐसे लम्बे प्रारूपों को अनेक अनुच्छेदों में विभाजित किया जाना चाहिए तथा ऐसे अनुच्छेदों को क्रमांक भी दिये जाने चाहिए जिससे विषय-वस्तु के आकलन में सुविधा होती है।

समापन–मसौदा-लेखन में समापन का भी अपना एक महत्त्व होता है। मसौदे में मुख्य विषय-वस्तु के निरूपण के बाद निष्कर्ष के रूप में अन्तिम बात को संक्षेप में कहा जाता है और तत्पश्चात स्वनिर्देश के नीचे प्राधिकारी द्वारा हस्ताक्षर किये जाते हैं। हस्ताक्षर के ठीक ऊपर 'भवदीया' लिखा जाता है। यहाँ एक बात का ध्यान रहे कि हस्ताक्षरकर्ता चाहे पुरुष हो चाहे स्त्री–'भवदीय' ही लिखा जाना चाहिए, स्त्री हस्ताक्षरकर्ता होने पर 'भवदीय' का प्रयोग नहीं किया जाना चाहिए क्योंकि 'Your faithfully' के लिए 'भवदीया' रूप गलत है।

मसौदा तैयार करने के लिए महत्त्वपूर्ण बातें

(*i*) मसौदा हाथ से लिखा जाता है या टाइप भी किया जा सकता है।

(*ii*) तैयार किए गए मसौदे के साथ 'अनुमोदनार्थ मसौदा' जैसे शब्दों की चिट लगायी जानी चाहिए।

(*iii*) मसौदे में स्पष्ट उल्लेख किया जाना चाहिए कि मूल पत्र के साथ क्या-क्या संलग्न किया जा रहा है। अतः प्रारूपों के अन्त में बाएँ कोने में संलग्न पत्रों की जानकारी दे देनी चाहिए।

(*iv*) फाइल में रखकर अनुमोदनार्थ प्रस्तुत किये जाने वाले मसौदों पर फाइल की संख्या अवश्य लिखी जानी चाहिए।

(*v*) मसौदे की भाषा सरल, संयत, विनम्र, स्पष्ट, संक्षिप्त तथा शिष्ट होनी चाहिए।

(*vi*) अर्द्धसरकारी पत्र को छोड़कर कोई भी सरकारी पत्र अधिकारी के व्यक्तिगत नाम से कभी भी नहीं भेजा जाना चाहिए। सरकारी पत्र हमेशा पदनाम तथा कार्यालय के नाम से ही भेजे जाने चाहिए।

(*vii*) मसौदा-लेखन में तथ्यों, कथ्यों, विचारों तथा भावों की पुनरावृत्ति नहीं की जानी चाहिए।

(ख) हिन्दी पत्राचार तथा सरकारी पत्र के प्रकार

सरकारी कार्यालयों में सबसे अधिक प्रयोग पत्राचार का ही किया जाता है। पत्र

सरकारी कार्यालयों में उनकी कार्य-पद्धति एवं सम्प्रेषण-प्रणाली की रीढ़ की हड्डी का कार्य करते हैं। विभिन्न देश-विदेश की सरकारों, विविध कार्यालयों, सार्वजनिक उद्यमों, संस्थाओं, बैंकों के कार्यालयों, कम्पनियों, निगमों तथा सामान्य जनता से सम्पर्क स्थापित करने और कार्यविधि को गतिशीलता प्रदान करने हेतु पत्रों का प्रयोग मुख्यतः किया जाता है। साथ ही सरकारी प्रयोजनों के लिए अनौपचारिक टिप्पणियों, कार्यालय ज्ञापनों, अर्धसरकारी पत्रों (Demi-Official Letters) परिपत्रों तथा अधिसूचनाओं (Notification) का भी प्रभावी ढंग से प्रयोग किया जाता है।

प्रभावशाली पत्र की विशेषताएँ

केन्द्रीय सरकार के कार्यालयों में प्रयुक्त पत्रों की रचना-प्रक्रिया, शैली तथा भाषा की अपनी विशिष्ट परम्परा व पद्धति होती है। सामान्यतः सरकारी पत्र विशिष्ट ढर्रे पर चलते हैं, फलतः यह धारणा बलवती होती है कि ऐसे पत्रों में न तो स्वतन्त्र विचारों, भावों को स्थान होता है, न स्वतन्त्र शैली का आविष्कार किया जा सकता है। परन्तु युग-परिवर्तन के साथ जिस प्रकार शासन-प्रणाली बदलती है, उसी प्रकार उसकी कार्य-पद्धति में भी बदलाव आना जरूरी है। इक्कीसवीं सदी की दहलीज पर खड़े भारतवर्ष में अनेक परिवर्तन हो रहे हैं–अनेकविध परिवर्तनों के लिए कदम उठाये जा रहे हैं। ऐसे में दो सौ वर्ष पुरानी शासकीय कामकाज की पद्धति, उसकी शैली एवं भाषाभिव्यक्ति को भी बदलना आवश्यक हो जाता है। अतः सरकार पत्राचार के रूढ़ परम्परावादी ढर्रे को बदलकर स्वतन्त्र शैली एवं युगानुरूप भाषाभिव्यक्ति को तरजीह दी जानी चाहिए। पत्र-व्यवहार एक कला है। पत्राचार सम्प्रेषण का एक जबर्दस्त माध्यम ही नहीं, अपितु सम्पर्क का प्रभावी साधन भी है। अतः प्रभावशाली पत्र लिखने के लिए कुछ महत्त्वपूर्ण विशेषताओं की ओर ध्यान देना आवश्यक हो जाता है।

सरलता–आदर्श पत्र-लेखन की एक प्रमुख विशेषता यह होती है कि वह दुर्बोध नहीं होनी चाहिए, अर्थात पत्र में सरलता का होना नितांत आवश्यक होता है। पत्र-लेखक के विचार तथा पत्र का उद्देश्य प्रेषिती की समझ में सहज भाव से आना चाहिए। दुर्बोध पत्र का कोई उपयोग नहीं माना जा सकता। पत्र द्वारा कही जाने वाली बातों एवं तथ्यों को सीधे ढंग से और स्पष्ट रूप से कहा जाना चाहिए। अर्थात पत्र में किसी भी प्रकार की उलझन आदि पैदा न करके सहज व स्वाभाविक रूप से पत्र लिखा जाना चाहिए। पत्र द्वारा पांडित्य-प्रदर्शन करना मूर्खता हो सकता है।

स्पष्टता–प्रभावशाली पत्र-लेखन का दूसरा महत्त्वपूर्ण सिद्धांत है, उसकी स्पष्टता/ पत्र में स्पष्टता लाने के लिए लेखन की विशेष शैली अपनायी जानी चाहिए। पत्र में लम्बे वाक्य-विन्यास तथा अत्यन्त कठिन शब्दों का कभी भी उपयोग नहीं किया जाना चाहिए, वरना पत्र पढ़ते समय पाठक को शब्दावली या शब्दकोश सामने रखना

पड़ सकता है, जो हास्यास्पद होगा। ध्यान रहे कि पत्र चाहे व्यक्तिगत हो, सरकारी हो या व्यापारिक–विद्वत्ता-प्रकटीकरण का माध्यम नहीं है। विद्वत्ता प्रदर्शन के लिए जीवन एवं साहित्य में अनेक क्षेत्र खुले पड़े हैं–पत्र नहीं। पत्र तो प्रचलित शब्दों और छोटे-छोटे वाक्यों की सहायता से ही प्रभावपूर्ण बन सकता है। अतः पत्र में स्पष्टता के साथ संक्षिप्तता का होना भी नितांत आवश्यक है। पत्र में अपने विचारों, भावों तथा कथ्यों को स्पष्ट रूप से लिखा जाना चाहिए। ऐसा पत्र उत्कृष्ट तथा आदर्श पत्र-लेखन का अनूठा नमूना हो सकता है।

संक्षिप्तता–कोई भी कार्यालयीन पत्र संक्षिप्त होना बहुत जरूरी है। संक्षिप्तता पत्र की प्रभावोत्पादकता कही जा सकती है। किसी भी पत्र को निबन्ध का स्वरूप नहीं दिया जाना चाहिए वरना मूल अभीष्ट बातों का सम्प्रेषण छूटकर अन्य बातों का ही प्रक्षेपण अधिक मात्रा में हो जायेगा। संक्षिप्तता से प्रेषक तथा प्रेषिती दोनों को ही सुविधा होती है। सरकारी पत्र में अवांतर बातें न लिखकर सन्दर्भ एवं प्रसंगानुरूप केवल आवश्यक बातों को ही सीधे ढंग (To the point) से लिखा जाना चाहिए। पत्र में बातों एवं तथ्यों को घुमा-फिराकर कहने और एक ही बात को बार-बार दोहराने की आवश्यकता नहीं है। संक्षिप्त पत्र में गलतियाँ अपेक्षाकृत कम होकर कथ्य तथा तथ्यों को घनीभूत रूप में प्रस्तुत करने की वजह से उसके प्रभाव व प्रकारांतर से महत्ता में वृद्धि होती है। अतः सभी प्रकार के पत्र संक्षिप्त ही लिखे जाने चाहिए।

शिष्टता–कार्यालयीन पत्र ही नहीं, अपितु सभी प्रकार के पत्र-लेखन की भाषा शिष्ट तथा विनम्र होनी चाहिए। पत्र अगर नकारसूचक भी है अर्थात पत्र द्वारा किसी बात को नकारात्मक भी कहना हो, तो उसे विनम्रतापूर्वक ही कहा जाना चाहिए ताकि पत्र पाने वाले के मन को चोट न लगने पाये। जनता तथा कर्मचारियों की माँगों एवं शिकायतों आदि पर तुरन्त और उचित ध्यान देकर शीघ्र निर्णय की सूचना तत्काल पत्र द्वारा सम्बन्धियों को दी जानी चाहिए। इन बातों से जनता के मन में संतोष एवं सम्मान की भावना जाग्रत होगी। अतः सभी सरकारी पत्राचार में शिष्टता और विनम्रता का होना अति आवश्यक है।

प्रभावोत्पादकता–शासकीय पत्र में भाषा, पद-विन्यास, वाक्य-विन्यास, विचार तथा भावों की ऐसी सुगठित अन्विती होनी चाहिए जिससे पत्र का एक संकलित प्रभाव (Total effect) प्रेषिती के मन पर पड़ सके। सरकारी यन्त्रणा में प्रभावहीन पत्रों का कोई अर्थ नहीं होता। पत्र-लेखन में प्रभावोत्पादकता लाने के लिए पत्र-लेखक की शासकीय कार्यप्रणाली, सरकारी नीति तथा सम्बन्धित विषय की गहरी समझ होनी चाहिए। प्रभावपूर्ण हिन्दी पत्र लिखते समय सम्बन्धित विषय की पारिभषिक शब्दावली की ओर भी उचित ध्यान दिया जाना चाहिए। जहाँ पर्यायवाची शब्द नहीं मिलते, वहाँ उटपटाँग हिन्दी शब्दों के बदले अंग्रेजी के ही प्रचलित शब्दों को देवनागरी लिपि में लिख देना उचित होगा। प्रभाव के लिए माध्यम नहीं किन्तु वाक्य-विन्यास,

भाव तथा विचारों का तर्क-संगत संयोजन अधिक महत्त्वपूर्ण होता है।

वैशिष्ट्यपूर्ण भाषा-शैली–पत्राचार की भाषा और साहित्यिक भाषा में पर्याप्त अन्तर होता है, खासतौर पर सरकारी पत्राचार में भाषा पर अनेक बंधन अपने आप आ जाते हैं। सरकारी पत्रों में साहित्य से सम्बन्धित मुहावरों, कहावतों, तथा शेरो-शायरी आदि का कदापि उपयोग नहीं किया जाता। पत्र की प्रकृति के अनुसार पत्र द्वारा विचारों, कथ्यों, भावों आदि को सहजता एवं सुगमता से प्रक्षेपित किया जाना चाहिए। सरकारी पत्रों की भाषा प्रायः निश्चित शब्दावली तथा वाक्य-विन्यास के अनुसार ही लिखी जाती है। विषय का स्वरूप तथा कार्यालय की कार्य-प्रणाली के अनुसार विशेष शब्दों, वाक्यांशों आदि का उपयोग किया जाता है। सरकारी पत्र में विषयानुरूप विचारों एवं कथ्यों की क्रमबद्धता होनी चाहिए। पत्र की भाषा में अप्रचलित और दुर्बोध शब्दों का कभी भी प्रयोग नहीं किया जाना चाहिए वरना पत्र की भाषा उबाऊ तथा अरुचिपूर्ण होगी। शब्दों तथा वाक्यांशों के एक ही अर्थ निकलने चाहिए और उनका प्रयोग विषयानुरूप होना चाहिए। सरकारी पत्र की भाषा सरल, स्पष्ट होकर वाक्य छोटे-छोटे हों। इस प्रकार, सरकारी पत्र की भाषा में विशेष सावधानी बरतने की आवश्यकता होती है।

सरकारी पत्राचार के प्रकार

केन्द्रीय सरकार अथवा राज्य सरकार के विभिन्न कार्यालयों में अनेक स्तरों पर पत्राचार का प्रयोग किया जाता है। सरकारी पत्राचार के अनेक प्रकार होते हैं जिनमें प्रमुख हैं :

1. सरकारी पत्र (Official Letter)
2. अर्द्धसरकारी पत्र (Demi-Official Letter)
3. कार्यालय ज्ञापन (Office Memorandum)
4. ज्ञापन (Memorandum)
5. परिपत्र (Circular)
6. कार्यालय आदेश (Office Order)
7. राजपत्र (Gazzette)
8. संकल्प (Resolution)
9. अधिसूचना (Notification)
10. पृष्ठांकन (Endorsement)
11. प्रेस विज्ञप्ति (Press Communique)
12. द्रुत पत्र (Express Letter)
13. मितव्यय पत्र (Savingram)
14. अनौपचारिक टिप्पणी (Un-official Note)
15. अनुस्मारक (Reminder)

16. प्रतिवेदन (Report)
17. तार (Telegram)

1. सरकारी पत्र (Official Letter)

इसे शासकीय पत्र भी कहा जाता है। सरकारी पत्राचार में सबसे अधिक मात्रा में पत्रों का प्रयोग होता है। अतः सरकारी पत्राचार में सरकारी पत्र (Official Letter) का महत्त्वपूर्ण स्थान है। सरकारी पत्रों का प्रयोग विभिन्न कार्यालयों, संस्थाओं, निकायों, निगमों, सार्वजनिक उद्योगों, बैंकों तथा कम्पनियों के साथ सम्पर्क तथा दूरसंचार के उपयुक्त माध्यम के रूप में किया जाता है।

सरकारी पत्र उत्तम पुरुष में ही प्रायः लिखे जाते हैं। सरकारी पत्र में तथ्यों तथा स्थितियों को उनके मूल रूप में यथास्थिति रखा जाना अत्यावश्यक होता है। ऐसे पत्रों की भाषा सरल, सुबोध तथा स्पष्ट होनी चाहिए तथा पत्रों में लोकोक्तियों, मुहावरों व कहावतों का प्रयोग बिलकुल नहीं किया जाना चाहिए। सरकारी पत्र सीधे विषयानुरूप लिखे जाने आवश्यक होते हैं। सरकारी पत्रों में किसी भी प्रकार की भ्राँतियों, गलतफहमियों आदि बातों के साथ अस्पष्टता व अनिश्चितता नहीं होनी चाहिए। किसी सरकारी आदेश या अनुदेश की तामील किये जाने वाले पत्र में उस प्रकार की सूचना दिया जाना आवश्यक हो जाता है–जैसे, "मुझे यह कहने का आदेश हुआ..." "मुझे निर्देश दिया गया है कि मैं...।" सरकारी पत्र का सम्बोधन सामान्यतया 'महोदय' से आरम्भ होता है। सभी प्रकार के सरकारी (शासकीय) पत्रों के अधोलेख के रूप में 'भवदीय' लिखा जाता है, जो संस्कृत के भवेत् व इयम् इन दो शब्दों की संधि से बना है–भवेत् (मूल धातु–भवतु अर्थात 'होना'+इयम् अर्थात 'आपका ही') सरकारी (शासकीय) पत्र के प्रमुख अंग निम्नानुसार होते हैं :

1. पत्र संख्या
2. मंत्रालय, विभाग अथवा कार्यालय का नाम (अर्थात प्रेषक का नाम)
3. प्राप्तकर्ता अर्थात प्रेषिती का नाम
4. पत्र भेजने का स्थान
5. विषय
6. सम्बोधन
7. पत्र की मुख्य विषय-वस्तु
8. आत्म निर्देश
9. प्रेषक के हस्ताक्षर एवं उसका पदनाम
10. पृष्ठांकन या परांकन
11. संलग्नक यदि कोई हो

सामान्यतः सरकारी पत्र विदेशी सरकारों, राज्य सरकारों, सम्बद्ध और अधीन कार्यालयों और संघीय लोक सेवा आयोग जैसे अन्य कार्यालयों से समस्त औपचारिक पत्र-व्यवहार के लिए प्रयुक्त होते हैं। जनता की या सरकारी कर्मचारियों को संस्थाओं या संगठनों के सदस्यों के साथ किए जाने वाले समस्त पत्र-व्यवहार के लिए भी इसका प्रयोग किया जाता है। किन्तु भारत सरकार के विभिन्न मंत्रालयों के बीच पत्र-व्यवहार के लिए इसका प्रयोग नहीं होता।

सरकारी परम्परा का पालन करते हुए उन सभी सरकारी पत्रों में, जो किसी मंत्रालय से भेजे जाते हैं और भारत सरकार के आदेशों या विचारों को व्यक्त करने के लिए लिखे जाते हैं, यह साफ तौर पर बता देना चाहिए कि वे सरकार के निदेश से लिखे गए हैं। अलग-अलग कार्यालयों के अध्यक्षों (जैसे, पुरातत्त्व विभाग का महानिदेशक) या खुद अधिकारियों द्वारा भेजे जाने वाले सरकारी पत्रों में, जो सरकार के निदेश पर नहीं बल्कि अपने प्राधिकार पर लिखे जाते हैं, 'मुझे निदेश हुआ है, कि...' इसके बजाय 'मुझे निवेदन करना है कि' लिखना चाहिए।

2. अर्द्धसरकारी पत्र (Demi-Official Letter)

इस प्रकार के पत्र का प्रयोग सरकारी अधिकारियों के आपसी पत्र-व्यवहार में विचारों या सूचना के आदान-प्रदान या प्रेषण के लिए किया जाता है। इसमें निर्धारित क्रियाविधि के पालन की जरूरत नहीं होती। जब किसी अधिकारी का ध्यान व्यक्तिगत रूप से किसी मामले की ओर दिलाना हो या जब किसी अधिकारी का ध्यान किसी ऐसे मामले की ओर दिलाना हो, जिसकी कार्रवाई में बहुत देर हो चुकी है और सरकारी स्मरण पत्र भेजने पर भी कोई उपयुक्त जवाब न मिला हो तो ऐसी स्थितियों में भी अर्द्ध-सरकारी पत्र लिखा जाता है। गैर सरकारी व्यक्तियों को भेजे जाने वाले पत्रादि अर्द्ध-सरकारी पत्रों के ढंग के हो सकते हैं, लेकिन उनका उल्लेख इस नाम से नहीं करना चाहिए।

अर्द्धसरकारी पत्र (डी.ओ.लेटर) भी सरकारी कामकाज के सिलसिले में ही लिखा जाता है किन्तु इसका लेखक कार्यालयीन कामकाज के बारे में कई बातें व्यक्तिगत रूप में लिख सकता है ताकि प्रस्तावित कार्य को व्यक्तिगत रुचि से तुरन्त निपटाया जा सके। कई बार सरकारी व्यवस्था के फलस्वरूप कोई मामला उलझ जाने पर सुलझता नहीं है, या सुलझने में काफी देर हो जाती है तब अपने समकक्ष अथवा अपने से कनिष्ठ स्तर के अधिकारियों को प्रस्तावित कार्य शीघ्र निपटाने के लिए जिस पत्र का प्रयोग किया जाता हैं उसे 'अर्द्धसरकारी पत्र' कहा जाता है। इन पत्रों में विचारों के आदान-प्रदान के लिए विशेष शासकीय औपचारिकता के निर्वाह करने की आवश्यकता नहीं होती। अर्द्धसरकारी पत्र में लेखक का व्यक्तित्व झलकता है और इनके माध्यम से काफी हद तक अपनत्व भी प्रकट किया जा सकता है। फलतः ऐसे पत्रों में सम्बोधन तथा

अधोलेख का बड़ा महत्त्व रहता है। इन पत्रों के माध्यम से दूसरे व्यक्ति पर अपनत्व के द्वारा मनोवैज्ञानिक प्रभाव डाला जाता है जिससे सरकारी लालफीताशाही में उलझा कोई मामला तुरन्त निपटाने में मदद मिलती है।

अर्द्धशासकीय या सरकारी पत्रों की भाषा आदरसूचक होनी चाहिए तथा उनमें आदेशात्मक वाक्यों का प्रयोग वर्जित होना चाहिए। ऐसे पत्रों में सम्बोधन के तौर पर नाम का प्रयोग किया जाता है तथा नाम से पहले 'प्रिय', 'प्रियवर' अथवा 'प्रिय श्री' आदि जोड़ा जाता है। पत्र पूरा होने पर पत्र का प्रेषक हस्ताक्षर करता है किन्तु नाम या हस्ताक्षर के नीचे प्रेषक का पदनाम नहीं लिखा जाता। हस्ताक्षर के बाद पत्र की बायीं ओर प्रेषिती का नाम, पदनाम और पता आदि लिखा जाता है। अर्द्धसरकारी पत्र (जैसा कि पहले कहा जा चुका है) लिखने का मूल उद्देश्य होता है, पत्र में निहित बातों या मामलों पर व्यक्तिगत रूप से विशेष ध्यान देकर कार्यवाही की जाए। अतः अपेक्षा की जाती है कि इस प्रकार के पत्र प्राप्त होने के बाद उन पर विशेष ध्यान देकर, जहाँ तक सम्भव हो सके, सम्बन्धित कार्य अथवा मामले का निपटान जल्द-से-जल्द किया जाए।

3. कार्यालय ज्ञापन (Office Memorandum)

कार्यालय ज्ञापन सरकारी पत्राचार का महत्त्वपूर्ण अंग है। कार्यालय ज्ञापन का प्रयोग भारत सरकार के मंत्रालयों के आपसी पत्र-व्यवहार एवं सूचना आदि के लिए होता है। यह हमेशा अन्य पुरुष (Third person) में लिखा जाता है। इसमें सम्बोधन या अधोलेख नहीं होता सिर्फ लिखने वाले का पदनाम और हस्ताक्षर होता है। इसमें प्राप्तकर्ता का नाम और पता आदि प्रेषक अधिकारी के हस्ताक्षर के पश्चात सामान्यतया पत्र के बिल्कुल बायीं तरफ लिखा जाता है। जहाँ तक हो सके मंत्रालय से सम्बद्ध और अधीन कार्यालय को कार्यालय ज्ञापन नहीं भेजे जाते।

कार्यालय ज्ञापन में यदि एक से अधिक परिच्छेद/अनुच्छेद हों तो पहले अनुच्छेद पर क्रमांक न देकर उसके बाद के अनुच्छेदों या परिच्छेदों पर क्रमांक दिये जाते हैं। इसके वाक्य सामान्यतः कर्मवाचक ही होते हैं—"किया जाता है", "किया गया था", "किया जायेगा" आदि।

4. ज्ञापन (Memorandum)

ज्ञापन का प्रयोग अधीन प्राधिकारियों के पास ऐसी सूचना भेजने के लिए किया जाता है, जो सरकारी आदेश के समान नहीं होता। ज्ञापन हमेशा अन्य पुरुष (Third person) में लिखा जाता है और इसमें भी सम्बोधन या अधोलेख नहीं होता, सिर्फ अधिकारी के हस्ताक्षर और उसका पदनाम होता है। पाने वाले का नाम और पदनाम हस्ताक्षर के नीचे पृष्ठ की बायीं तरफ लिखा जाता है।

सरकारी कार्यालयों में अधिकारी कर्मचारियों की नियुक्तियाँ, तैनातियाँ, स्थानांतरण, वेतनवृद्धि आदि अनेक बातों के लिए ज्ञापन का प्रयोग किया जाता है। इसी के साथ कार्यालयीन प्रार्थना-पत्रों, आवेदन-पत्रों आदि की पावती भेजने तथा अधीनस्थ कार्यालयों को पूरी तरह सरकारी न होने वाले आदेश भेजने के लिए भी ज्ञापन का प्रयोग किया जाता है।

ज्ञापन, कार्यालयीन पत्राचार का ही एक महत्त्वपूर्ण प्रकार है किन्तु फिर भी सामान्य कार्यालयीन पत्र-व्यवहार और ज्ञापन में काफी अन्तर होता है। कार्यालयीन कामकाज में ज्ञापन एक व्यक्ति किसी दूसरे व्यक्ति को नहीं किन्तु एक पदाधिकारी दूसरे उससे कनिष्ठ पदाधिकारी को लिखता है। ज्ञापन सीधे विषय से सम्बन्धित ही लिखे जाते हैं। अतः ज्ञापन लिखने वाले प्राधिकारी को सरकारी नीतियों तथा सेवाशर्तों की पर्याप्त जानकारी होनी चाहिए। ज्ञापन संक्षिप्त और विषयानुरूप लिखे जाने चाहिए न कि लम्बे-चौड़े और वर्णनात्मक। ज्ञापन में न सम्बोधन होता है, न आत्म-निर्देश, किन्तु उसके अन्त में केवल प्रेषक के हस्ताक्षर तथा पदनाम दिया जाता है। ज्ञापन की भाषा सरल तथा वाक्य एवं पद छोटे-छोटे होने चाहिए।

ज्ञापन के बारे में एक बात ध्यान में रखी जानी चाहिए कि 'राजभाषा नियम 1976' के अनुसार केन्द्रीय सरकार में कार्यरत प्रत्येक अधिकारी-कर्मचारी का अधिकारी होगा कि वह उसे दिया जाने वाला ज्ञापन केवल हिन्दी में माँग सकता है तथा अपना स्पष्टीकरण आदि भी केवल हिन्दी में प्रस्तुत कर सकता है।

5. परिपत्र (Circular)

सरकारी पत्राचार का एक अत्यंत, महत्त्वपूर्ण माध्यम परिपत्र होता है। परिपत्रों के माध्यम से विभिन्न मंत्रालयों तथा विभागों द्वारा उनके अधीनस्थ कार्यालयों, संलग्न अनुभागों, प्रभागों आदि को सरकारी सूचनाएँ, आदेश, अनुदेश तथा निर्देश आदि भेजे जाते हैं। परिपत्रों द्वारा आदेश, अनुदेश, तथ्यों तथा विषय-वस्तु का सीधे प्रक्षेपण किया जाता है। परिपत्र की विशेषता यह होती है कि इसका प्रेषक एक ही होता है, विषय-वस्तु भी एक ही होती है किन्तु आवश्यकतानुसार इसे बहुत से अधीनस्थ तथा संलग्न कार्यालयों के नाम भी भेजा जा सकता है।

राजभाषा अधिनियम 1963 की धारा 3 (3) के अनुसार केन्द्रीय सरकार के कार्यालयों से जारी किये जाने वाले परिपत्र हिन्दी-अंग्रेजी द्विभाषिक रूप में होने चाहिए। परन्तु हिन्दी के प्रगामी प्रयोग में अधिकाधिक तेजी लाने के लिए यह आवश्यक है कि केवल पत्र ही नहीं, परिपत्र भी मूल रूप में केवल हिन्दी में जारी किये जाने चाहिए। 'क क्षेत्र' अर्थात हिन्दी भाषी क्षेत्र से इसकी शुरुआत की जानी चाहिए और धीरे-धीरे इसका विस्तार अन्य क्षेत्रों में किया जाना चाहिए।

वरना राजभाषा अधिनियम पर खड़े होकर हजारों वर्षों तक भी हिन्दी परिपत्र

मूल रूप में जारी नहीं किये जा सकते। हिन्दी परिपत्र मूल रूप में तैयार करते समय निम्नलिखित बातों की ओर ध्यान दिया जाना चाहिए–

(अ) परिपत्र तैयार करने का चिंतन-मनन आदि केवल हिन्दी में ही होना चाहिए। अंग्रेजी के अनुवाद की ओर ध्यान दें तो अच्छा होगा।

(आ) परिपत्र के बारे में उचित सामग्री तथा विषय-वस्तु को सुव्यवस्थित ढंग से तैयार करके उनका संयोजन क्रमबद्ध रूप से होना चाहिए।

(इ) परिपत्र अन्य पुरुष (Third person) में लिखा जाना चाहिए।

(ई) परिपत्र में प्रयुक्त की जाने वाली भाषा तथा वाक्य-रचना आसान होनी चाहिए।

(उ) परिपत्र में प्रयुक्त पद-विन्यास, वाक्यांश तथा वाक्य-विन्यास हिन्दी भाषा की प्रकृति के अनुसार छोटे तथा संक्षिप्त हों।

(ऊ) तीव्र सम्प्रेषण के लिए परिपत्र संक्षिप्त एवं विषयानुसार होने चाहिए।

6. कार्यालय आदेश (Office Order)

सरकारी कामकाज के एक प्रमुख सम्पर्क माध्यम के रूप में कार्यालय आदेश का प्रयोग किया जाता है। इसका प्रयोग किसी मंत्रालय, सम्बद्ध विभाग, प्रभाग, अनुभाग अथवा कार्यालय के कर्मचारियों के लिए सरकारी प्राधिकारी द्वारा सम्बन्धित कार्य हेतु किया जाता है। कार्यालय आदेश का उपयोग कर्मचारियों का स्थानांतरण, पदोन्नति करने या रोकने, वेतनवृद्धि जारी करने, अवकाश मंजूर करने तथा अधिकारी और अनुभागों के बीच कार्य के वितरण आदि के लिए भी किया जाता है।

कार्यालय आदेश का स्वरूप चूँकि आदेशात्मक होता है, उसका अनुपालन करना सम्बन्धित कर्मचारियों का परम कर्तव्य हो जाता है। कार्यालय आदेश हमेशा उत्तम पुरुष एक वचन में जारी किये जाते हैं। इसमें भी सम्बोधन अथवा स्वनिर्देश की औपचारिकता नहीं बरती जाती। इसकी भाषा सरल, स्पष्ट तथा सीधी होती है। इसके अन्त में दायीं ओर आदेशकर्ता प्राधिकारी के हस्ताक्षर तथा पदनाम अंकित होता है। तदपश्चात पत्र के बायीं ओर नीचे उन कार्यालयों, अनुभागों, प्रभागों अथवा व्यक्तियों आदि के नाम लिखे जाते हैं जिन्हें सम्बन्धित कार्यालय आदेश की प्रतिलिपियाँ भेजी जानी हो।

7. राजपत्र (Gazzette)

सरकारी सूचना तथा आदेशों को 'राजपत्र' (Gazzette) में प्रकाशित किया जाता है। अतः राजपत्र की महत्ता सर्वश्रेष्ठ रूप में बनी हुई है। सरकार द्वारा जारी अधिसूचनाएँ, आदेश, संकल्प आदि भी राजपत्र में प्रकाशित होते हैं। भारत के राजपत्र पाँच भागों में छपता है। प्रत्येक भाग में कई खण्ड होते हैं। राजपत्र में छपने के लिए सामग्री

भेजते समय इन बातों का ध्यान रखा जाता है।

(*i*) सामग्री का प्रकाशन राजपत्र के किस भाग और खण्ड में होना है, इसे प्रेस के मार्ग-दर्शन के लिए, प्रति के बिल्कुल ऊपर हमेशा लिखा हुआ होता है।

(*ii*) सक्षम अधिकारी द्वारा हस्ताक्षर की हुई मूल टाइप प्रति ही प्रेस में भेजी जाती है। साइक्लोस्टाइल की हुई प्रति, कार्बन प्रति, या ऐसी प्रति, जिस पर अधिकारी के हस्ताक्षर न हों प्रेस स्वीकार नहीं करता। प्रेस को भेजी जाने वाली प्रति में यदि गलतियाँ ठीक की जाएँ तो शुद्धियाँ बहुत साफ़ तौर पर लिखी होती हैं और वे हस्ताक्षर करने वाले अधिकारी द्वारा प्रमाणित भी होती हैं।

(*iii*) कोई सामग्री तब तक साधारण राजपत्र में नहीं छपाई जाती जब तक कि वह इतनी तात्कालिक न होती कि राजपत्र के आगामी साधारण अंक के छपने तक रोकी न जा सकती हो।

(*iv*) असाधारण राजपत्र के छपने की तारीख तय करते समय छपाई और लेखन-सामग्री के मुख्य नियन्त्रक द्वारा निर्धारित समय-अनुसूची का पालन किया जाता है। यदि किसी विशेष कारण से ऐसा करना सम्भव न होता है तो तारीख तय करने से पहले सरकारी प्रेस से सलाह ले ली जाती है।

(*v*) असाधारण राजपत्रों में छपने वाली अधिसूचना और उसे भेजने के लिए लिखे गए पत्र हमेशा ऐसे ही अधिकारी के हस्ताक्षर होते हैं जिसका पद संयुक्त सचिव से कम नहीं होता।

8. संकल्प (Resolution)

संकल्प केवल सरकार की ओर से जारी किया जाता है। इसका प्रयोग सरकारी उपयोग के लिए निम्नलिखित उद्देश्यों के लिए किया जाता है–

(अ) नीति सम्बन्धी महत्त्वपूर्ण सरकारी निर्णयों की घोषणा करने के लिए।

(आ) सरकारी नीतियों की सार्वजनिक उद्घोषणा हेतु।

(इ) जब केन्द्रीय सरकार को जाँच-समितियों अथवा जाँच आयोगों के विशिष्ट प्रतिवेदन या निर्णय आदि की घोषणा करनी हो।

(ई) जब केन्द्रीय सरकार विशिष्ट जाँच आयोगों या जाँच-समितियों की नियुक्ति की सार्वजनिक घोषणा करना चाहे।

संकल्प को भी अधिसूचनाओं की तरह भारत सरकार के 'राजपत्र' (India Gazzette) में प्रकाशित किया जाता है। इसके पृष्ठांकन में सरकार द्वारा दिया गया आदेश होता है कि इसका प्रकाशन भारतीय राजपत्र में किया जाय। संकल्प की भाषा विषय-वस्तु के अनुरूप ही होती है तथा शेष सभी बातें सामान्यतया सरकारी

अधिसूचना के समान ही होती हैं।

9. अधिसूचना (Notification)

सरकारी पत्राचार में अधिसूचना की अपनी स्वतन्त्र सत्ता एवं मूल्यवत्ता होती है। सरकारी अधिसूचनाएँ सामान्यतः भारत के राजपत्र में प्रकाशित होती है। अधिसूचनाओं में सरकारी आदेशों, नीतियों व नियमों के लागू होने, किसी विशिष्ट व्यक्ति को अधिकार प्रदान करने और केन्द्रीय सरकार आदि के राजपत्रित अधिकारियों की नियुक्तियों एवं स्थानांतरणों आदि के सम्बन्ध में सूचनाएँ दी जाती हैं। अधिसूचना के आरम्भ में ही यह निर्देश दिया जाता है कि यह राजपत्र के किस भाग और कौन से खण्ड में प्रकाशित की जायेगी। अधिसूचनाओं में किसी भी प्रकार का सम्बोधन तथा पत्र की अन्य औपचारिकताओं का निर्वाह नहीं होता। अधिसूचना का मूल व मुख्य हेतु विविध सरकारी प्रयोजन की सूचना आदि देना होता है। इस पर संयुक्त सचिव अथवा उससे वरिष्ठ प्राधिकारी के हस्ताक्षर होते हैं और तदुपरांत प्रकाशनार्थ भारत सरकार के प्रेस में भेज दी जाती हैं। अधिसूचना को हमेशा अन्य पुरुष (Third person) में लिखा जाता है तथा इसमें मंत्रालय का नाम, भेजने वाले के हस्ताक्षर, पदनाम, दिनांक, एवं अधिसूचना संख्या आदि का उल्लेख मुख्य रूप से किया जाता है।

10. पृष्ठांकन (Endorsement)

इसका प्रयोग तब किया जाता है, जब कोई कागज मूल रूप में भेजने वाले को ही लौटाना हो या किसी और मंत्रालय या सम्बद्ध या अधीन कार्यालय को सूचना, टीका-टिप्पणी या निपटाने के लिए (मूल या उसकी नकल के रूप में) भेजना हो या जब पत्रादि पाने वाले के अलावा उसकी नकल और भी किसी को भेजनी हो। अन्तिम स्थिति में पृष्ठांकन का रूप निम्नलिखित में से कोई एक हो सकता है–

"...को एक प्रति (जिस पत्र का यह उत्तर है, उसकी नकल के साथ) सूचना/सूचना और संदर्भ/आवश्यक कार्रवाई/उत्तर/शीघ्र अनुपालन के लिए भेजी जा रही है।"

प्रशासनिक मंत्रालयों द्वारा जारी की गई वित्तीय मंजूरियों की नकलें भी, जिन्हें वित्त मंत्रालय के द्वारा लेखा-परीक्षा-अधिकारियों के पास भेजना हो, पृष्ठांकन द्वारा ही भेजी जाती हैं।

राज्य सरकारों को नकलें भेजते समय इस प्रकार का पृष्ठांकन नहीं करना चाहिए। उन्हें वे 'पत्र' के रूप में भेजी जानी चाहिए। इसके लिए आमतौर से पत्र

ही लिखा जाना चाहिए।

संक्षेप में, सरकारी पत्राचार में पृष्ठांकन का प्रयोग निम्नलिखित उद्देश्यों की पूर्ति के लिए किया जाता है–

(अ) जब मूल पत्र प्रेषक को वापिस लौटाना हो।

(आ) जब किसी महत्त्वपूर्ण सरकारी पत्र की प्रतिलिपियाँ प्राप्तकर्ता के अतिरिक्त किसी दूसरे विभागों, अनुभागों अथवा कार्यालयों को भी भेजी जानी हो।

(इ) जब प्राप्त पत्रादि को मूल रूप में अथवा उसकी प्रतिलिपि को किसी सम्बद्ध मंत्रालय, विभाग अथवा कार्यालय आदि को भेजा जाना हो।

(ई) किसी विचाराधीन मामले को निपटाने अथवा उस पर विचार-विमर्श करने के लिए।

11. प्रेस विज्ञप्ति (Press Communique)

सरकारी कार्य प्रणाली में प्रेस-विज्ञपित या प्रेस नोट (Press note) की विशेष भूमिका रहती है। केन्द्रीय सरकार के निर्णयों, आदेशों, प्रस्तावों तथा नीतियों आदि को सार्वजनिक तौर पर प्रसारित एवं प्रचारित करने की उद्देश्य पूर्ति के लिए प्रेस विज्ञप्ति का प्रयोग किया जाता है। इसे प्रमुख समाचार पत्रों में ज्यों-की-त्यों यथास्थिति प्रकाशित किया जाता है क्योंकि उसका स्वरूप अत्याधिक औपचारिक होता है। सरकारी प्रेस विज्ञप्ति में समाचार पत्र की ओर से कुछ भी घटाया या बढ़ाया नहीं जा सकता और न ही उसमें फेर-बदल करने की अनुमति होती है। अन्य प्रेस नोट को पत्रकार वैसे संक्षिप्त या छोटा-बड़ा कर सकता है।

प्रेस विज्ञप्ति चूँकि सूचनात्मक होती है, अतः इसमें सम्बोधन अथवा अधोलेख आदि औपचारिक बातें नहीं होतीं। इसकी भाषा सरल तथा सुबोध होने की अपेक्षा रहती है। प्रेस विज्ञप्ति में उसे जारी करने वाले सक्षम प्राधिकारी द्वारा यह स्पष्ट आदेश भी दिया जाता है कि उसे विशिष्ट तारीख या अवधि में ही प्रकाशित किया जाये।

12. द्रुत पत्र (Express Letter)

द्रुत पत्र को तुरन्त पत्र भी कहा जाता है। द्रुत पत्र का अर्थ है शीघ्र पहुँचाने वाला पत्र। सरकारी कार्यों से सम्बन्धित संदेश, सूचनाएँ, रिपोर्ट, समाचार आदि शीघ्र भेजने के लिए द्रुत पत्रों का उपयोग किया जाता है। ऐसे पत्रों की भाषा तार की भाषा-सी होनी चाहिए और पाने वाले को भी उसे उतनी प्राथमिकता या वरियता देनी चाहिए। ऐसे पत्रों में पते पर 'तुरन्त वितरण' (Express Delivery) लिखा जाना आवश्यक होता है। अत्यधिक शीघ्रता के मामलों को छोड़कर और सभी मामलों में जहाँ तक हो सके, तार के बदले द्रुत या तुरन्त पत्र

से ही काम लेना चाहिए।

13. मितव्यय पत्र (Savingram)

मितव्यय पत्र को सेवाग्राम भी कहा जाता है। मितव्यय पत्रों का स्वरूप द्रुत पत्र और तार जैसा ही होता है। सरकारी कार्य निष्पादन हेतु देश-विदेशों से गोपनीय स्वरूप का पत्र व्यवहार करने के लिए मितव्यय पत्र का मुख्यतः प्रयोग किया जाता है। अन्य सरकारी पत्रों की अपेक्षा मितव्यय पत्र की अपनी कुछ खास विशेषताएँ होती हैं। ऐसे पत्रों की भाषा सामान्य सरकारी पत्रों की भाषा से सर्वथा भिन्न कूट तार की भाषा जैसी होती है जो सामान्य जनता की समझ में नहीं आ सकती।

मितव्यय पत्र राजनयिक थैले या रजिस्ट्री बीमा डाक द्वारा भेजा जाता है और बीजांक कर्मचारी उसे सभी सम्बन्धित अधिकारियों को एक साथ बाँट देते हैं। बीजांक तार की तरह मितव्यय पत्र भी जहाँ तक सम्भव हो सके कम से कम शब्दों में लिखा जाता है और उसके साथ कोई सहपत्र आदि नहीं भेजा जाता।

14. अनौपचारिक टिप्पणी (Un-official Note)

सरकारी कामकाज में अनौपचारिक टिप्पणी का भी प्रयोग यदा-कदा अवश्य किया जाता है। अनौपचारिक टिप्पणी मुख्यतः फाइल पर स्वतन्त्र टिप्पणी तैयार कर सम्बन्धित फाइल को ही मंत्रालय अथवा विभाग आदि में भेजकर तथा स्वतःपूर्ण टिप्पणी अथवा ज्ञापन भेजकर किया जा सकता है। अनौपचारिक टिप्पणी की भाषा सरल और सुबोध होती है तथा उसे संक्षिप्त रूप से लिखा जाता है। इसमें न तो सम्बोधन होता है और न ही स्वनिर्देश। इसका प्रयोग विभिन्न मंत्रालयों, विभागों अथवा सम्बद्ध कार्यालयों आदि से विशिष्ट विषय या मामले पर विचार माँगने हेतु किया जाता है। कभी-कभी आदेशों या अनुदेशों के सम्बन्ध में स्पष्टीकरण अथवा कुछ कागजात आदि मँगाने के लिए भी इसका उपयोग किया जाता है।

15. अनुस्मारक (Reminder)

इसे स्मरण पत्र भी कहा जा सकता है। अनुस्मारक के लिए पत्र का वही रूप प्रयुक्त किया जाता है जिसमें मूल पत्र प्रेषित किया गया था। जब मूल पत्र के अनुसार कार्यवाही समय पर न की गई हो अथवा माँगी गई जानकारी समयावधि में न भेजी गई हो तब सम्बन्धितों को कार्य का स्मरण दिलाने के लिए अनुस्मारक (स्मरण पत्र) का प्रयोग किया जाता है। अनेक पत्रों और स्मरण पत्रों के बावजूद मामले का महत्त्व बढ़ने पर वांछित उत्तर प्राप्त नहीं हुआ तक अर्द्धसरकारी पत्र (डी.ओ.लेटर) के रूप में भी अनुस्मारक लिखे जाते हैं।

16. प्रतिवेदन (Report)

सरकारी कामकाज के प्रमुख अंग के रूप में जाँच, तथ्यान्वेषण, सुझाव आदि के विस्तृत विवरण प्रस्तुत करने की प्रणाली को प्रतिवेदन या रिपोर्ट कहा जाता है। प्रतिवेदन में वह सूचना या जानकारी प्रस्तुत की जाती है जो सार्वजनिक रूप में यथातथ्य ज्ञात नहीं होती किन्तु प्रतिवेदन प्रस्तुत करने वाला व्यक्ति या आयोग या समिति उसे सम्बद्ध व्यक्तियों या सरकार तक तथ्यों को यथास्थिति प्रस्तुत करते हैं। प्रतिवेदन एक या अनेक व्यक्ति, अधिकारी, सचिव तथा सरकार के द्वारा गठित आयोग, मण्डल प्रस्तुत करते हैं।

प्रतिवेदन में तथ्यों की यथास्थिति प्रस्तुत करने का प्रामाणिक प्रयास किया जाता है। उसमें प्रस्तुत की जाने वाली सभी बातें क्रमबद्ध रूप से दी जाती हैं। विषय तथा स्थिति की गम्भीरता के अनुसार उसकी पृष्ठभूमि संक्षिप्त अथवा विस्तृत भी हो सकती है। किन्तु जब प्रतिवेदन किसी विशेषज्ञ द्वारा प्रस्तुत किया जाता है तो वह विस्तृत रूप में विश्लेषणात्मक ही रहता है। समितियों, आयोगों तथा प्रतिनिधि मंडलों द्वारा प्रस्तुत किये गये प्रतिवेदनों में सम्बद्ध विषय के अन्वेषण व जाँच का पूरा ब्योरा दिया जाता है। साक्ष्यों तथा प्रमाणों को क्रमशः प्रतिवेदन में रखा जाता और अन्त में समिति या आयोग के निष्कर्ष को प्रस्तुत किया जाता है। यह निष्कर्ष सिफारिश के रूप में भी हो सकता है अथवा सम्बद्ध मामले को एकदम समाप्त करने के लिए भी हो सकता है। किन्तु कार्यवाही की सिफारिश का संकेत इस प्रकार के प्रतिवेदन में अवश्य रहता है।

17. तार (Telegram)

सरकारी पत्राचार में तार की विशेष भूमिका एवं महत्त्व है। तार सिर्फ उन्हीं मौकों पर भेजे जाते हैं जब वह बहुत जरूरी हों। क्योंकि हवाई डाक द्वारा बहुत जल्दी पत्रादि पहुँचाने की सहूलियत है इसलिए अगर पत्रादि के ऊपर उपयुक्त 'प्राथमिकता' के चिह्न देने या तुरन्त डाक द्वारा उसे भेज देने से काम चल जाये तो तार नहीं भेजे जाते। तार का मूल छोटा होना चाहिए पर इतना छोटा भी नहीं कि मतलब साफ न निकल सके। अर्थात तार संक्षिप्त हो किन्तु बोधगम्य भी होने चाहिए। तार दो तरह के होते हैं :

(क) **शब्दबद्ध तार**–जिन्हें साधारण भाषा में लिखा जाता है और सीधे तार घर भेज दिया जाता है। सम्बन्धित मन्त्रालय उन्हें केन्द्रीय रजिस्ट्री के जरिए ही भेजता है।

(ख) **बीजांक और कूट भाषा तार**–ये तार गोपनीय और गुप्त ढंग के मामलों के सम्बन्ध में होते हैं और इसलिए कूट या बीज भाषा में भेजे जाते हैं। ये

विदेश मंत्रालय के केन्द्रीय बीजांक ब्यूरो द्वारा भेजे जाते हैं। ऐसे तारों का सम्पादन करने, उन पर क्रमसंख्या डालने और उन्हें रखने आदि के बारे में विदेश मंत्रालय ने विस्तार से अनुदेश दिये हैं। उनका पूरी तरह से पालन किया जाना चाहिए।

सरकारी तारों में प्रयोग के लिए पाँच प्राधिकृत संकेत होते हैं :

(अ) जीवन रक्षा (एस.वी.एच) अर्थात अन्तर्देशीय और विदेशी, समुद्री या वैमानिक यातायात में जन-जीवन की सुरक्षा से सम्बन्धित तार।

(आ) अतितत्काल (Most Immediate)

(इ) ऑपरेशन तत्कालिक (Operation Immediate)

(ई) तत्काल (Immediate)

(उ) महत्त्वपूर्ण (Important)

ये संकेत काम में लाए जाएँ, इसका निश्चय डाकतार के महानिदेशक द्वारा जारी किए गए नियमों के अनुसार होता है। उन नियमों में यह भी बता दिया गया है कि प्राथमिकता की इन श्रेणियों से काम लेने का प्राधिकार किन-किन अधिकारियों को है।

प्राथमिकता की इन श्रेणियों को काम में लाने का प्राधिकार किसी दूसरे अधिकारी को नहीं सौंप जाएगा और 'आदेश से' हस्ताक्षर किए हुए प्राथमिकता वाले तार नीचे दी गई स्थिति के अलावा स्वीकार नहीं किए जाएँगे :

(*i*) यदि किसी संकेत के प्रयोग का प्राधिकार किसी विशेष अधिकारी को दिया गया हो तो उस अधिकारी के मुख्यालय से बाहर रहने की स्थिति में उससे ठीक नीचे वाला (और कोई नहीं) अधिकारी ही इस संकेत से काम ले सकता है।

(*ii*) असाधारण परिस्थितियों में कोई भी अधिकारी किसी भी तरह की प्राथमिकता का, जिसे वह जरूरी समझे, प्रयोग कर सकता है, परन्तु उसे अपनी कार्रवाई को सूचना परिस्थितियों का ब्यौरा देते हुए अपने ऊँचे अधिकारी को देनी होगी और अपनी कार्रवाई को उचित सिद्ध करने के लिए वह खुद ही जिम्मेदार होगा।

उपर्युक्त प्राथमिकता संकेत और उनके इस्तेमाल का तरीका टेलीफोन ट्रंक काल के सम्बन्ध में भी लागू होता है। बीजांक और कूट भाषा तारों को छोड़कर और सभी की पुष्टि प्रतियाँ डाक से भेजी जानी चाहिए।

गैर सरकारी रूट अर्थात् संस्थान, कम्पनी, निगम, बैंक तथा सार्वजनिक प्रतिष्ठान आदि को कार्य प्रणाली में भी तार की अपनी महत्ता होती है और उसका प्रयोग किया जाता है। किन्तु ये तार कूट भाषा तार न होकर इनका स्वरूप इन कार्यालयों में सामान्य होता है। जिस तरह हिन्दी में निबंध लेखन,

पत्र-लेखन तथा टिप्पण लेखन एक कला है उसी प्रकार हिन्दी (देवनागरी) में तार लेखन भी एक कला है, क्योंकि तार लेखन की कला से ही अधिकाधिक पैसे बचाए जा सकते हैं। तार में कम से कम शब्दों में पूरा आशय व्यक्त करना होता है। तार लेखन में उसका पता लिखना भी महत्त्वपूर्ण बात है। तार का पता अगर पंजीकृत है तो उसका उपयोग किया जाना चाहिए अन्यथा पता साफ अक्षरों में सम्यक रूप से पिनकोड सहित लिखा जाना चाहिए। सामान्यतया तार दो प्रकार से भेजे जाते हैं–(अ) शीघ्रता (Express Telegram) तथा (आ) साधारण तार (Ordinary Telegram)। एक बात ध्यान में रखें कि बहुत ही आवश्यक मामलों में शीघ्रतार भेजे जाने वाले तार में पाने वाले के नाम के पश्चात टी.एफ. लिखकर उसका टेलीफोन क्रमांक (यदि कोई हो) लिखा जाय तो तार गंतव्य स्थान पर पहुँचने पर पाने वाले को टेलीफोन से भी तार पढ़कर सुनाया जाता है।

हिन्दी (देवनागरी) तार के महत्त्वपूर्ण नियम

(*i*) दस अक्षरों तक के शब्द का तार प्रभार एक शब्द के प्रभार के बराबर लगता है। यदि एक शब्द में दस से अधिक हो तो दस-दस अक्षरों का एक और जो अक्षर बाकी शेष रहते हैं उनका भी एक ही शब्द मान लिया जाएगा।

(*ii*) मात्राओं को अलग-अलग नहीं गिना जाता है।

(*iii*) अधिक से अधिक दस अक्षरों वाले सम्पूर्ण क्रिया वाचक वाक्य/वाक्यांश को भी तार प्रभार के लिए ही शब्द गिना जाता है।

(*iv*) विभक्तियों के 'चिन्हों' अथवा सम्बन्धसूचक शब्दों जैसे–ने, को, के, लिए, का, की, के, से, पर आदि को पहले शब्द के साथ लिखना चाहिए।

(*v*) समासयुक्त शब्द भी एक ही गिना जाता है, जैसे–संतोषप्रद, अत्यावश्यक आदि एक ही शब्द माने जाते हैं।

(*vi*) संयुक्त व्यंजनों में प्रत्येक अक्षर को तार प्रभार के लिए अलग-अलग गिना जाएगा, जैसे–क्ष, त्र, स्व, मं, प्र, क्त आदि दो-दो अक्षर तथा स्थ्य, जज्च आदि तीन अक्षर माने जाएँगे।

(*vii*) यदि बीच में स्थान न छोड़ा गया हो तथा दस से अधिक अक्षर न हों तो एक ही अक्षर गिना जाएगा। यथा–प्रधानमंत्री, संयुक्तसचिव, महाप्रबंधक आदि।

(viii) व्यापारिक चिन्ह अथवा संख्याएँ गिनने के लिए पाँच अंकों के चिन्हों तक के समूह को एक ही शब्द गिना जाता है।

(ix) शब्दों के प्रारम्भिक अक्षरों में से प्रत्येक को एक शब्द ही माना जाता है।

(x) जिस स्थान को तार भेजा जाता है उसके नाम को एक शब्द माना जाता है परन्तु उसे उस रूप में लिखना चाहिए जैसे कि तार निर्देशिका के नामों की सूची में लिखा गया है। जैसे—'कनाट प्लेस नयी दिल्ली' को एक ही शब्द गिना जाएगा।

(xi) प्रत्येक विराम चिन्ह और कोष्ठकों को भी एक शब्द माना जाएगा। (.), (,) आदि को एक-एक शब्द गिना जाएगा। इसी प्रकार दो शब्दों के बीच यदि वक्र रेखा/(ओवलिग) का प्रयोग किया गया हो तो उसके लिए एक शब्द मान लिया जायेगा।

सरकारी पत्राचार के नमूने

सरकारी (शासकीय) पत्र-1 (Official Letter)

क्र. सं. 90/810/8/92 सूचना

भारत सरकार

सूचना एवं प्रसारण मंत्रालय

नई दिल्ली

दिनाँक : 9 जून, 1992

सेवा में,

महानिदेशक

आकाशवाणी

नई दिल्ली

विषय : निदेशक के पद को स्थायी बनाना।

महोदय,

उपरोक्त विषयक आपके पत्र संख्या 10/81/6/92 दिनांक 2 मार्च, 1992 के सन्दर्भ में मुझे यह सूचित करने का निदेश हुआ है कि राष्ट्रपति ने सूचना एवं प्रसारण सेवाओं के महानिदेशालय में विद्यमान निदेशक के अस्थायी पद को दिनांक 1 जुलाई, 1992 से स्थायी बनाने हेतु स्वीकृति प्रदान कर दी है।

उक्त स्वीकृति हेतु वित्त मंत्रालय ने अपनी सहमति अनौपचारिक टिप्पणी संख्या 10/100/5/92 दिनांक 16 मई, 1992 के अनुसार प्रदान की है।

भवदीय

(भारत सिंह)

अवर सचिव, भारत सरकार

सरकारी पत्र - 2

क्रम संख्या 90/100/1/92 शिक्षा
भारत सरकार
शिक्षा मंत्रालय

प्रेषकः

डॉ. मदन गोपाल
उप-सचिव, शिक्षा मंत्रालय

सेवा में,

अध्यक्ष
केन्द्रीय हिन्दी निदेशालय
नई दिल्ली

नई दिल्ली, दिनांक 2 जून 1992

विषय : पत्राचार पाठ्यक्र का नवीकरण।

महोदय,

मुझे यह कहने का निदेश हुआ है कि केन्द्रीय हिन्दी निदेशालय द्वारा संचालित पत्राचार पाठ्यक्रम के नवीकरण की स्वीकृति हेतु आपके पत्र संख्या 10/100/5/86 दिनांक 2 मई 1992 के अनुसार प्रस्तावित नवीकरण को स्वीकृति दी गई है। पत्राचार पाठ्यक्रम के नवीन प्रारूप में कुछ सुधार के निर्देश भी दिये गये हैं। अतः तदनुसार कार्रवाई करें। नया संशोधित पत्राचार पाठ्यक्रम 15 जून 1992 से लागू माना जायेगा।

भवदीय
(मदन गोपाल)
उप-सचिव, शिक्षा मंत्रालय

अर्द्ध-सरकारी पत्र

(Demi-Official Letter)

भारतीय स्टेट बैंक

डॉ. राजेन्द्र दीक्षित
शाखा प्रबन्धक, पुणे
दिनांक : 3 जून 1992

संदर्भ सं./असप/100/85
प्रिय श्री रमेश पाटिल,

दिनांक 26 मई 1992 को खण्ड विकास कार्यालय में हुई स्थानीय शाखाओं के

प्रबंधकों की बैठक में आपने जो भाषण दिया उससे मैं काफी प्रभावित हुआ हूँ। ग्रामीण क्षेत्र में किये जाने वाले अग्रिमों की समस्याओं से जूझकर भी आपके द्वारा समाज के कमजोर वर्गों को किया गया वित्त-पोषण तथा उसकी कार्यप्रणाली दोनों बेमिसाल हैं।

मैं अपनी शाखा-स्तर पर आपके द्वारा अपनायी गयी कार्यप्रणाली को लागू करने का प्रयत्न कर रहा हूँ। ताकि वित्त-पोषण की मात्रा में वृद्धि अधिक हो सके। आपसे निवेदन है कि उक्त विषयक पूरी जानकारी हमें भेजकर अनुग्रहीत करें।

आपका
(राजेन्द्र दीक्षित)

श्री रमेश पाटिल
शाखा प्रबन्धक
बैंक ऑफ इण्डिया, पुणे

अर्द्ध सरकारी पत्र-2

भारतीय साधारण बीमा निगम

अशोक गोदरेज
उपप्रबन्धक (हिन्दी)
प्रधान कार्यालय, बम्बई
दिनांक : 4 जून 1992

संदर्भ सं./10/100/86
प्रियवर राजेश,

आपके आंचलिक प्रबन्धक के पत्र और हमारी गृह-पत्रिका के लिए भेजी गयी सामग्री से यह जानकर हमें बेहद खुशी हुई कि आपको पुणे विश्वविद्यालय द्वारा हाल ही में डी.लिट्. की उपाधि प्रदान की गई है। आपके द्वारा अर्जित हिन्दी सहित्य की इस श्रेष्ठ स्तरीय शैक्षणिक योग्यता पर हमें गर्व है। इस सुखद अवसर पर हमारे महाप्रबन्धक महोदय तथा हिन्दी विभाग की ओर से हार्दिक बधाई स्वीकार करें। आशा है, डी.लिट्. उपाधि द्वारा अर्जित ज्ञान का उपयोग आपके द्वारा निगम में हिन्दी का प्रगामी प्रयोग बढ़ाने की दिशा में किया जायेगा।

शुभकामनाओं सहित–

आपका
(अशोक गोदरेज)

डॉ. राजेश कुलकर्णी
राजभाषा अधिकारी
भारतीय साधारण बीमा निगम
आंचलिक कार्यालय, पुणे

कार्यालय ज्ञापन

(Office Memorandum)

क्रम संख्या 90/100/6/92 आवास

भारत सरकार

रेल मंत्रालय

नई दिल्ली

दिनांक : 5 जून 1992

विषय : आवास आवंटन।

मुझे यह निर्देश प्राप्त हुआ है कि राजपत्रित अधिकारी श्रेणी-1 के करीबन दस आवास निजामुद्दीन, दिल्ली क्षेत्र में खाली हो गए हैं और आवंटन के लिए तैयार रखे हुए हैं। अतः जो अधिकारी इन आवासों को प्राप्त करना चाहें, वे अपनी वरीयता के क्रमानुसार अपने प्रार्थना-पत्र निर्धारित फार्म में दिनांक 30 जून 1992 तक इस कार्यालय को अवश्य प्रस्तुत कर दें, ताकि उन पर विचार करके आवासों का उचित आवंटन किया जा सके।

(राजेन्द्र दीक्षित)

संयुक्त सचिव

रेल मंत्रालय, भारत सरकार

प्रति : **सभी विभागीय कार्यालय**

कार्यालय ज्ञापन-2

क्रम संख 90/100/6/92 प्रशासन

भारत सरकार

वित्त मंत्रालय

(बैंकिंग प्रभाव)

नई दिल्ली

दिनाँक : 6 जून 1992

कार्यालय विज्ञापन

डॉ. रमेश राय, अधीक्षक, लेखा परीक्षा के विरुद्ध गम्भीर शिकायतें प्राप्त हुई हैं कि वे कार्यालय में अक्सर देरी से आते हैं और बार-बार समझाने पर भी स्थिति में कोई सुधार नहीं होता। उनके विरुद्ध एक शिकायत यह भी है कि कार्यालयीन भोजन-अवकाश के पश्चात् भी वे अपनी सीट पर उपस्थित नहीं रहते जिससे सरकारी कामकाज में बाधाएँ उत्पन्न होती हैं।

डॉ. राय का इस तरह का बर्ताव कार्यालयीन नियमों तथा अनुशासन के विरुद्ध होने के कारण आपत्तिजनक भी है। अतः डॉ. राय को आदेश दिया जाता है कि इस ज्ञापन के प्राप्त होने के पश्चात एक सप्ताह के भीतर वे अपना स्पष्टीकरण प्रस्तुत कर दें कि उन पर लगाए गए आरोपों के आधार पर उनके विरुद्ध क्यों न अनुशासनात्मक कार्रवाई की जाए। यदि उक्त समयावधि में उन्होंने कोई स्पष्टीकरण नहीं दिया तो यह मान लिया जायेगा कि उन्हें इस सम्बन्ध में कुछ नहीं कहना है और नियमानुसार उनके विरुद्ध कार्रवाई कर दी जाएगी।

अवर सचिव
भारत सरकार

ज्ञापन

(Memorandum)

भारतीय जीवन बीमा निगम

क्षेत्रीय कार्यालय
हैदराबाद

संदर्भ सं./क्षेका/का/100/93 दिनांक : 9 जनवरी 1993

ज्ञापन

श्री के.एस.सिद्दीकी, बेगम बाजार, हैदराबाद को एतद् द्वारा सूचित किया जाता है कि इस कार्यालय में अधीनस्थ पद पर नियुक्ति के लिए उन्होंने जो आवेदन पत्र दि. 20 अक्तूबर 1992 को भेजा था, उस पर निगम ने कार्रवाई की है। श्री सिद्दीकी को सूचित किया जाता है कि सरकारी नियमानुसार आजकल अधीनस्थ कर्मचारियों की भर्ती सेवा नियोजन कार्यालय द्वारा सूचित किये गये उम्मीदवारों के पैनेल से की जाती हैं। चूँकि श्री सिद्दीकी स्वीकृत पैनेल में नहीं हैं, अतः अधीनस्थ पद पर उनकी नियुक्ति करने में निगम असमर्थ है।

क्षेत्रीय प्रबन्धक

प्रतिः
श्री के.एस.सिद्दीकी
मालपुर रोड
बेगम बाजार,
हैदराबाद

ज्ञापन-2

हिन्दुस्थान एंटिबायोटिक्स लिमिटेड

पिम्परी, पुणे

संदर्भ सं. स्थापना/का/100/93 दिनांक : 2 मार्च 1993

ज्ञापन

यह देखा गया है कि हिन्दुस्थान एंटिबायोटिक्स में कार्यरत अनेक अधीनस्थ कर्मचारी अपनी ड्यूटी पर निर्धारित वर्दी पहनकर नहीं आते। कम्पनी ने सभी अधीनस्थ कर्मचारियों को नियमानुसार वर्दी की आपूर्ति कर दी है और सभी कर्मचारियों को कम्पनी की ओर से धुलाई भत्ता भी दिया जाता है। किन्तु कम्पनी सेवा विनियमन का उल्लंघन करते हुए अनेक अधीनस्थ कर्मचारी बिना वर्दी पहने कम्पनी में आते हैं।

अतः एतद् द्वारा सभी अधीनस्थ कर्मचारियों को आदेश दिया जाता है कि वे कम्पनी के नियमानुसार वर्दी पहनकर ही अपनी ड्यूटी पर आयें, अन्यथा उनके विरुद्ध आवश्यक कार्रवाई की जायेगी।

कार्मिक प्रबंधक

परिपत्र

(Circular)

भारत सरकार

भारतीय भूवैज्ञानिक सर्वेक्षण

केन्द्रीय क्षेत्र

नागपुर

संख्या/परि/स्था/100/92 दिनांक : 11 जून 1992

विषय : कार्यालय में समय पर उपस्थिति।

इस कार्यालय के सामान्य परिपत्र संख्या 90/परि/86 दिनांक 2 जनवरी 1992 की ओर ध्यान आकृष्ट किया जाता है जिसमें स्पष्ट निर्देश दिया गया है कि कोई भी कर्मचारी कार्यालय में देरी से आने पर आधे दिन के अवकाश पर समझा जायेगा। कर्मचारियों को समय पर कार्यालय में आने के लिए भी आवश्यक निदेश दिये थे।

विगत माह विभिन्न विभागों, अनुभागों तथा प्रभागों के आकस्मिक निरीक्षण से यह तथ्य ध्यान में आया है कि अनेक कर्मचारी समय पर कार्यालय में उप. स्थित नहीं हो रहे हैं। अतः निदेश दिया जाता है कि इसके पश्चात यदि कोई

कर्मचारी निर्धारित समय पर कार्यालय में उपस्थित नहीं होंगे तब उनके विरुद्ध कठोर अनुशासनिक कार्रवाई की जायेगी।

क्षेत्रीय प्रशासन अधिकारी
कृते उप-महानिदेशक

परिपत्र-2

देना बैंक

प्रधान कार्यालय
बम्बई

संदर्भ सं/प्रका/परि/100/92 दिनांक : 14 जून 1992

सभी क्षेत्रीय प्रबंधक
शाखा प्रबंधक
देना बैंक...

विषय : माँग-ड्राफ्ट तथा डाक-अंतरण की सुरक्षित अभिरक्षा।

प्रिय महोदय,

शाखाओं को दी गयी भेंट एवं निरीक्षण के दौरान पाया गया है कि शाखा कामकाज का समय समाप्त होने के पश्चात प्रबंधकों/अधिकारियों द्वारा माँगड्राफ्ट तथा डाक-अंतरण आदि के ब्लाकों को सुरक्षित अभिरक्षा में रखने की ओर उचित, गम्भीरतापूर्वक ध्यान नहीं दिया जाता है। इतना ही नहीं, कारोबार समय के दौरान जारी किये गए माँग-ड्राफ्ट, डाक-अंतरण आदि की अधिकारी वर्ग उचित जाँच पड़ताल नहीं करते। इस प्रकार की लापरवाही एवं उचित नियंत्रण के अभाव में बैंक को काफी वित्तीय नुकसान उठाना पड़ सकता है। अतः सभी सम्बन्धित शाखा-प्रबंधकों तथा अधिकारियों को आदेश दिया जाता है कि माँग-ड्राफ्ट तथा डाक-अंतरण की सुरक्षित अभिरक्षा के लिए उचित कार्रवाई की जाये तथा किसी भी प्रकार की लापरवाही न बरती जाये।

कृपया इन अनुदेशों का कड़ा अनुपालन सुनिश्चित करें।

भवदीय,
महाप्रबंधक
(परिचालन)

कार्यालय आदेश

(Office Order)

क्र. संख्या रा. वि. 100/7/1992

भारत सरकार

गृह मंत्रालय

राजभाषा विभाग

लोकनायक भवन

नई दिल्ली

दिनांक : 10 सितम्बर 1992

कार्यालय आदेश

निम्नलिखित उम्मीदवारों को राजभाषा विभाग (गृह मंत्रालय) भारत सरकार में आज दिनांक 10 सितम्बर 1992 (पूर्वाह्न) से वेतनमान रु. 1400-2300 में कनिष्ठ हिन्दी अनुवादक एवं हिन्दी सहायक के पदों पर नियुक्त किया जाता है। ये नियुक्तियाँ अस्थायी हैं और यथावधि स्थायी होंगी।

1. श्री राम तिवारी —हिन्दी सहायक
2. श्री उत्तमसिंह परमार —कनिष्ठ हिन्दी अनुवादक
3. कुमारी राधा कुमारी —हिन्दी सहायक
4. श्रीमती मीना पाटिल —कनिष्ठ हिन्दी अनुवादक

(भगतसिंह मीणा)

उप-सचिव, भारत सरकार

प्रति

1. सभी सम्बद्ध व्यक्ति
2. वेतन तथा लेखा अनुभाग

कार्यालय आदेश-2

क्रम संख्या 10/109/93 स्थापना

भारत सरकार

रेल मंत्रालय

रेल भवन, नई दिल्ली

दिनांक : 15 फरवरी 1993

कार्यालय आदेश

भारतीय रेल सेवा में अधीक्षक के पद पर नियुक्त डॉ. महेशचन्द्र सिन्हा को पद वृद्धि पर दिनांक 1 फरवरी 1993 से रेल मंत्रालय के सचिवालय में स्थानापन्न रूप में प्रशासनिक अधिकारी के पद पर नियुक्त किया गया है। अगले कार्यालय लयीन आदेश तक उनकी नियुक्ति सामान्य अनुभाग 'अ' में कर दी गई है।

(ज्योति पाण्डे)
अवर सचिव, भारत सरकार

1. डॉ. महेशचन्द्र सिन्हा
   प्रशासन अधिकारी, अनुभाग 'अ'
2. मंत्रालय के सभी विभाग तथा अनुभाग

संकल्प

(Resolution)
भारत सरकार
गृह मंत्रालय

संसद के दोनों सदनों में पारित सरकारी संकल्प (संख्या/
एफ-5/8/1993 रा. भा. की प्रतिलिपि संक्षेप में)

"जबकि संविधान के अनुच्छेद 343 के अनुसार संघ की राजभाषा हिन्दी रहेगी और उसके अनुच्छेद 351 के अनुसार हिन्दी भाषा की प्रसार वृद्धि करना और उसका विकास करना ताकि वह भारत की सामाजिक संस्कृति के सब तत्त्वों की अभिव्यक्ति का माध्यम हो सके, संघ का कर्तव्य है।

यह सभा संकल्प करती है कि हिन्दी के प्रसार एवं विकास की गति बढ़ाने के हेतु तथा संघ के विभिन्न राजकीय प्रयोजनों के लिए उत्तरोत्तर इसके प्रयोग के हेतु भारत सरकार द्वारा एक अधिक गहन एवं व्यापक कार्यक्रम तैयार किया जायेगा और उसे कार्यान्वित किया जायेगा और किये जाने वाले उपायों एवं की जाने वाली प्रगति की विस्तृत वार्षिक मूल्यांकन रिपोर्ट संसद की दोनों सभाओं के पटल पर रखी जायेगी और सब राज्य सरकारों को भेजी जायेगी।

1. ....
2. ....
3. ....

आदेश

आदेश दिया जाता है कि इस संकल्प की प्रति सभी राज्य सरकारों/संघ राज्यक्षेत्रों तथा भारत सरकार के मंत्रालयों को भेज दी जाये।

यह भी आदेश दिया जाता है कि इस संकल्प को भारत के राजपत्र में आम जानकारी के लिए प्रकाशित किया जाये।

संकल्प-2

(भारत सरकार के राजपत्र भाग-1, खण्ड 4 में प्रकाशित किये जाने के लिए)

क्र. संख्या 100/6/92

भारत सरकार

गृह मंत्रालय

संकल्प

विगत कुछ दिनों में देश के विभिन्न राज्यों में खासकर मध्य प्रदेश, उत्तर प्रदेश एवं बिहार आदि में अनुसूचित जाति एवं जनजाति के परिवारों पर कुछ समाज विरोधी तत्त्वों के नृशंस हमलों से सरकार चिंतित है। इन हमलों में अनेक हरिजनों के मकान जला दिये गए हैं और कई को गोलियों से उड़ा दिया गया है। इन घटनाओं से सरकार व्यथित है और ऐसी घटनाओं की रोकथाम के लिए तथा अपराधियों को उचित दण्ड के साथ हमलाग्रस्त परिवारों के पुनर्वसन हेतु सरकार दृढ़संकल्प है। इसके कार्यान्वयन हेतु एक उच्चाधिकार प्राप्त समिति का गठन करने का सरकार संकल्प करती है। इस समिति में सरकारी प्रतिनिधियों के अलावा अनुसूचित जाति-जनजाति एवं विशिष्ट जनसेवी व्यक्तियों को भी प्रतिनिधि के रूप में नियुक्त किया जाना है। इस समिति में एक अध्यक्ष एवं छः अन्य प्रतिनिधि होंगे। यह समिति तीन माह के भीतर अपनी रिपोर्ट सरकार को प्रस्तुत करेगी।

आदेश

आदेश दिया जाता है कि प्रस्तावित समिति के अध्यक्ष तथा उपरिलिखित सदस्यों को इस प्रस्ताव की प्रतिलिपि दी जाये।

यह भी आदेश दिया जाता है कि इसे सरकार के राजपत्र में आम जानकारी के लिए प्रकाशित किया जाये।

अधिसूचना

(Notification)

(भारतीय राजपत्र के भाग 1, खण्ड-2 में प्रकाशन हेतु)

भारत सरकार

वित्त मंत्रालय

नई दिल्ली

दिनांक : 28 जुलाई 1992

नियुक्तियाँ

संख्या 100/7/92

डॉ. परमानन्द रामपालसिंह, एम.ए., पी-एच.डी. आई.ए.एस. को 1 अगस्त 1992 (पूर्वाह्न) से वित्त मंत्रालय (भारत सरकार) में संयुक्त सचिव के पद पर नियुक्त किया गया है। डॉ. सिंह इस समय पंजाब सरकार के प्रशासन के राजस्व विभाग में अवर सचिव पद पर कार्यरत हैं।

(महेश चौधरी)

सचिव

संख्या 100/7/86 भारत सरकार

उपरोक्त अधिसूचना की अग्रिम प्रतिलिपि निम्नलिखित को भेजी गयी है—

1. गृह मंत्रालय, भारत सरकार
2. कोषाधिकारी, नई दिल्ली
3. महालेखापाल, पंजाब सरकार
4. गृह मंत्रालय, पंजाब सरकार
5. डॉ. परमानंद सिंह

(हस्ताक्षर)

अधिसूचना-2

(भारतीय राजपत्र के भाग 1, खण्ड 3 में प्रकाशित करने के लिए)

भारत सरकार

सूचना और प्रसारण मंत्रालय

(केन्द्रीय फिल्म सेन्सर बोर्ड)

नई दिल्ली

क्रम संख्या 100/7/86 दिनांक : 1 अगस्त 1992

राष्ट्रपति ने अगला आदेश जारी किये जाने तक भारतीय प्रशासनिक सेवा श्रेणी

II के निम्नलिखित अधिकारियों को दिनांक 1 अगस्त 1992 से भारतीय प्रशासनिक सेवा श्रेणी I के वेतनमान में स्थानापन्न रूप से नियुक्त किया है–

1. श्रीमती प्रेमलता कुमारी वाजपेयी
2. श्री मदनगोपाल खुराना
3. कुमारी दुर्गा झाडे
4. श्री सेवक राठौड़

(सीताराम पंड्या)
संयुक्त सचिव
भारत सरकार

उक्त अधिसूचना की अग्रिम प्रतिलिपि सभी सम्बन्धितों को प्रेषित की गई है।

(हस्ताक्षर)

पृष्ठांकन

(Endorsement)

क्रम संख्या 100/6/1992

खाद एवं रसायन मंत्रालय

नई दिल्ली

दिनांक : 26 जून 1992

निम्नलिखित पत्रों की एक प्रति सूचना एवं आवश्यक कार्रवाई के लिए

अथवा

सूचना एवं आवश्यक कार्रवाई के लिए

अथवा

आवश्यक विचार-विमर्श हेतु

या

सूचना तथा आवश्यक कार्रवाई के लिए उनके दिनांक...के पत्र संख्या...के संदर्भ में

या

कर्मचारियों के सूचनार्थ

(राजेन्द्र दीक्षित)
अवर सचिव
भारत सरकार

पृष्ठांकन-2

क्रम संख्या 100/6/92

भारत सरकार

शिक्षा मंत्रालय

नई दिल्ली : 28 जून 1992

अधोलिखित अधिकारियों को निम्नलिखित पत्रों की प्रतियाँ आवश्यक कार्यावाही हेतु भेजी जाती हैं। वांछित सूचना 30 जुलाई 1992 तक अवश्य भेज दी जाये ताकि समेकित विवरण सम्बन्धित मंत्रालयों को यथासमय भेजा जा सके।

1. संयुक्त सचिव–मानव संसाधन विभाग
2. महानिदेशक–डाक-तार विभाग
3. अवर सचिव–गृह मंत्रालय
4. उप महानिदेशक–स्वास्थ्य विभाग
5. सहायक निदेशक (हिन्दी)–केन्द्रीय हिन्दी निदेशालय

(राजेश पुरी)
अवर सचिव
शिक्षा मंत्रालय
भारत सरकार

प्रेस विज्ञप्ति

(Press Communique)

शुक्रवार, दिनांक 18 नवम्बर 1992 को रात्रि 10 बजे से पूर्व प्रसारित अथवा प्रकाशित न किया जाए।

विषय : भारत और जापान के बीच राजनयिक सम्बन्ध

भारत सरकार और जापान सरकार इस बात पर सहमत हो गयी हैं कि दोनों सरकारों के दूतावासों के स्तर पर अत्यन्त घनिष्ठ मित्रतापूर्ण मधुर सम्बन्ध प्रस्थ. ापित किये जायें। आशा है कि इससे दोनों राष्ट्रों के हित सम्बन्धों में वृद्धि होगी और परस्पर सम्बन्ध और भी अधिक सुदृढ़ होंगे जो दोनों के लिए लाभदायक होंगे।

मुख्य सूचना अधिकारी, प्रेस, सूचना ब्यूरो, नई दिल्ली के पास विज्ञप्ति जारी करने तथा इसे विस्तृत रूप से प्रसारित करने के लिए प्रेषित।

(रामलखन वर्मा)
संयुक्त सचिव
भारत सरकार

परराष्ट्र मंत्रालय
नई दिल्ली, 2 दिसम्बर 1993।

प्रेस विज्ञप्ति-2

सोमवार, दिनांक 22 फरवरी 1993 को रात्रि 9.00 बजे से पूर्व प्रसारित अथवा प्रकाशित न किया जाए।

विषय : भारत और फ्रांस के बीच व्यापारिक संधि।

भारत सरकार के उच्चाधिकार प्राप्त प्रतिनिधियों की विशेष बैठक में आज प्रातः 11 बजे यह संधि हुई कि भारत और फ्रांस में रसायन, चाय, जूट, चीनी, गरम मसाला तथा रेयॉन आदि माल का व्यापार दोनों पक्षों द्वारा तय किये गये निश्चित नियमों के अनुसार होगा। दोनों देशों की देय राशि के भुगतान हेतु दोनों देशों की मुद्राओं के विनियम आदि के सम्बन्ध में भी उचित निर्णय किया गया है। इस व्यापारिक संधि से दोनों देशों की मैत्री में और वृद्धि होगी।

मुख्य सूचना अधिकारी, प्रेस, सूचना ब्यूरो नई दिल्ली के पास विज्ञप्ति जारी करने हेतु प्रेषित।

(हरिशचन्द्र कंसल)
वाणिज्य मंत्रालय — संयुक्त सचिव
नई दिल्ली, दिनांक 20 फरवरी 1993। — भारत सरकार

द्रुत पत्र

(Express Letter)
क्रम संख्या 100/7/1993
भारत सरकार
गृह मंत्रालय

तत्काल
प्रेषक : — नई दिल्ली
गृहस (गृह मंत्रालय) — दिनांक : 12 अगस्त 1992
सेवा में,
मुख्य सचिव
बिहार

विषय : अनुसूचित जाति-जनजाति के लोगों पर अत्याचार

उपर्युक्त विषय के बारे में आपका ध्यान इस मंत्रालय के परिपत्र संख्या 100/7/91 दिनांक 18 जून 1991 की ओर आकृष्ट किया जाता है। खेद है कि 30 जून 1992 को समाप्त तिमाही का वांछित विवरण अभी तक आपकी ओर से इस

मंत्रालय को प्राप्त नहीं हुआ है। सम्बन्धित मामला गम्भीर होने के कारण अत्यंत आवश्यक माना गया है। अतः उक्त विवरण तुरन्त भेजने की व्यवस्था करें।

(महेन्द्र प्रताप सिंह)
अवर सचिव
भारत सरकार

द्रुत पत्र - 2

महाराष्ट्र शासन
वित्त मंत्रालय

तत्काल
मंत्रालय भवन

बम्बई, 25 जून 1992

प्रेषक

विजय पाटिल
संयुक्त सचिव
महाराष्ट्र शासन

सेवा में,

सचिव, राजस्व विभाग
वित्त मंत्रालय
नई दिल्ली

विषय : वित्तीय सलाहाकार के पद पर श्रीमती नंदा पांडुरंग कुलकर्णी की नियुक्ति।

संदर्भ : सरकारी तार संख्या/महा/वित्त/106/92 दि. 12 जून 92

उक्त पद की पूर्ति भारत सरकार की प्रशासकीय सेवा शर्तों के आधार पर निर्धारित वेतनमान में होगी। सम्बन्धित पदाधिकारी को इसके अतिरिक्त रु. 500 का मूल विशेष वेतन भी प्रदान किया जायेगा तथा वाहन व्यवस्था भी सरकारी खर्च पर की जायेगी।

उपरोक्त पद स्थायी किया गया है।

(विजय पाटिल)
संयुक्त सचिव
महाराष्ट्र शासन

मितव्यय पत्र

(Savingram)

भारत सरकार

स्वास्थ्य मंत्रालय

प्रेषक :

परराष्ट्र, नई दिल्ली

सेवा में,

भारत दूतावास

बगदाद (इराक)

क्रम संख्या : 100/92 नई दिल्ली, 20 जनवरी 1992

इस मंत्रालय के पत्र संख्या 100/92 विशेष दिनांक 30 मई 1992 के संदर्भ अनुसार इराक सरकार को यह सूचना तुरन्त दे दी जाये कि इराक में युद्धग्रस्त क्षेत्रों की जनता को आर्थिक सहायता के रूप में बीस करोड़ रुपये की राशि और दवाइयाँ भेजी जा रही हैं।

(भगवान दास)

सचिव

भारत सरकार

मितव्यय पत्र-2

भारत सरकार

विदेश मंत्रालय

प्रेषक :

परराष्ट्र, नई दिल्ली

सेवा में,

भारत दूतावास

कोलम्बो (श्रीलंका)

नई दिल्ली

दिनाँक : 22 अक्तूबर 1992

इस मंत्रालय के पत्र संख्या 102/92 दिनांक 5 सितम्बर 1992 के आगे के संदर्भ में श्रीलंका सरकार को अविलम्ब सूचित कर दें कि भारत सरकार श्रीलंका

के जाफना में दंगा पीड़ित लोगों के पुनर्वसन हेतु दो करोड़ रुपये की राशि तुरन्त भेज रही है।

(अरुणा शर्मा)
सचिव, भारत सरकार

अनौपचारिक टिप्पणी

(Un-Official Note)
वित्त मंत्रालय
बैंकिंग प्रभाग

विषय : बैंक कर्मचारियों को प्रोत्साहन पुरस्कार।

गृह मंत्रालय की सूचना के अनुसार, आये दिन बैंक डकैतियों के समय धैर्य से उनका मुकाबला करके डकैतों के इरादे नाकाम करने वाले बैंक कर्मचारियों को बहादुरी के लिए दो हजार रुपये की राशि प्रोत्साहन पुरस्कार के रूप में प्रदान करने की योजना इस विभाग के विचाराधीन है। इस योजना को अन्तिम रूप दिया जाना शेष है और गृह मंत्रालय का परामर्श प्राप्त होने के पश्चात ही इस सम्बन्ध में अगली कार्यवाही करना सम्भव है। आशा है, गृह मंत्रालय इस सम्बन्ध में शीघ्र ही अपना निर्णय दे देगा।

अवर सचिव
वित्त मंत्रालय
भारत सरकार
दिनांक : 20 जुलाई 1992

गृह मंत्रालय (वापसी/न वापसी)
वित्त मंत्रालय, बैंकिंग प्रभाग अ. टि. क्रम संख्या 100/7/92
दिनांक 20/7/92

अनौपचारिक टिप्पणी-2

परिवहन मंत्रालय
कार्मिक विभाग

विषय : **महाबलेश्वर, महाराष्ट्र में पर्यटन कार्यालय हेतु स्थान।**

परिवहन मंत्रालय महाराष्ट्र के महाबलेश्वर में पर्यटकों की माँग के अनुसार उनकी सुविधा के लिए पर्यटक कार्यालय शुरू करने जा रहा है। महाबलेश्वर के होटल 'हिल व्यू' के सामने 'जोशी बंगला' में एतदर्थ सात कमरे की करीबन 1200 वर्गफुट किराये

पर लेने का प्रस्ताव वहाँ के पर्यटक निदेशक ने सभी आवश्यक कागज-पत्रों समेत भेजा है। इस प्रस्ताव पर विचार-विमर्श किया जा रहा है किन्तु अन्तिम निर्णय तभी लिया जा सकता है, जब निर्माण और आवास मंत्रालय की सहमति प्राप्त हो जायेगी। अतः निर्माण और आवास मंत्रालय से अनुरोध है कि वे अपनी अनुमति तुरन्त भिजवाने की व्यवस्था करें। साथ में सभी आवश्यक कागजात संलग्न हैं।

अवर सचिव
परिवहन मंत्रालय
भारत सरकार

निर्माण तथा आवास मंत्रालय (वापसी/न वापसी)
परिवहन मंत्रालय अ.टि. क्रम संख्या 100/7/92
दिनांक : 25 मई 1992।

अनुस्मारक

(Reminder)

क्रम संख्या 11008/9112/7/93

भारत सरकार

विधि एवं न्याय मंत्रालय

प्रेषक :

उपसचिव, नई दिल्ली
विधि एवं न्याय मंत्रालय दिनांक : 10 जनवरी 1993

सेवा में,
उप-सचिव
खाद्य एवं आपूर्ति विभाग
कृषि मंत्रालय, कृषि भवन
नई दिल्ली।

विषय : **खाद्य मंत्रालय विषयक संसदीय प्रश्न**

अधोहस्ताक्षरी को आदेश मिला है कि आपका ध्यान इस मंत्रालय के उक्त विषयक पत्र संख्या 11008/1102/7/93 दिनांक 20 दिसम्बर 1992 की ओर आकर्षित करें और उक्त विषयक फाइल शीघ्र भेजने के लिए आपसे निवेदन करें।

अतः उक्त विषयक फाइल शीघ्रातिशीघ्र भेजें।

भवदीय
(रामसिंह यादव)
उप-सचिव, भारत सरकार

अनुस्मारक-2

भारत सरकार
भारतीय खान ब्यूरो
अनुस्मारक

हिन्दी अनुभाग
प्रधान कार्यालय
नागपुर
18 जनवरी 1993

संदर्भ : सं./हिअ/100/93
सेवा में,
प्रशासन अधिकारी
भारतीय खान ब्यूरो
मंडल कार्यालय
भोपाल

विषय : **हिन्दी की प्रगामी प्रयोग से सम्बन्धित तिमाही रिपोर्ट।**

महोदय,

उक्त विषयक इस कार्यालय के परिपत्र सं./प्र. का/ हिन्दी/100/92 दि. 4 दिसम्बर 1992 का अवलोकन करें जिसमें 31 दिसम्बर 1992 को समाप्त तिमाही की हिन्दी के प्रगामी प्रयोग सम्बन्धी प्रगति रिपोर्ट 10 जनवरी 1993 तक भेजने के लिए कहा गया था। खेद है कि आपके कार्यालय की उक्त रिपोर्ट इस कार्यालय को अभी तक प्राप्त नहीं हुई है जिससे समेकीकरण का कार्यक्रम रुका पड़ा है। अतः निवेदन है कि उक्त तिमाही रिपोर्ट तुरन्त भेज दें।

भवदीय
उप-निदेशक (राजभाषा)

तार

(Telegram)

तार सरकारी तत्काल

रेस्टीस
बम्बई

पत्र सं. 110–रेस्टीस–दिनांक 10 मार्च 92 का संदर्भ लें। भारत सरकार एक्स-वाई-जेड की सेवा प्राप्त नहीं दोहराइए–नहीं करना चाहती।

होमेक्स

तार में शामिल न किया जाय

(रामेश्वर प्रसाद)
अवर सचिव, भारत सरकार

गृह मंत्रालय

सं. 110/90/8/92 नई दिल्ली, दिनांक : 16-04-92

पुष्टि के लिए प्रतिलिपि डाक द्वारा प्रेषित

(रामेश्वर प्रसाद)
अवर सचिव, भारत सरकार

तार-2

तार सरकारी तत्काल

प्रेषकः

उप सचिव
रक्षा मंत्रालय (भारत सरकार)
नई दिल्ली

सेवा में,

सचिव,
गृह मंत्रालय,
मद्रास, तमिलनाडु सरकार

सेविग्राम संख्या 109/93 दिनांक 10 फरवरी 1993 के संदर्भानुसार मद्रास पोर्टट्रस्ट की रक्षा व्यय विवरण शीघ्र भेजें।

डिफेक्स

तार में शामिल न किया जाय

(माधव गोडबोले)
उप-सचिव, भारत सरकार

रक्षा मंत्रालय

संख्या 308/912/93 दिनांक 22 फरवरी 1993

पुष्टि के लिए प्रतिलिपि डाक द्वारा प्रेषित

(माधव गोडबोले)
उप-सचिव, भारत सरकार

(ग) संक्षेपण/सार-लेखन (Precis/Summary)

संक्षेपण अथवा सार-लेखन से तात्पर्य है किसी अनुच्छेद, परिच्छेद, विस्तृत टिप्पणी या प्रतिवेदन आदि को संक्षिप्त कर देना। संक्षेपण को अंग्रेजी में Precis कहा जाता है और बोलचाल की भाषा में Summary प्रचलित है।

किसी विस्तार से लिखे गये विषय मामले अथवा प्रतिवेदन आदि को संक्षेप में लिखकर प्रस्तुत कर देना सार लेखन या संक्षेपण कहलाता है। सार लेखन में मूल विषय-वस्तु या कथ्य सम्बन्धित मुख्य विचारों या तथ्यों को ही प्राथमिकता एवं महत्ता दी जाती है। इसमें अनावश्यक बातें, संदर्भ, तर्क-वितर्क आदि को हटा दिया जाता है और मूल विचार, तथ्य और भावों को ही रखा जाता है।

संक्षेपण अर्थात सार-लेखन भी एक कला है और अध्ययन, अनुशीलन से उसे प्राप्त किया जा सकता है। कार्यालयीन कामकाज ही नहीं अपितु दैनंदिन जीवन में भी संक्षेपण कला का अत्यधिक उपयोग है। संक्षेपण को मानसिक प्रशिक्षण भी कहा गया है जिससे लेखन में स्पष्टता, सरलता तथा प्रभावशीलता पैदा होती है। संक्षेपण से अनेक लाभ हो सकते हैं, जैसे—

(अ) संक्षेपण से विचारों की एकाग्रता एवं दृढ़ता का विकास होता है।
(आ) इससे शब्द मितव्ययिता आदि की क्षमता बढ़ती है।
(इ) इससे मानसिक चिंतन, मनन तथा विचारों में स्पष्टता आती है।
(ई) सार-लेखन से विश्लेषण शक्ति का विकास होकर अभिव्यक्ति प्रभावशाली तथा घनीभूत बनती है।
(उ) संक्षेपण से मानसिक श्रम आदि की बचत होती है।
(ऊ) संक्षेपण लेखन से ग्रहण शक्ति तथा अभिव्यक्ति शक्ति का विकास होता है।

संक्षेपण की प्रक्रिया

संक्षेपण करना अथवा सार-लेखन एक कला है। संक्षेपण को सुचारु रूप से तैयार करके उसे आदर्श बनाने के लिए कुछ महत्त्वपूर्ण बातों की ओर ध्यान दिया जाना चाहिए।

1. संक्षेपण करते समय सर्वप्रथम मूल अनुच्छेद या विषय-वस्तु को दो-तीन बार ध्यानपूर्वक पढ़ लेना चाहिए। इससे मूल अनुच्छेद का भावार्थ समझ में आ जायेगा। तब तक सार-लेखन की शुरुआत नहीं करनी चाहिए जब तक कि मूल विषय का भावार्थ समझ में न आ जाये।
2. मूल अनुच्छेद को पढ़ने के बाद महत्त्वपूर्ण तथ्यों, बातों तथा विचारों को रेखांकित कर लिया जाना चाहिए। रेखांकन करते समय मूल विषय से सम्बन्धित कोई भी महत्त्वपूर्ण अंश नहीं छूटना चाहिए।

3. इसके बाद मूल में व्यक्त किये गये विचारों, भावों तथा तथ्यों को क्रमबद्ध कर लेना चाहिए।
4. मूल अनुच्छेद का एक-तिहाई में संक्षेपण करना चाहिए। इसमें संक्षेपक को अपनी ओर से कोई भी तर्क-वितर्क करने तथा किसी अतिरिक्त अंश को जोड़ने की अनुमति या छूट नहीं होती।
5. संक्षेपण को अंतिम रूप दिये जाने से पूर्व उसका पहले कच्चा रूप तैयार कर लिया जाना चाहिए और अच्छी तरह देख लिया जाना चाहिए कि सभी महत्त्वपूर्ण बातों का अंतर्भाव उसमें हो चुका है।
6. संक्षेपण तैयार करते समय मूल अनुच्छेद में वर्णित या उल्लिखित कहावतें, मुहावरें, वाक-प्रचार तथा अलंकार आदि को हटा देना चाहिए।
7. सामान्यतः संक्षेपण मूल अनुच्छेद का एक-तिहाई होना चाहिए।
8. संक्षेपण तैयार करने के बाद उसके लिए सुयोग्य शीर्षक का चयन किया जाना चाहिए। संक्षेपण का शीर्षक अत्यंत सार्थक, संक्षिप्त, आकर्षक तथा विषयवस्तु से सुसंगत होना चाहिए।

संक्षेपण की विशेषताएँ

1. विषय-वस्तु के मूल भाव की संक्षिप्त, सरल अभिव्यक्ति संक्षेपण या सार लेखन की मुख्य विशेषता होती है। सार-लेखन में मूल भावों, विचारों, बातों तथा कथ्यों का रक्षण आवश्यक होता है।
2. मूल अनुच्छेद में व्यक्त या निरूपित मुख्य विचारों एवं भावों की क्रमबद्ध स्थापना संक्षेपण की दूसरी महत्त्वपूर्ण विशेषता है। विचारों और भावों की विशृंखलता से संक्षेपण में भद्दापन आ जाता है। असंगत तथ्यों तथा बातों का संक्षेपण में कोई स्थान नहीं होता।
3. सार-लेखन की तीसरी महत्त्वपूर्ण विशेषता है उसकी स्पष्टता। मूल विचारों तथा भावों को बिना उलझाये स्पष्ट रूप से प्रस्तुत किया जाना चाहिए। एक बार पढ़ने से ही तुरन्त संक्षेपण की मूल बातें समझ में आ जानी चाहिए, यही संक्षेपण की स्पष्टता की विशेषता है।
4. संक्षेपण की भाषा सरल होनी चाहिए। अतः इसके लेखन में कठिन शब्दों, अस्पष्ट वाक्यांशों तथा क्लिष्ट पदावली का प्रयोग नहीं किया जाना चाहिए।

इस प्रकार आदर्श संक्षेपण वह कहा जा सकता है जो अल्प समय में, अल्प श्रम से, सहजता से मूल विषय-वस्तु को संक्षेप में प्रस्तुत कर सके। कार्यालयीन कामकाज में आदर्श सार-लेखन तभी संभव हो सकता है जब सार-लेखक कर्मचारी अधिकारी का कार्यालयीन ज्ञान परिपूर्ण हो, उसका अध्ययन गम्भीर हो, भाषा का शब्द-भण्डार समृद्ध हो, विशेष चिंतन-मनन की शक्ति हो तथा शैली पर अधिकार

होकर आत्मविश्वास हो। अतः सम्बन्धित अधिकारी-कर्मचारियों को चाहिए कि वे इन बातों की ओर विशेष ध्यान देकर संक्षेपण करने का सतत अभ्यास रखें।

कार्यालय में संक्षेपण लेखन

मंत्रालयों, सरकारी कार्यालयों, विभागों तथा सरकार के अधीन प्रतिष्ठानों आदि में संक्षेपण या सार-लेखन का प्रयोग यथास्थिति समयानुसार किया जाता है।

मंत्री महोदय, सचिव या उसके स्तर के उच्चाधिकारी के पास समयाभाव के कारण पूरी फाइल पढ़ पाना या विस्तृत टिप्पणी या प्रतिवेदन, अभ्यावेदन आदि पढ़ पाना कभी-कभार संभव नहीं हो पाता। ऐसी स्थिति में सम्बन्धित अधीनस्थ अधिकारी मामले या प्रतिवेदन अथवा अभ्यावेदन आदि का सार-संक्षेप टिप्पणी द्वारा लिखते हैं, जिनके अनुसार उच्चाधिकारी, प्रबन्ध निदेशक, अध्यक्ष अथवा मंत्री आदि अपने आदेश देते हैं अथवा कार्रवाई करते हैं।

सरकार द्वारा नियुक्त आयोग अथवा समिति अपना प्रतिवेदन प्रस्तुत करते हैं। ये प्रतिवेदन वृहदाकार में होते हैं जिन्हें पूर्णरूपेण तुरन्त पढ़ पाना उच्चाधिकारी के लिए संभव नहीं हो पाता। तब सम्बन्धित अधिकारी रिपोर्ट को पूर्णतः पढ़कर उस रिपोर्ट या प्रतिवेदन का संक्षेपण तैयार कर उच्चाधिकारी के अवलोकनार्थ प्रस्तुत कर देते हैं।

इस प्रकार, सार-लेखन अथवा संक्षेपण की उपयोगिता सरकारी कार्यालयों की कार्य-प्रणाली में भी बराबर बनी रहती है।

प्रकरण 8

जनसंचार के माध्यम तथा विज्ञापन में प्रयुक्त हिन्दी

आधुनिक युग में जनसंचार के माध्यम तथा विज्ञापन आदि की महत्त्वपूर्ण भूमिका रही है। ये दोनों क्षेत्र एक दूसरे से घनिष्ठ सम्बन्ध रखते हैं। इन क्षेत्रों में हिन्दी का विशिष्ट प्रयोजनमूलक रूप प्रयुक्त होता है जिससे उसकी उपादेयता और अभिव्यक्ति क्षमता के नये रूप उद्‌घाटित होते हैं। अतः इन क्षेत्रों की विशद चर्चा आवश्यक है।

(क) जनसंचार के माध्यमों में प्रयुक्त हिन्दी

जनसंचार के माध्यमों के अन्तर्गत मुख्यतः समाचार पत्र, रेडियो, दूरदर्शन, फिल्म तथा कम्प्यूटर आदि आते हैं। जनसंचार के इन सभी माध्यमों ने विश्व में फैली समस्त मानव-जाति जीवन को प्रभावित किया है। शिक्षा ने विज्ञान को जन्म दिया है और विज्ञान ने जनसंचार के आधुनिक साधनों को। जनसंचार के ये साधन मनुष्य की आधुनिक शिक्षा तथा विज्ञान दोनों के प्रचार एवं प्रसार के लिए अत्यंत महत्त्वपूर्ण भूमिका तथा दायित्व का निर्वाह कर रहे हैं।

"जनसंचार" अंग्रेजी के Mass-Communication शब्द का पर्यायी शब्द है। Communication शब्द की उत्पत्ति लैटिन के 'Communis' से हुई है–जिसका मतलब है–"किसी वस्तु या विषय का सब के लिए साँझा होना"। अतः 'Communication' उस प्रक्रिया को कहा जाएगा जिसके द्वारा किसी भाव, विचार अथवा जानकारी को हम दूसरों तक पहुँचाते हैं। जब यह प्रक्रिया सामूहिक पैमाने पर होती है तो इसे 'जनसंचार' अर्थात Mass-Communication कहते हैं।

दूसरी ओर विचार करें तो पता चलता है कि 'जनसंचार' शब्द समूह में प्रयुक्त 'संचार' शब्द संस्कृत के 'चर' धातु से बना है जिसका अभिप्राय है–'चलना'। इसी से संचार शब्द बना जिसका तात्पर्य है–आगे बढ़ना; फैलाना आदि। इस संदर्भ में

'जनसंचार' से अभिप्राय होगा—मानव समुदाय के सभी मिले-जुले वर्गों तक बड़े पैमाने पर, चाहे वह समीप हो या दूर, कुछ विचार, भाव अथवा सूचनाएँ शब्दों या प्रतीकों द्वारा सम्प्रेषित किए जाते हैं और इस काम के लिए इलैक्ट्रानिक उपकरणों आदि का प्रयोग किया जाता है, तो कहा जायेगा कि 'जनसंचार' की प्रक्रिया जारी है।

अतः स्पष्ट है कि जनसंचार का अर्थ सूचना (Information) को एक स्थान से दूसरे स्थान तक पहुँचाना है। इतना ही नहीं जनसंचार के माध्यमों द्वारा जनमत का निर्माण भी सहज सम्भव होता है।

जनसंचार की विशेषताएँ

(अ) जनसंचार की सबसे प्रमुख विशेषता है कि यह साधारण जनता के लिए होता है अर्थात यह विशेष वर्ग के लिए नहीं होता।

(आ) जनसंचार की दूसरी विशेषता यह है कि यह अपना संदेश तीव्रतम गति से गंतव्य तक पहुँचाता है। समाचार पत्र, रेडियो तथा टेलीविजन के माध्यम से तीव्र गति से कोई भी संदेश जन-सामान्य तक पहुँचाया जा सकता है।

(इ) जनसंचार का माध्यम लिखित या मौखिक कोई भी हो सकता है। मौखिक में भाषण या वक्तव्य द्वारा और लिखित में समाचार पत्र-पत्रिकाएँ आती हैं।

(ई) जनसंचार प्रत्यक्ष या अप्रत्यक्ष हो सकता है। प्रत्यक्ष रूप से जनता के समक्ष खड़े होकर संदेश दिया जा सकता है। अप्रत्यक्ष रूप से पर्दे के पीछे रहकर जनता को संदेश दिया जा सकता है।

(उ) जनसंचार की सबसे प्रमुख विशेषता यह है कि इसमें जन-सामान्य की प्रतिक्रिया का पता चल जाता है।

(ऊ) जनसंचार का प्रभाव गहरा होता है और उसे बदला भी जा सकता है।

जनसंचार माध्यमों की उपयोगिता

जनसंचार माध्यमों की उपयोगिता अलग-अलग स्थितियों तथा अलग-अलग सन्दर्भों में अलग-अलग है। किन्तु इसके बावजूद इन सभी माध्यमों का उद्देश्य तथा लक्ष्य एक ही है। समाज की शैक्षिक, सामाजिक, सांस्कृतिक तथा राजनीतिक धरोहर को वृद्धिगत करने तथा व्यक्ति के 'जानने' वे 'अभिव्यक्ति' के मूलभूत अधिकार को अक्षुण्ण रखने की दिशा में संचार माध्यमों की उपयोगिता को मुख्यतः पाँच प्रकार से स्पष्ट किया जा सकता है।

(1) सूचना (Information)—जनसंचार के माध्यमों के द्वारा विश्व की विभिन्न घटनाओं, सामाजिक तथा राजनयिक स्थितियों की सूचना जन-सामान्य को

यथाशीघ्र उपलब्ध हो जाती है। इसी के साथ, देश-विदेश की प्रगति तथा वैज्ञानिक आविषकारों की गति की सूचना भी जनता तक पहुँचाते हैं।

(2) **अभिव्यक्ति (Expression)**—जनसंचार के माध्यमों द्वारा व्यक्ति अपने विचार तथा भावों को स्वतन्त्र रूप से अभिव्यक्त करता है। अभिव्यक्ति की स्वतन्त्रता सरकारी माध्यमों की अपेक्षा समाचार पत्रों में अधिक खुले रूप से रहती है। इसीलिए समाचार पत्रों की महत्ता अन्यों की तुलना में बढ़ जाती है।

(3) **विचार तथा घटनाओं का विश्लेषण**—जनसंचार के माध्यम देश-विदेश की घटनाओं की सूचना देने के साथ ही साथ उनके अर्थ का विश्लेषण भी करते हैं तथा सही मुद्दों तथा विचारों के लिए जन-सामान्य का मत-परिवर्तन करने में अहम् भूमिका अदा करते हैं।

(4) **प्रगति एवं विकास**—जनसंचार के माध्यम जन-सामान्य की सामाजिक तथा राजनीतिक प्रगति, आर्थिक विकास आदि के लिए सघन अभियान चलाते हैं तथा मिशन के रूप में कार्य करते हैं।

(5) **मनोरंजन (Entertainment)**—रेडियो, दूरदर्शन तथा फिल्म आदि जनसंचार के माध्यम जनता के लिए रोचकता तथा मनोरंजन के प्रभावी साधन बनते हैं। इसके साथ, देश-विदेश की कला एवं संस्कृति के समुचित विकास के लिए भी अपना महत्त्वपूर्ण योगदान प्रदान करते हैं।

जनसंचार के माध्यम

जनसंचार के समस्त माध्यमों को तीन भागों में विभाजित किया जाता है :

(अ) शब्द संचार माध्यम

इसके अन्तर्गत समाचार पत्र, पत्रिकाएँ तथा पुस्तकें आदि आते हैं।

(आ) श्रव्य संचार माध्यम

इसके अन्तर्गत रेडियो, कैसेट तथा टेपरिकार्डर आदि जाते हैं।

(इ) दृश्य संचार माध्यम

इस कोटि के अन्तर्गत दूरदर्शन, वीडियो तथा फिल्म आदि आते हैं।

जनसंचार माध्यमों के लिए समाचार लेखन

जनसंचार माध्यमों में समाचार पत्र, रेडियो तथा दूरदर्शन का विशेष स्थान है और इनके लिए समाचार लेखन का उससे भी अधिक महत्व माना जा सकता है। समाचार को हासिल करना, उसे लिखना और उस पर यथास्थिति संपादकीय संस्कार करना एक अत्यंत कौशल की बात है। जब कोई घटना सर्वप्रथम दुनिया के सामने लाई जाती है तब वह समाचार कहलाती है। और, प्राप्त समाचार का सुयोग्य व सटीक सम्पादन किया जाना समाचार पत्र, रेडियो तथा दूरदर्शन आदि तीनों माध्यमों के

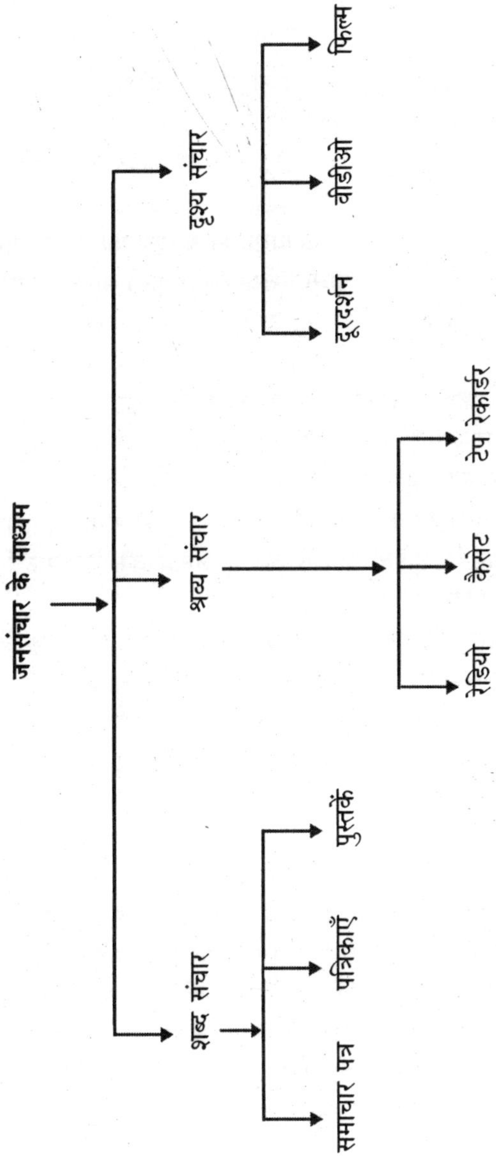
जनसंचार के माध्यम
शब्द संचार
श्रव्य संचार
दृश्य संचार
समाचार पत्र
पत्रिकाएँ
पुस्तकें
रेडियो
कैसेट
टेप रेकार्डर
दूरदर्शन
वीडीओ
फिल्म

सन्दर्भ में अत्यंत महत्त्व रखता है। समाचारों के सन्दर्भ में कुछ सतर्कता बरतनी पड़ती है। जैसे—समाचार झूठ या अश्लील नहीं होना चाहिए, समाचार किसी भी मानहानि या बदनामी करने वाला नहीं होना चाहिए, कोई भी समाचार कानून का उल्लंघन न करता हो, समाचार ऐसा न हो कि जनता की भावनाओं को भड़काये। समाचार लेखन में निम्नलिखित बातों की ओर विशेष ध्यान दिया जाना चाहिए।

(अ) समाचार लेखन की भाषा शैली अत्यंत स्पष्ट, सरल तथा सुबोध होनी चाहिए।

(आ) समाचार में अपरिचित शब्दावली का प्रयोग नहीं किया जाना चाहिए।

(इ) समाचारों का लेखन संक्षिप्त तथा प्रभावशाली होना चाहिए।

(ई) समाचार लेखन में घटना के सम्बन्ध में निम्न प्रश्नों का ध्यान रखा जाना चाहिए—

कहाँ?, कब?, किसने?, किसलिए? किसे? और कैसे?

(उ) समाचार अपने आप में पूर्ण होना चाहिए अर्थात समाचार आधा अधूरा नहीं लगना चाहिए।

(ऊ) समाचार लेखन की भाषा में सम्प्रेषणीयता का होना आवश्यक है। अर्थात समाचार में पांडित्य प्रदर्शन अथवा अनावश्यक वैचारिक विश्लेषण नहीं होना चाहिए।

(ए) समाचारों का लेखन तथ्यात्मक जानकारी पर आधारित होना चाहिए। अर्थात समाचार लेखक को सत्यान्वेषी होना आवश्यक है।

(ऐ) समाचार लेखन में निर्वैयक्तिकता का होना अपेक्षित है। अर्थात समाचारों में संवाददाता या समाचार लेखक का व्यक्तित्व नहीं झलकना चाहिए।

समाचार-अभिकरण

आधुनिक युग में तथा जन-संचार हेतु समाचार-अभिकरणों (News Agencies) का बहुत महत्त्व है। उपग्रहों के आविर्भाव के कारण संचार प्रणाली अति शीघ्रगामी हो गई है। टेलेक्स, फोन, टेलीप्रिंटर, फैक्स, वायरलेस आदि अनेक संसाधनों द्वारा समाचारों का तीव्र गति से आदान-प्रदान संभव हो सका है। अद्यतन समाचारों के लिए विश्व भर में विविध समाचार एजेन्सियाँ कार्य कर रही है। भारत में कुछ महत्त्वपूर्ण समाचार एजेन्सियाँ निम्नानुसार हैं—

1. पी.टी.आई—यह अंग्रेज शासन काल से कार्यरत है जो पहले ए.पी.आई. के नाम से जानी जानती थी। स्वतन्त्रता के बाद उसका भारतीयकरण करके इसका नाम पी.टी.आई. अर्थात प्रेस ट्रस्ट ऑफ इण्डिया कर दिया गया। यह सरकारी एजेन्सी

के रूप में जानी जाती है तथा अंग्रेजी में समाचार प्रसारित करती है।

2. यू.एन.आई–देश के कुछ बड़े समाचार पत्रों ने मिलकर यू.एन.आई. अर्थात यूनाइटेड न्यूज ऑफ इण्डिया की स्थापना सन् 1961 में की। एक प्रकार से सरकारी एजेन्सी पी.टी.आई की प्रतियोगी संस्था के रूप यू.एन.आई. कार्य कर रही है। यह भी अंग्रेजी में ही समाचार वितरित करती रही हैं।

3. हिन्दुस्तान समाचार–भारतीय भाषाओं में समाचार प्रसारित करने के उद्देश्य से 1949 में "हिन्दुस्तान समाचार" नामक एजेन्सी शुरू की गई। शुरू में इसके द्वारा प्रादेशिक समाचारों के संकलन एवं प्रसारण आदि कार्य सम्पन्न होता रहा। सन् 1954 में सर्वप्रथम देवनागरी (हिन्दी) टेलिप्रिंटर का उपयोग इस समाचार एजेन्सी ने शुरू किया। बाद के वर्षों में इसका फैलाव देशभर में हो गया।

4. भाषा–प्रेस ट्रस्ट ऑफ इंडिया ने हिन्दी भाषा में समाचार प्रसारित करने के उद्देश्य से 1986 में "भाषा" न्यूज एजेन्सी का गठन किया। इसकी सेवाएँ देशभर के सैकड़ों बड़े एवं छोटे समाचार पत्र ले रहे हैं।

5. यूनीवार्ता–यूनाइटेड न्यूज ऑफ इण्डिया समूह ने 1982 में हिन्दी में समाचार के लिए "यूनीवार्ता" नामक एक अलग एजेन्सी की स्थापना की। अंग्रेजी समाचार एजेन्सी की छत्रछाया में रहने के कारण अनेक मूलभूत सुविधाएँ इसे अनायास प्राप्त हो गईं। फलतः इसके कार्य का फैलाव देशभर में शीघ्रता से हो गया।

6. समाचार भारती–भारतीय भाषाओं में समाचार देने के उद्देश्य से सन् 1965 में "समाचार भारती" नाम समाचार एजेन्सी की स्थापना की गई। यह संस्था लिमिटेड कम्पनी के रूप में प्रारम्भ की जाने के कारण मात्र पूरक बनी रही और उसका स्वतंत्र रूप से विकास नहीं हो सका।

(ख) विज्ञापन

जनसंचार के माध्यमों में विज्ञापन (Advertisement) की अपनी विशेष भूमिका होती है। सामान्यतः विज्ञापन का सम्बन्ध व्यापार विशेष से जुड़ा हुआ है। वस्तुओं के उत्पादन तथा वितरण की प्रक्रिया में विज्ञापन एक अनिवार्य तथा उपादेय तत्त्व के रूप में महत्तम कार्य कर रहा है। अतः विश्व की समस्त अर्थ-व्यवस्था में एक शक्तिमान हथियार के रूप में विज्ञापन का प्रयोग सर्वत्र किया जा रहा है।

विज्ञापन शब्द अंग्रेजी के Advertisement का हिन्दी रूपान्तरण है जिसका अर्थ है–सार्वजनिक सूचना, सार्वजनिक घोषणा, विशेष रूप से ज्ञापित वस्तु, विशेष सूचना या जानकारी देना।

विज्ञापन विक्रय-कला का एक अत्यंत महत्त्वपूर्ण एवं अनिवार्य तत्त्व है।

विज्ञापन लोगों को वस्तु के बारे में संक्षिप्त शब्दों में अधिक-से-अधिक जानकारी देता है तथा सम्बन्धित उत्पादित वस्तु के बारे में उपभोक्ता के मन में विश्वसनीयता पैदा करने की पूरी कोशिश करता है। इस सम्बन्ध में प्रसिद्ध विचारक स्टार्च ने विज्ञापन पर विचार करते हुए स्पष्ट किया है कि–"विज्ञापन प्रायः मुद्रण के रूप में किसी प्रस्ताव को लोगों के सम्मुख प्रस्तुत करता है जिससे कि वे उसके अनुसार कार्य करने को प्रेरित हो सके"। किन्तु उक्त परिभाषा में दृश्य एवं श्रव्य (Audio-Visual) साधनों अथवा माध्यमों का विचार नहीं किया गया है। इस दृष्टि से डॉ. डरबन की परिभाषा द्रष्टव्य है :

"विज्ञापन के अन्तर्गत वे सब क्रियाएँ आ जाती हैं, जिनके अनुसार दृश्यमान अथवा मौखिक सन्देश जनता को सूचना देने के उद्देश्य से तथा उन्हें या तो किसी वस्तु को क्रय करने के लिए अथवा पूर्व निश्चित विचारों, संस्थाओं अथवा व्यक्तियों के प्रति झुक जाने के उद्देश्य से सम्बोधित किये जाते हैं।" इस प्रकार, संक्षेप कहा जा सकता है कि–

"विज्ञापन जनसम्पर्क का एकमात्र ऐसा शक्तिशाली साधन है जिसके माध्यम से उत्पादित-वस्तु के बारे में प्रभावी सूचना द्वारा उपभोक्ता के मन में विश्वास पैदा कर उसके क्रय हेतु उन्हें व्यापक पैमाने पर प्रेरित किया जाता है।''

उक्त चर्चा के आधार पर विज्ञापन के कुछ महत्त्वपूर्ण उद्देश्य तथा कार्य हैं–उत्पादित वस्तु का परिचय देना, सम्बन्धित वस्तु की माँग बढ़ाना, बिक्री बढ़ाना, विक्रय समर्थन बढ़ाना, बिचौलियों को वस्तु की अधिक बिक्री हेतु विवश करना, उपभोक्ताओं को सम्बन्धित वस्तु तथा उसमें निहित विशेषताओं का स्मरण दिलाते रहना आदि।

विज्ञापन के प्रकार

बाजार एवं अर्थ-व्यवस्था की अलग-अलग स्थिति एवं सन्दर्भ के अनुसर विज्ञापन का स्वरूप भी बदलता है। अलग-अलग प्रसार माध्यमों से किये जाने वाले विज्ञापन अलग-अलग प्रकार के होते हैं जो अपना प्रभाव भी वैसा ही छोड़ते हैं। अतः व्यापार, उत्पादन सेवा तथा व्यवसाय आदि की प्रकृति तथा आवश्यकता के अनुसार विज्ञापन का स्वरूप भी बदल जाता है। अतः विज्ञापन को मुख्यतः निम्नानुसार भेदों में विभाजित किया जा सकता है–

(अ) अनुनेय विज्ञापन (Persuasive Advertisement)

इन्हें सामान्य विज्ञापन भी कहा जा सकता है। इस प्रकार के विज्ञापन व्यक्ति के जीवन

की सर्व सामान्य या मूलभूत आवश्यकताओं (Fundamental needs) जैसे—भोजन, कपड़ा, स्वास्थ्य, मकान तथा शिक्षा आदि से सम्बन्धित वस्तुओं के होते हैं और इन्हें खरीदने के लिए उपभोक्ताओं को सीधे-सीधे प्रेरित करते हैं।

विज्ञापन

विज्ञापन के प्रकार	विज्ञापन के माध्यम
1. अनुनेय	1. प्रेस माध्यम (समाचार पत्र, पत्रिकाएँ)
2. सूचनाप्रद	2. मनोरंजन (रेडियो, दूरदर्शन, सिनेमा)
3. सांस्थानिक	3. बाह्य माध्यम (पोस्टर, होर्डिंग, विद्युत चल डिस्टल)
4. औद्योगिक	
5. वित्तीय	
6. वर्गीकृत	

(आ) सूचनाप्रद विज्ञापन (Informative Advertisement)

इसे ज्ञानप्रद विज्ञापन के नाम से भी जाना जाता है। कुछ वस्तुएँ जीवन में स्थायी महत्त्व रखती हैं। किन्तु इनका मूल्य बहुत अधिक होने के कारण सामान्य उपभोक्ता अपने जीवन में उन्हें बार-बार नहीं खरीदता। इन वस्तुओं की तकनीक आदि के बारे में भी सामान्य उपभोक्ता को उचित जानकारी नहीं होती जिसके कारण उन्हें खरीदने में वे झिझक महसूस करते हैं। ऐसी विशिष्ट वस्तुओं जैसे—मोटरकार, स्कूटर, फ्रिज, टेलीविजन, वाशिंग मशीन, कलर तथा एयर कंडिशनर आदि के बारे में उपभोक्ताओं को उचित जानकारी व सूचना उपलब्ध कराने वाले विज्ञापन सूचनाप्रद या ज्ञानप्रद विज्ञापन की श्रेणी में आते हैं।

(इ) सांस्थानिक विज्ञापन (Institutional Advertisement)

इस प्रकार के विज्ञापन संस्थाओं से सम्बन्ध रखते हैं अर्थात ऐसे विज्ञापन किसी संस्था की प्रतिष्ठा को विज्ञापित करते हैं। इन विज्ञापनों के माध्यम से सम्बन्धित संस्थाएँ अपनी साख, महत्त्वपूर्ण सेवा तथा सामाजिक अथवा सांस्कृतिक दायित्वों का वहन करती हैं—जैसे, बजाज फाउन्डेशन, भारतीय ज्ञानपीठ, फोर्ड फाउन्डेशन आदि। साधारणतया इस प्रकार के विज्ञापन 'जन-सम्पर्क' (Public Relation) की श्रेणी में रखे जा सकते हैं।

(ई) औद्योगिक विज्ञापन (Industrial Advertisement)

औद्योगिक क्षेत्र में बड़े उद्योग छोटे सहायक कार्यों के लिए लघु उद्योगों की सहायता

लेते हैं। इससे श्रम विभाजन होता है और समय की बचत भी होती है। इसी प्रकार, उद्योगों द्वारा निर्मित वस्तुओं की बिक्री के लिए एजेन्सी आदि देने के लिए भी इन विज्ञापनों का प्रचुर उपयोग किया जाता है। बड़े उद्योग विज्ञापनों द्वारा छोटे उद्योगों से आवश्यक कच्चा माल अथवा सहायक सामग्री टेंडरों आदि द्वारा आमंत्रित करते हैं। जैसे—कार बनाने वाली कम्पनी स्वयं टायर, ट्यूब नहीं बनाती बल्कि अन्य उद्योगों से मँगाते हैं। कुछ कम्पनियाँ अपने उत्पाद की बिक्री बढ़ाने हेतु अन्य उद्योगों से तालमेल बनाकर उनसे निर्मित वस्तुओं को भी प्रचारित करती हैं। ये सारे विज्ञापन औद्योगिक विज्ञापन की श्रेणी में आते हैं।

(उ) वित्तीय विज्ञापन (Financial Advertisement)

बैंक, जीवन, बीमा, साधारण बीमा, सहकारी संस्थाएँ तथा विभिन्न वित्तीय संस्थाएँ अपनी गतिविधियों तथा शेयर अथवा डिबेंचर आदी जारी करने की सूचना आदि देने के लिए इन विज्ञापनों का सहारा लेती हैं। ये संस्थाएँ अपनी वार्षिक साधारण सभा, वार्षिक लेखा तथा वार्षिक आय-व्यय सम्बन्धी तुलन पत्र आदि की सूचना जनता को देकर अपनी साख तथा महत्ता बनाये रखना चाहती हैं। अतः ऐसे विज्ञापनों में दृश्य-श्रव्य सामग्री की अपेक्षा लिखित ब्यौरा या सामग्री अधिक मात्रा में विद्यमान रहती है।

(ऊ) वर्गीकृत विज्ञापन (Classified Advertisements)

इस श्रेणी के विज्ञापन मुख्यतः विभिन्न समाचार पत्रों मे मौजूद रहते हैं। प्रत्येक व्यावसायिक समाचार पत्रों तथा कुछ पत्रिकाओं में एक या कुछ अधिक पृष्ठ वर्गीकृत विज्ञापन हेतु सुरक्षित (आरक्षित) रखे जाते हैं। विवाह सम्बन्ध, छोटी-मोटी नौकरियाँ, किराये के मकान, छोटे या लघु उद्योगों के उत्पादन, खोयी या पाई वस्तुएँ, निविदा आदि से सम्बन्धित विज्ञापन इस श्रेणी में आते हैं। वर्गीकृत विज्ञापन अपेक्षाकृत संक्षिप्त एवं तत्काल प्रभावकारी होते हैं, इसलिए ये बहुत अधिक लोकप्रिय भी माने जाते हैं।

विज्ञापन के माध्यम

विज्ञापन माध्यमों से तात्पर्य है जन-संचार या जन-सम्पर्क के वे माध्यम जिनके द्वारा विज्ञापन प्रसारित या प्रचारित किये जाते हैं। इन विज्ञापन माध्यमों को मुख्यतः तीन भागों में वर्गीकृत किया जा सकता है—

(अ) प्रेस माध्यम

(आ) मनोरंजन माध्यम

(इ) बाह्य माध्यम

(अ) प्रेस माध्यम (Press Media)

नियमित रूप से प्रकाशित होने वाले समाचार पत्रों अथवा पत्रिकाओं में जो विज्ञापन प्रकाशित किये जाते हैं, उन्हें प्रेस विज्ञापन कहा जाता है। यह विज्ञापन के लिए अत्यंत प्रभावी तथा जन सुलभ माध्यम है क्योंकि इनका प्रसार अंतर्राष्ट्रीय स्तर तक भी हो सकता है। प्रेस विज्ञापनों को मुख्यतः राष्ट्रीय विज्ञापन (National Advertisements), वर्गीकृत विज्ञापन (Classified Advertisement) तथा समाचार विज्ञापन (News Advertisement) आदि श्रेणियों में विभाजित किया जा सकता है।

समाचार पत्र-पत्रिकाओं के माध्यम से शीघ्र प्रकृति के विज्ञापन तुरन्त दिये जा सकते हैं। इसकी एक विशेषता यह भी है कि क्षेत्र-विशेष की जरूरतों को ध्यान में रखते हुए उनके सामाजिक तथा सांस्कृतिक संदर्भ के अनुसार विज्ञापन प्रकाशित किये जा सकते हैं। समाचार पत्रों के विज्ञापनों से तात्कालिक प्रभाव बनाये जा सकते हैं और उन्हें अधिक लोगों तक सहज एवं सरलता से कम खर्चीले रूप से पहुँचाया जा सकता है।

(आ) मनोरंजन माध्यम (Entertainment Media)

इस श्रेणी के विज्ञापन मुख्य रूप से रेडियो, दूरदर्शन तथा सिनेमा आदि माध्यमों से प्रसारित किये जाते हैं। रेडियो जन-सामान्य के मनोरंजन का एक सहज सुलभ साधन है और इस माध्यम की पहुँच सुदूर ग्रामीण और पहाड़ी क्षेत्रों तक है। रेडियो के माध्यम से दिये जाने वाले विज्ञापनों में शब्द शक्ति तथा शब्दों के उच्चारण आदि पर विशेष जोर दिया जाता है। उत्पादनकर्ताओं द्वारा प्रयोजित कार्यक्रम, रेडियो रूपक, नाट्य छटा तथा प्रभावी संवादों के माध्यम से विज्ञापन दिये जाते हैं। रेडियो द्वारा प्रसारित विज्ञापनों का गहरा प्रभाव उपभोक्ताओं के मानस पटल पर पड़ता है। विविध भारती सेवा के अन्तर्गत प्रसारित कोहिनूर गीत गुँजार, एच.एम.वी. के सितारे, मफतलाल ग्रुप की संतों की वाणी, जौहर के जवाब, क्रिकेट वीद विजय मर्चेन्ट तथा रेडियो सिलोन का बीनाका गीतमाला आदि का प्रभाव जन-मानस से कभी मिट नहीं सकता।

आधुनिक युग में विज्ञापन क्षेत्र में एक शक्तिशाली माध्यम के रूप में टेलीविजन उभरकर सामने आया है। दूरदर्शन विज्ञापनों में दृश्य एवं श्रव्य दोनों रूपों का अद्‌भुत तालमेल तथा कल्पना शक्ति का अत्यंत प्रभावी साकार रूप भी देखा जा सकता है। ये विज्ञापन दर्शक उपभोक्ताओं के मन पर जादुई रूप में छा जाते हैं और दर्शक वस्तु के क्रय के लिए लालायित तथा आतुर हो उठता है। फलतः दूरदर्शन को विज्ञापन का सबसे अधिक सशक्त एवं प्रभावी माध्यम माना गया है। इसीलिए स्वाभाविकतया रेडियो तथा समाचार पत्रों की विज्ञापन दरों से दूरदर्शन के विज्ञापन की दरें बहुत अधिक रहती हैं।

विज्ञापन का तीसरा महत्त्वपूर्ण माध्यम है सिनेमा। भारतवर्ष में मनोरंजन का अत्यंत लोकप्रिय साधन सिनेमा को ही माना गया है। फलतः फिल्मों के निर्माण की अद्‌भुत गति भारत में देखी जा सकती है। प्रतिदिन दर्शकों की लाखों-करोड़ों की संख्या में सिनेमा गृहों तथा वीडिओ-पार्लरों में फिल्में देखी जाती है। अतः सिनेमा विज्ञापन का प्रभाव दर्शकों पर स्थायी रूप से बना रहता है। सिनेमा गृहों में स्लाइड आदि के माध्यम से भी विज्ञापन दिये जाते हैं।

(इ) बाह्य माध्यम (Out-door Media)

इसे विज्ञापन का सहायक माध्यम माना जा सकता है। उपभोक्ता जब अपने घर से बाहर होता है तब जिन माध्यम प्रकारों से वह प्रभावित होता है उन्हें बाह्य माध्यम की श्रेणी में रखा जा सकता है—जैसे, पोस्टर, होर्डिंग, विद्युत चल डिस्टल तथा बस अथवा रेल के अन्दर के पोस्टर आदि।

इन विज्ञापनों को ऐसे स्थानों पर प्रदर्शित किया जाता है जहाँ से बहुसंख्य लोगों का आवागमन होता है। जैसे—रेलवे स्टेशन, भीड़-भरे चौराहे, मुख्य बाजार, मुख्य सड़कें या राजमार्ग आदि। बस या रेल के डिब्बों में भी पोस्टरों के रूप में बहुत-सारे विज्ञापन लगाये जाते हैं जो यात्रियों को अपनी ओर आकर्षित करते हैं।

इस प्रकार, दृष्टिगत होता है कि बाह्य विज्ञापनों ने भी समस्त दुनिया को पादाक्रान्त कर लिया है।

विज्ञापन की विशेषताएँ

व्यावसायिक जगत में वस्तुओं के निर्माताओं द्वारा उपभोक्ताओं को आकर्षित करके उन्हें अपने उत्पाद खरीदने के लिए उत्प्रेरित करने वाले विज्ञापन अपने में कुछ विशेषताएँ लिये हुए होते हैं। इन विशेषताओं में मुख्य हैं—

(*i*) उपभोक्ताओं के ध्यानाकर्षण की शक्ति
(*ii*) उत्पादित वस्तु के बारे में सूचना या जानकारी देना।
(*iii*) वस्तु के बारे में उपभोक्ताओं के मन में विश्वास निर्माण करना।
(*iv*) उपभोक्ताओं की सूक्ष्म इच्छाओं को जाग्रत करना।
(*v*) उपभोक्ताओं को वस्तु के क्रय सम्बन्धित निर्णय लेने से सहायक होना
(*vi*) उत्पादित वस्तु की सर्वश्रेष्ठता अथवा वरियता दर्शाना या सिद्ध करना।
(*vii*) उत्पादित वस्तु के बारे में तकनीकी या अन्य आवश्यक जानकारी देना तथा उसकी आवश्यकता एवं उपयोगिता उपभोक्ता का बताना।

विज्ञापन और प्रयोजनमूलक हिन्दी

विज्ञापन की भाषा-प्रयुक्ति अपनी एक विशिष्टता लिये हुए है। विज्ञापनों में प्रयुक्त

हिन्दी की विशेषता है उसकी शब्द-शक्ति और भावबोध का तत्त्व, जो विज्ञापन के उद्देश्य की पूर्ति हेतु सक्षम सिद्ध होते हैं। एक सक्षम एवं सफल विज्ञापन के लिए चार गुणों का होना आवश्यक माना गया है—(1) आकर्षक मूल्य (Attention Value), (2) श्रवणीयता एवं सुपाठ्यता (Readability and Listenability), (3) स्मरणीयता (Memorability) तथा (4) विक्रय की शक्ति (Selling Power)। विज्ञापन के इन चारों गुणों को रूपायित करने के लिए उसकी अभिव्यक्ति हेतु संदर्भ एवं स्थिति के अनुरूप भाषा एवं उसमें प्रयुक्त शब्दों का रूप बदलता रहता है। विज्ञापन में शब्द के सामर्थ्य को पहचान कर उसकी प्रयुक्ति की जाती है।

विज्ञापन में जीवंतता एवं आकर्षण आ जाता है। जैसे 'और' शब्द सामान्य रूप से इतना परिचित है कि लगता है उसमें कुछ विशेष बात नहीं हो सकती। किन्तु जब यह 'और' शब्द विज्ञापन में प्रयुक्त किया जाता है तब पता चलता है कि उसमें कितनी शक्ति समाहित है और टी.वी. की दुनिया में अब एक नया धमाका—ऑटानिका! और हार्लिक्स अब नये पैक में! इसी प्रकार अनेक शब्द या वाक्यांश देखे जा सकते हैं। विज्ञापन में, इस प्रकार, शब्द के सामर्थ्य को पहचानकर उसे वैशिष्ट्यपूर्ण आयामों में प्रस्तुत किया जाता है।

विज्ञापन की भाषा-प्रयुक्ति उसके संदर्भ, आवश्यकता तथा माध्यम के अनुसार बदलती रहती है। समाचार पत्र, आकाशवाणी तथा दूरदर्शन के विज्ञापनों की भाषा एक-सी नहीं होती, हो भी नहीं सकती। समाचार पत्र-पत्रिकाओं के विज्ञापन की भाषा में स्थानीय उपभोक्ता की आवश्यकता के अनुसार सामाजिक अथवा सांस्कृतिक संदर्भों का प्रयोग किया जाता है। इसमें शब्द बाहुल्य की अधिक गुंजाइश रहती है। आकाशवाणी के विज्ञापन में केवल श्रव्यता पर अधिक बल होने के कारण शब्दों के चयन और उच्चारण पर अधिक जोर देकर उसके प्रभाव को बढ़ाया जाता है। दूरदर्शन के विज्ञापन में दृश्य एवं श्रव्य दोनों का प्रयोग किया जाता है। अतः ऐसे विज्ञापनों को अधिक कलात्मक तथा प्रभावशाली बनाये जाने के लिए शब्दों के उच्चारण के साथ दृश्यों के प्रस्तुतीकरण की ओर विशेष ध्यान दिया जाता है। इन तीनों प्रचार-माध्यमों के विज्ञापनों में हिन्दी का एक विशिष्ट रूप प्रयुक्त होता है जिसमें भाषायी लचीलापन, कोमलता, संक्षिप्तता तथा प्रभावोत्पादकता के साथ शब्द-स्वरों का आरोह-अवरोह, बलाघात तथा उच्चारण आदि पर विशेष रूप से ध्यान दिया जाता है।

समाचार पत्र, आकाशवाणी तथा दूरदर्शन के लिए विज्ञापन-लेखन

आधुनिक युग को विज्ञापन का युग कहा जाता है। विज्ञापन प्रसारण के अनेक साधन उपलब्ध है किन्तु समाचार पत्र, आकाशवाणी तथा दूरदर्शन आदि प्रसार माध्यमों में विज्ञापन का स्थान सर्वोपरि माना जा सकता है। ये माध्यम अपनी-अपनी प्रवृत्ति

में एक-दूसरे से भिन्न जरूर हैं किन्तु तीनों के माध्यम से जनसम्पर्क अत्यंत प्रभावी तथा व्यापक पैमाने पर स्थापित किया जा सकता है। अतः उक्त तीनों माध्यमों के लिए विज्ञापन लेखन पर संक्षेप में विचार किया जा रहा है।

समाचार पत्र के लिए विज्ञापन लेखन

समाचार पत्र को विज्ञापन के लिए अत्यंत प्रभावी माध्यम माना जा सकता है क्योंकि समाचार पत्र व्यक्ति के परिवार और कार्यालयों आदि में आने के कारण बहुत अधिक समय तक वे लोगों के सामने रहते हैं। अन्य लोग भी इन्हें पढ़ते हैं। इस प्रकार लाखों-करोड़ों लोगों तक समाचार पत्र पहुँचता है। अतः अत्यंत सावधानी तथा कौशल के साथ इनमें दिया जाने वाला विज्ञापन तैयार किया जाता है। समाचार पत्र में दिये जाने वाले विज्ञापन में मुख्यतः निम्नलिखित भाग होते हैं–

(अ) शीर्ष पंक्ति (Headline)
(आ) अनुपूरक शीर्ष पंक्ति (Sub-Headline)
(इ) विषय-वस्तु (Text)
(ई) विज्ञापनकर्ता का व्यापारी चिह्न (Monogram या Signature)
(उ) घोष वाक्य (Slogan या Baseline)

विज्ञापन के लिए उसकी शीर्ष पंक्ति अर्थात हेडलाइन की विशेष महत्ता होती है। इससे पाठकों का ध्यानाकर्षण होकर उनके मन में कौतूहल तथा उत्सुकता जाग्रत होती है। जैसे–'घण्टों का काम मिनटों में' (मिक्सर-ग्राउंडर का विज्ञापन), 'चलो पढ़ायें...कुछ कर दिखायें' (साक्षरता आन्दोलन का विज्ञापन) आदि। अनुपूरक सुर्खी या सब हेडलाइन मुख्य शीर्ष वाक्य के पूरक के रूप में (विषय-विस्तार हेतु) प्रयोग में लाया जाता है।

उदा. 1. शीर्ष पंक्ति–जूही की खूबसूरती का राज

पूरक शीर्ष पंक्ति–नया इंटरनेशनल लक्स

उदा. 2. यह आपके साथ भी हो सकता है (साथ में दोनों कटे पैर वाले पुरुष का चित्र) पूरक शीर्ष पंक्ति–दुर्घटना से बचिये, वाहन धीरे चलाइये।

विज्ञापन की सफलता में मुख्य विषय-वस्तु तथा उसके आकर्षक प्रस्तुतीकरण का बहुत बड़ा हाथ होता है। ग्राहकों की मानसिकता तेजी से बदलते समय-चक्र तथा फैशन आदि को ध्यान में रखते हुए उत्पादित वस्तु की आवश्यकता और अनिवार्यता प्रतिपादित करना मुख्य विषय-वस्तु का उद्देश्य होता है। विषय-वस्तु के अन्तर्गत उत्पादित वस्तु की उपयोगिता, उसमें निहित गुण, अन्य उत्पादनों से हटकर उसमें अधिक गुणों का होना तथा कभी-कभी उसमें समाहित उत्कृष्ट तकनीकी बातों की जानकारी भी दी जाती है ताकि ग्राहक उस वस्तु को खरीदने के लिए प्रेरित हो।

समाचार पत्रों के विज्ञापनों में विज्ञापनकर्ता कम्पनी अथवा फर्म की मुद्रा

(मोनो) या व्यापारी बोध चिह्न (यदि बोर्ड हो) को प्रमुखतः अंकित किया जाता है जिससे सम्बन्धित की पहचान ग्राहकों को यथाशीघ्र हो सके। यह बोध चिह्न अत्यंत संक्षिप्त और आकर्षक होने का प्रयास किया जाता है। इस चिह्न (Monogram) को सम्बन्धित संस्था, कम्पनी या फर्म का दर्पण कहा जा सकता है। बाम्बे डाइंग का "झुके हुए पलड़े का तराजू", मफतलाल ग्रुप का "कंधे पर पृथ्वी रखा, उठने के लिए तैयार आदमी" तथा किर्लोस्कर अथवा टाटा का अक्षरों का बोध चिह्न आदि देखे जा सकते हैं।

समाचार पत्र, दूरदर्शन अथवा आकाशवाणी के विज्ञापनों में बोध वाक्य या घोष वाक्यों का भी बखूबी प्रयोग किया जाता है। ऐसे वाक्य अत्यंत संक्षिप्त एवं आकर्षक होने के साथ सम्बन्धित कम्पनी की या फर्म की एक अच्छी-खासी झाँकी प्रस्तुत कर देते हैं। ग्राहकों का कौतूहल, कल्पनाशक्ति तथा क्रय-इच्छा को तीव्रता से जाग्रत करने के लिए तथा सम्बन्धित विज्ञापनकर्ता के उत्पाद की विश्वसनीयता को प्रतिपादित करने हेतु ऐसे घोष या बोध वाक्यों का विज्ञापनों में बखूबी प्रयोग किया जाता है।

उदाहरण के तौर पर विडिओकॉन का "ब्रींग होम द लिडर", ओनिडा का "नेबर्स एनवे-ओनर्स प्राइड", खेतान का "सिर्फ नाम ही काफी है", पेप्सी कोला का "ये है राइट चाइस बेबी", तथा दिनेश मिल का "टेक द वर्ल्ड इन यूवर ट्राइड" आदि घोष वाक्य देखे जा सकते हैं।

आकाशवाणी के लिए विज्ञापन लेखन

आकाशवाणी पूर्णतः श्रव्य माध्यम होने के कारण उससे प्रसारित विज्ञापन उसी दृष्टि से तैयार किये जाते हैं। भाषा में सरलता, संक्षिप्तता तथा माधुर्य होता है। उच्चारण में विशेष कौशल एवं बलाघात के प्रयोग पर बल दिया जाता है ताकि वह विज्ञापन अत्यंत प्रभावशाली बनकर श्रोता ग्राहकों को अपनी ओर आकर्षित कर सकें।

आकाशवाणी के माध्यम से प्रसारित विज्ञापनों में समय का अत्यंत महत्त्व होता है। सामान्यतः विज्ञापनों की अवधि 10 सेकण्ड, 20 सेकण्ड और अधिक से अधिक 30 सेकण्ड हो सकती है। इतने कम समय में अत्यंत प्रभावशाली विज्ञापन पूर्ण रूप से दिया जाना आवश्यक होता है। इसके लिए ऐसे विज्ञापन तैयार करते समय शब्द सुर और समयावधि का तालमेल अत्यंत खूबी के साथ करना जरूरी हो जाता है।

आकाशवाणी पर प्रसारित विज्ञापन का एक और लोकप्रिय प्रकार है "प्रायोजित कार्यक्रम"। सामान्यतः लोगों के मनोरंजन हेतु ऐसे कार्यक्रम कम्पनियों, फर्मों अथवा व्यापारी संस्थाओं द्वारा 15 मिनट, 30 मिनट अथवा कभी-कभी 60 मिनट की निर्धारित अवधि के लिए प्रायोजित किये जाते हैं। कार्यक्रम के शुरू, बीच अथवा अन्त में प्रायोजक के उत्पाद के बारे में आकर्षक रूप में विज्ञापन दिया जाता है

और सम्बन्धित कार्यक्रम उस विशिष्ट कम्पनी द्वारा प्रायोजित है किये जाने की उद्घोषणा भी की जाती है। ऐसे कार्यक्रम अत्यन्त लोकप्रिय भी पाये गये हैं। उदाहरणार्थ "बीनाका गीतमाला", 'कोहिनूर गीतगुंजार", "क्रिकेट बीद विजय मर्चेंट", "जौहर के जवाब", "एचएम वी के सितारे" आदि प्रायोजित कार्यक्रम देखे जा सकते हैं।

दूरदर्शन के लिए विज्ञापन लेखन

दूरदर्शन दृश्य तथा श्रव्य दोनों का मिला-जुला माध्यम है। पूरे परिवार के सदस्यों के लिए दूरदर्शन एक अत्यन्त प्रभावी माध्यम होने के कारण इसके द्वारा प्रसारित विज्ञापन का असर बहुत दूरगामी सिद्ध हुआ है। दूरदर्शन दृश्य एवं श्रव्य का मिला-जुला रूप है किन्तु इसके बावजूद इसमें 'श्रव्य' की अपेक्षा 'दृश्य' पर अधिक जोर रहता है। दर्शक भी 'सुनने' की बजाय 'देखना' अधिक पसंद करते हैं। फलतः दूरदर्शन पर 'निवेदन' के साथ जो चलचित्र दिखाये जाते हैं, उन्हें अत्यधिक महत्त्व प्राप्त हो जाता है। इसलिए, दूरदर्शन के लिए तैयार किये जाने वाले विज्ञापनों में 'दृश्यों' (Visuals) पर अधिक बल देकर तद्नुसार श्रव्य सामग्री तैयार की जाती है। दूरदर्शन के विज्ञापन अत्यधिक प्रभावी होने के लिए निम्नलिखित बातों पर विशेष ध्यान दिया जाना चाहिएः

1. दूरदर्शन का विज्ञापन लेखन कुछ हद तक फिल्मों के लिए लिखे जाने वाले पटकथा लेखन जैसा ही होता है। पहले दृश्य-चित्र तैयार करके तद्नुसार 'निवेदन' (Comentry) लिखा जाना चाहिए। चलचित्र के दृश्य के अनुसार 'निवेदन' होना चाहिए।
2. निवेदन अत्यंत संक्षिप्त किन्तु प्रभावशाली हो। कभी-कभी निवेदन का कुशलतापूर्वक उपयोग किया जाता है। दिनेश मिल्स का विज्ञापन दृष्टव्य है।
3. दूरदर्शन के विज्ञापनों में संगीत की अहम भूमिका होती है। संगीत और सुरों द्वारा विज्ञापन अत्यंत आकर्षक एवं चिरस्मरणीय हो जाते हैं। इस सन्दर्भ में ब्रिटानिया बिस्कुट कम्पनी का विज्ञापन देखा जा सकता है।
4. उत्पादित वस्तु की विश्वसनीयता तथा गुणवत्ता (Quality) के कारण बड़े नामवर व्यक्ति, कलाकार अथवा खिलाड़ी आदि इसका इस्तेमाल करते हैं। इनका बखूबी उपयोग विज्ञापनों में किया जा सकता है। सम्बन्धित व्यक्तियों को लेकर अत्यन्त आकर्षक चलचित्र, घोष वाक्य या बोध वाक्य दिया जाता है। उदाहरणार्थ, 'लक्स' साबुन का विज्ञापन घोष वाक्य अथवा पामोलिव सेविंग क्रीम का विज्ञापन देखा जा सकता है। कपिलदेव द्वारा कहा जाने वाला वाक्य—'पामालिव का जवाब नहीं' आदि ऐसे सैकड़ों विज्ञापन देखे जा सकते हैं।

5. रोजमर्रा के जीवन की अनेक समस्याओं को लेकर उनके निराकरण हेतु किस प्रकार विशिष्ट वस्तु उपयोगी हो सकती है, इसे विज्ञापनों द्वारा बहुत आकर्षक एवं प्रभावी रूप से दिखाया जा सकता है। जैसे—शुभ्र निर्मल धुलाई के लिए परेशान कोई गृहिणी और उसका उपाय। स्वादिष्ट भोजन के लिए चिंता करता परिवार और फिर उसका उपाय। स्कूल से लौटा बच्चा जो भूख से परेशान है और रोटी, सब्जी या चावल नहीं खाना चाहता ऐसे बच्चे को खुश करती माँ। इस सन्दर्भ में व्हील, निरमा, एरियल, सनफ्लॉवर तेल, एम डी एच मसाले तथा मैगी फूड्स आदि के विज्ञापन दृष्टव्य हैं।

प्रकरण 9

क्षेत्र-कार्य एवं प्रतिवेदन में प्रयुक्त हिन्दी

विज्ञान, प्रौद्योगिकी तथा सामाजिक विज्ञान का मुख्य आधार अनुसंधान (Research) होता है। विज्ञान एवं प्रौद्योगिकी के क्षेत्रों में प्रयोगशालाओं (Laboratories) में मुख्यतः अनुसंधान सम्पन्न होता है। किन्तु सामाजिक विज्ञान अनुसंधान में क्षेत्र-कार्य (Field Work) की प्रमुख एवं केन्द्रवर्ती भूमिका रहती है। क्षेत्र कार्य के आधार पर उसका प्रतिवेदन (Report) तैयार किया जाता है। वैसे सामाजिक, राजनीतिक तथा सरकारी काम-काज के प्रतिवेदन की भूमिका विशेष महत्त्व रखती है। अतः क्षेत्र-कार्य तथा प्रतिवेदन में प्रयोजनमूलक हिन्दी का विशेष प्रयुक्तिपरक एवं प्रकार्यात्मक रूप दृष्टिगत होता है। फलतः उक्त दोनों क्षेत्रों पर विस्तार से विचार किया जाना समीचीन होगा।

(क) क्षेत्र-कार्य (Field Work)

आधुनिक युग में सामाजिक विज्ञान अनुसंधान में क्षेत्र-कार्य की अहम् भूमिका मानी गई है क्योंकि इस पद्धति में व्यक्तिगत प्रयासों के आधार पर वांछित सामग्री प्राप्त की जाती है तथा उसी के आधार पर उसका अनुशीलन एवं विश्लेषण आदि किया जाता है। फलतः क्षेत्र-कार्य में निश्चित रूप से भाषा-प्रयुक्ति की महत्त्वपूर्ण भूमिका उपस्थित रहती है। क्षेत्र-कार्य पद्धति में मुख्यतः एक सम्पर्क भाषा के रूप में हिन्दी की भूमिका देखी जा सकती है।

क्षेत्र-कार्य की प्रणालियाँ

क्षेत्र-कार्य में व्यक्तिगत सम्पर्क, अध्ययन तथा विश्लेषण पर जोर दिया जाता है। अतः इसमें अनुसंधान कार्य की व्यक्तिगत भूमिका महत्त्वपूर्ण मानी जा सकती है। व्यक्तिगत सम्बन्ध स्थापित कर अपने लक्ष्य को साध्य करने हेतु क्षेत्र-कार्य के मुख्यतः दो प्रणालियों का उपयोग किया जाता है :

(अ) लम्बी प्रणाली

लम्बी प्रणाली के अन्तर्गत अनुसन्धानकर्ता स्वयं क्षेत्र में जाकर बहुत अधिक समय तक अनुसन्धान से सम्बन्धित सामग्री इकट्ठा करता है तथा क्षेत्र विशेष के लोगों से साक्षात्कार आदि कर वांछित आँकड़े और सूचना आदि प्राप्त करता है। तद्नंतर सामग्री, आँकड़े एवं सूचना आदि का विश्लेषण कर निष्कर्ष अथवा परिणाम निकालता है। लम्बी प्रणाली में अनुसन्धानकर्ता किसी स्थानीय व्यक्ति को शोध सहायक के रूप में अपने कार्य की पूर्ति हेतु नियुक्त नहीं करता बल्कि स्वयं अन्य संसाधनों जैसे, टेपरिकॉर्डर, कैमरा या वीडीओग्राफी आदि द्वारा वांछित सामग्री और सूचना एकत्रित करता है।

(आ) छोटी प्रणाली

छोटी प्रणाली में भी अनुसन्धानकर्ता स्वयं अपने शोध से सम्बन्धित सामग्री या सूचना इकट्ठा करने के लिए क्षेत्र विशेष में जाता है किन्तु अपने अनुसन्धान-कार्य से सम्बन्धित विवरण या आँकड़े इकट्ठा करने के लिए किसी स्थानीय सूचक या व्यक्ति को शोध सहायक के रूप में नियुक्त कर उसकी सहायता से अपना कार्य पूरा करता है। सूचक या सहायक व्यक्ति को सम्बन्धित क्षेत्र विशेष की वास्तविक जानकारी होती है। अतः उसकी सहायता से प्रश्नावली या साक्षात्कार का कार्य पूरा किया जाता है, साथ ही साथ टेपरिकार्डर, वीडिओग्राफी, कैमरा आदि का भी प्रयोग किया जाता है। अनुसन्धान पद्धति की क्षेत्र-कार्य की छोटी प्रणाली की अवधि बहुत छोटी रहती है और कम समय में कार्य को पूरा करने का प्रयास किया जाता है।

क्षेत्र-कार्य की प्रक्रिया

क्षेत्र-कार्य (Field Work) विशेष रूप से सामाजिक विज्ञान से सम्बन्धित अनुसन्धान के एक आवश्यक प्रायोगिक (Experimental) अंग के रूप में पूर्ण किया जाता है। सामाजिक विज्ञानों (Social Sciences) के अनुसन्धानकार्य में सर्वेक्षण अनुसन्धान पद्धति (Survey Research Method) का एक विशेष महत्त्व होता है। अनुसन्धान की इस विधि के माध्यम से क्षेत्र विशेष की समस्याओं को जानने, समझने तथा उनके निराकरण के लिए व्यावहारिक सुझाव आदि देने में सहायता मिलती है। इस विधि द्वारा अनुसन्धान कार्य निम्नलिखित विभिन्न चरणों में पूरा किया जाता है। यथा–

(अ) अनुसन्धान क्षेत्र का चयन

विभिन्न सामाजिक विज्ञानों के अन्तर्गत वांछित अनुसन्धान कार्य को सम्पन्न करने के लिए सर्वप्रथम सम्बन्धित अनुसन्धधान क्षेत्र का चयन आवश्यक होता है। इस

सम्बन्ध में इस बात का ध्यान रखा जाता है कि चयनित क्षेत्र (Selected Area) की समस्याएँ अनुसन्धान के उद्देश्यों के अनुकूल हो। चयनित क्षेत्र में ऐसी मूलभूत उस क्षेत्र-विशेष में अध्ययन दल चयनित व्यक्तियों से सम्पर्क कर उनसे साक्षात्कार आदि कर सकें।

(आ) साक्षात्कार प्रश्नावली तैयार करना

इस अनुसन्धान पद्धति का मुख्य औजार (Tool) है साक्षात्कार के लिए प्रश्नावली। साक्षात्कार प्रश्नावली तैयार करते समय मुख्यतः दो बातों पर ध्यान दिया जाता है—प्रथम, प्रश्नावली बहुत लम्बी न होकर संक्षिप्त हो और उसमें वे ही प्रश्न शामिल किये जायें, जो अनुसन्धान के उद्देश्यों के अनुरूप हो तथा दूसरा, प्रश्नावली में सम्मिलित प्रश्न अत्यन्त सरल हो जिससे समझने में सुविधा हो सके।

साक्षात्कार प्रश्नावली अनिवार्य रूप से उसी भाषा में तैयार की जानी चाहिए जो अनुसन्धान हेतु चयनित क्षेत्र में बोली और समझी जाती हो। प्रश्नावली की भाषा में तकनीकी और सामान्यतः प्रयोग में न आने वाले शब्दों या वाक्यांशों का प्रयोग नहीं किया जाना चाहिए। प्रश्नावली की भाषा सरल, सुबोधक और विषयानुसार स्पष्ट होना आवश्यक है।

साक्षात्कार प्रश्नावली का संचालन

इस अनुसन्धान प्रक्रिया में व्यक्तिगत सम्पर्क का अत्यधिक महत्त्व होता है और इसका प्रभावी साधन है साक्षात्कार की प्रश्नावली तथा उसका संचालन/अनुसन्धान से सम्बन्धित क्षेत्र कार्य में अनुसन्धानकर्ता उस क्षेत्र-विशेष के कई स्तर के व्यक्तियों से मिलकर साक्षात्कार करता है जिनमें ग्रामीण व्यक्ति तथा पदाधिकारी या अधिकारी भी हो सकते हैं। इन व्यक्तियों के सामाजिक, आर्थिक एवं शैक्षिक स्तर भिन्न होने के कारण इनसे साक्षात्कार करते समय सन्दर्भानुसार विभिन्न मापदण्ड अपनाने पड़ते हैं। अतः अनुसन्धानकर्ता को साक्षात्कार प्रश्नावली का संचालन करते समय अत्यन्त मृदुभाषी तथा विनम्र होना आवश्यक है। साक्षात्कार की प्रक्रिया में शोधकर्ता को कुछ कठिनाइयों का भी सामना करना पड़ता है। जैसे, कुछ लोग प्रश्नावली के सभी प्रश्नों के उत्तर नहीं देना चाहते। कुछ व्यक्ति प्रश्न को समझ नहीं पाते या जानबूझकर सही उत्तर नहीं देना चाहते। ऐसी स्थिति में शोधकर्ता को एक अत्यन्त कुशल संघटक की भूमिका निभाते हुए अपनी कार्य सिद्धी करनी पड़ती है।

अस्थायी शोध सहायक की नियुक्ति

सामाजिक विज्ञान अनुसन्धान में क्षेत्र-कार्य की विशेष भूमिका रहती है और क्षेत्र-कार्य पूर्ण करने हेतु कभी-कभी अनुसन्धानकर्ता को आवश्यकतानुसार अस्थायी शोध

सहायक के रूप में स्थानीय शिक्षित व्यक्ति की नियुक्ति कर लेनी पड़ती है। यह अस्थायी शोध सहायक अनुसन्धानकर्ता को सम्बन्धित (चयनित) क्षेत्र की सामाजिक, सांस्कृतिक, भाषिक तथा आर्थिक स्थितियों के बारे में आवश्यकपूर्ण जानकारी से अवगत कराता है। चूँकि वह स्थानीय भाषा एवं बोली को जानता है और शोधकर्ता की भाषा से भी परिचित होता है अत वह क्षेत्र-विशेष के व्यक्ति और शोधकर्ता के बीच एक समन्वयक या धूरी के रूप में कार्य करता है जिससे वांछित अनुसन्धान पूर्ण करने में काफी मदद मिलती है।

क्षेत्र-कार्य में प्रयुक्त हिन्दी का स्वरूप

क्षेत्र-कार्य के दो मुख्य स्तर हैं : चयनित क्षेत्र के व्यक्तियों से प्रत्यक्ष साक्षात्कार तथा संकलित सामग्री का विश्लेषण एवं निष्कर्ष। इन दो स्तरों पर प्रयुक्त हिन्दी भाषा का स्तर भी कुछ भिन्न अवश्य होता है। पहले स्तर पर जनसम्पर्क का सम्बन्ध होने के कारण एक सम्पर्क भाषा के रूप में हिन्दी का बोलचाल का सहज रूप प्रयुक्त होता है। इसे बोलचाल की हिन्दी अथवा व्यावहारिक हिन्दी कहा जा सकता है। भले ही अनुसन्धान से सम्बन्धित बातचीत हो रही हो किन्तु भाषा का स्वरूप बोझिल या पंडिताऊ न होकर सहज, सरल तथा जीवंत होता है। इस प्रक्रिया में भाषा एवं उच्चारण लहजे में स्थानीय बोली का प्रभाव स्वाभाविक रूप में आ जाता है। यहाँ सम्पर्क भाषा के रूप में हिन्दी की भूमिका अत्यधिक प्रभावी होकर उभरती है।

क्षेत्र कार्य के दूसरे स्तर पर सामग्री संकलन के पश्चात उसका विश्लेषण होकर निष्कर्ष अथवा परिणाम निकाले जाते हैं। इसमें मानचित्र, सारणियाँ अथवा स्तम्भों का भी प्रयोग आवश्यकतानुसार किया जाता है। इस प्रक्रिया में हिन्दी का विवरणात्मक तथा वैचारिक रूप प्रयुक्त होता है। भाषा में स्वाभाविकतः गाम्भीर्य एवं कभी-कभी क्लिष्टता भी आती है। इस प्रकार क्षेत्र-कार्य में दो भिन्न स्तरों पर आवश्यकतानुसार हिन्दी के बोलचाल और विवेचन या विवरणात्मक रूप प्रयुक्त होते हैं।

(ख) प्रतिवेदन (Report)

आधुनिक युग में सरकारी और गैर-सरकारी कार्य प्रणाली में 'प्रतिवेदन' का प्रयोग अनिवार्य रूप से किया जा रहा है। 'प्रतिवेदन' अंग्रेजी के रिपोर्ट (Report) अथवा रिपोर्टिंग (Reporting) शब्दों के पर्याय के रूप में प्रयोग में लाया जा रहा है। विभिन्न सरकारी कार्यालयों, संस्थानों, संगठनों, कम्पनियों, मंत्रालयों तथा विभागों आदि के कार्याकलापों का लेखा-जोखा वार्षिक रिपोर्ट में प्रस्तुत किया जाता है। इन कार्यालयों में अनेक समितियाँ नियुक्त होती हैं और उनकी नियमित बैठकें होती रहती हैं। इन बैठकों की कार्यवाही का ब्योरा प्रतिवेदन अथवा रिपोर्ट में दिया जाता

है। किसी महत्त्वपूर्ण घटना के तथ्यों की छानबीन करने के लिए सरकार द्वारा उच्चाधिकार प्राप्त समितियाँ तथा आयोग स्थापित किए जाते हैं। ये समितियाँ और आयोग वांछित छानबीन करके उसका तथ्य शोधक प्रतिवेदन सरकार को प्रस्तुत करते हैं। कभी-कभी अत्यन्त महत्त्वपूर्ण राष्ट्रीय मामलों के सम्बन्ध में सरकार स्वयं जनता की जानकारी हेतु 'श्वेत पत्र' (White Paper) के रूप में प्रतिवेदन प्रस्तुत करती है जिसमें घटनाओं और मामलों की यथातथ्य स्थिति दर्शायी जाती है। इस प्रकार, सरकारी कार्य प्रणाली के एक महत्त्वपूर्ण अंग के रूप में प्रतिवेदन का प्रयोग किया जाता है।

प्रतिवेदन की परिभाषा

जैसा कि पहले कहा जा चुका है 'प्रतिवेदन' शब्द हिन्दी में फ्रेंच रिपोर्ताज एवं अंग्रेजी के 'रिपोर्ट' शब्दों के पर्याय के रूप में ग्रहण किया गया है। कोशग्रंथों के अनुसार Report से तात्पर्य है :

1. Some thing which gives information.
2. Formal account of the results of an investigation given by a person authorised to make investigation.
3. A record of the speeches delivered and action taken during a session of any deliberative body as formality published.
4. A formal and official statement giving the conclusions and recommendations of a person or group authorised to consider proposal.

इस प्रकार मामले की छानबीन के पश्चात तथ्यों का ब्यौरा देने, गम्भीर मामले और घटनाओं के बारे में सही जानकारी प्रस्तुत करने, समितियों की बैठकों में लिए गए निर्णयों को कार्यवृत्त के रूप में देने, सरकार द्वारा नियुक्त आयोग की कार्य प्रणाली, विचार-विमर्श तथा तथ्यों की खोजबीन करके निष्कर्ष को प्रस्तुत करने तथा प्रशासनिक कार्यविधि, आँकड़े, एवं अन्य तथ्य आदि का विवरण देने के लिए 'प्रतिवेदन' तैयार कर प्रस्तुत किया जाता है। हिन्दी पत्रकारिता तथा दूरसंचार आदि में भी घटनाओं की जानकारी तथा मामलों की खोजबीन आदि को प्रस्तुत करने के लिए 'रिपोर्टिंग' का सहारा लिया जाता है। हिन्दी साहित्य में 'रिपोर्ताज़' के रूप में एक स्वतंत्र विधा ही मौजूद है जिसके अंतर्गत घटनाओं के यथातथ्य वर्णन के सहारे कहानियाँ, नाटक या उपन्यास लिखे जाते हैं। साहित्य क्षेत्र में 'रिपोर्ट' के साहित्यिक एवं कलात्मक रूप को ही 'रिपोर्ताज' शैली कहा जाता है।

प्रतिवेदन-लेखन

विभिन्न सरकारी मंत्रालयों, विभागों, संस्थानों, संस्थाओं तथा कम्पनियों आदि के प्रशासन में सामान्यतः प्रतिवेदन (Report) का प्रयोग और प्रचलन हो रहा है। सरकार

द्वारा नियुक्त विशेष जाँच समिति अथवा आयोग को अपना प्रतिवेदन तैयार करते समय कुछ महत्त्वपूर्ण बातों की ओर ध्यान देना होता है।

(अ) समिति अथवा आयोग का गठन सरकार ने किस उद्देश्य से किया है और उन्हें कौन से कार्य पूरे करने हैं।

(आ) आयोग या समिति ने सम्बन्धित मामले की किस-किस तथ्य की जाँच या खोजबीन का।

(इ) तथ्य खोजने के लिए किन-किन व्यक्तियों से साक्ष्य लिया।

(ई) समिति या आयोग की बैठकों में किन-किन मुद्दों पर चर्चा हुई। प्रत्येक सदस्य का मत क्या रहा।

(उ) निष्कर्ष के रूप में कौन-कौन सी सिफारिशें प्रस्तुत की गईं।

(ऊ) सामान्यतः सभी सदस्य प्रतिवेदन पर हस्ताक्षर करते हैं। कभी-कभी केवल अध्यक्ष एवं सचिव हस्ताक्षर करते हैं।

प्रतिवेदन का प्रारूप

प्रतिवेदन सामान्यतया निम्नलिखित ढाँचे के अनुसार तैयार कर प्रस्तुत किया जाता है :

1. शीर्षक (जिसके बारे में प्रतिवेदन तैयार कर प्रस्तुत किया जा रहा है।)
2. प्रस्तावना
3. विषय-सूची
4. उद्देश्य पूर्ति का संक्षिप्त विवरण
5. विषय-विश्लेषण
6. साक्षात्कार एवं सामग्री संकलन का विश्लेषण
7. प्रमुख तथ्यों का उद्घाटन
8. मुख्य सिफारिशें
9. तालिकाएँ और परिशिष्ट
10. सन्दर्भ सूची

प्रतिवेदन की विशिष्टताएँ

1. प्रतिवेदन का स्वरूप आवेदन, अभ्यावेदन तथा पुररावेदन से एकदम भिन्न होता है। (कुछ लोग प्रतिवेदन और अभ्यावेदन को एक मानकर बहुत बड़ी भूल करते हैं; वस्तुतः दोनों में काफी और स्पष्ट अन्तर है।)
2. प्रतिवेदन में किसी घटना, जानकारी, निरीक्षण तथा सर्वेक्षण आदि का तथ्यान्वेषी प्रस्तुतीकरण रहता है।
3. प्रतिवेदन में उद्देश्य के अनुरूप साक्षात्कार, सर्वेक्षण तथा अनुसन्धान आदि

के माध्यम से अनुषंगी जानकारी एकत्रित कर उसका सटीक विश्लेषण किया जाता है और तदनंतर उसे विशिष्ट पद्धति से प्रस्तुत किया जाता है।

4. प्रतिवेदन की भाषा अत्यन्त स्पष्ट, सार्थक तथा एकार्थी होना अपेक्षित है। प्रतिवेदन में अलंकारिक एवं मुहावरेदार भाषा सर्वथा वर्जित है।
5. प्रतिवेदन विषयानुरूप एवं उद्देश्य की पूर्ति करने वाला एक सारगर्भित प्रलेख (Document) होता है।
6. प्रतिवेदन में संक्षिप्तता, सारगर्भितता एवं गम्भीरता का होना नितांत आवश्यक है।
7. प्रतिवेदन में केवल जानकारी, समस्या अथवा घटनाओं का विवरण और विश्लेषण ही नहीं होता अपितु सत्य एवं तथ्यों के अन्वेषण के साथ समस्या का समाधान एवं उपाय भी प्रस्तुत किये जाते हैं।

प्रकरण 10

समूह-चर्चा एवं समिति-बैठकें

(क) समूह-चर्चा

आधुनिक प्रशिक्षण प्रणाली में समूह-चर्चा (Group Discussion) को बहुत महत्त्व दिया जा रहा है। समूह परिचर्चा में निश्चित रूप से दो से अधिक व्यक्तियों का सहभाग अपेक्षित है। व्यक्तियों के साथ समूह-कार्य करने के लिए समूह-चर्चा की प्रविधि का उपयोग मुख्यतः किया जाता है। फिर भी इससे अनेक अन्य बातें भी उभरती हैं। आधुनिक युग में सभी क्षेत्रों में सहभागिता और सहकारिता को अत्यधिक मात्रा में अहमियत दी जा रही है। इसी से शिक्षण एवं प्रशिक्षण में समूह-परिचर्चा को अहम् मुद्दे के रूप में माना जाने लगा है।

समूह-चर्चा क्या है–समूह-चर्चा एक प्रजातांत्रिक शैक्षणिक प्रक्रिया है जिसके द्वारा सामूहिक रूप से समस्या का समाधान खोजकर आपसी विचार-विमर्श, सहकारिता एवं सहभागिता से किसी कार्य को सामूहिक रूप से सम्पन्न किया जाता है।

समूह-चर्चा से तात्पर्य सिर्फ वाद-विवाद या तर्क वितर्क नहीं है। समूह-चर्चा भाषणबाजी अथवा पूर्वग्रहों से दूषित शाब्दिक आतिशबाजी भी नहीं है। ऐसी अनेक बैठकें देखी जा सकती हैं जिसमें सम्मिलित समूह का प्रत्येक व्यक्ति बातें करता हो और दूसरे की बातें अनूसनी कर रहा हो। कुछ ऐसे भी समूह देखे जा सकते हैं जिनमें दो-तीन सदस्य ही भाषायी प्रभावशीलता के कारण एकतरफा बातें कर रहे हों और अन्य सदस्य केवल हताश होकर उनकी 'हाँ' में हाँ या 'ना' में ना मिला रहे हों। कुछ ऐसी भी सामूहिक बैठकें देखने में आती हैं जिनमें घन्टों-प्रहरों वाद-विवांद-सवाद होता रहा हो और ठोस परिणाम न निकलता हो। ये सारी बातें समूह-चर्चा के अंतर्गत नहीं आतीं। और, यदि इसे ही समूह-चर्चा मान लिया गया हो तो उसे फिजूलखर्ची एवं समय की बर्बादी ही कहा जाना चाहिए। संक्षेप में, समूह चर्चा के मूलभूत तत्त्व निम्नानुसार हैं :

–यह एक शैक्षणिक पद्धति है।

—प्रशिक्षण की अद्यतन प्रणाली के रूप में स्वीकार्य की गई है।

—यह एक प्रजातांत्रिक प्रक्रिया है।

—इसका मूल आधार सहकारिता एवं सहभागिता है।

—इसके द्वारा सामूहिक रूप में समस्या का समाधान किया जाता है।

—इसमें समूह-नेता (समूह का अध्यक्ष) की महत्त्वपूर्ण भूमिका होती है और उसके संचालन कौशल पर समूह-चर्चा की सफलता निर्भर रहती है।

समूह-चर्चा का प्रशिक्षण में उपयोग

पश्चिमी विद्वान विलियम जे.कंजिन्स ने अपनी पुस्तक 'ग्रुप डिस्कशन—ए हैंड बुक' में समूह-चर्चा को चार प्रकारों से प्रशिक्षण प्रविधि में उपयोगी माना है :

1. प्रजातांत्रिक प्रक्रिया के रूप में,
2. सीखने की प्रक्रिया के रूप में,
3. समस्या-समाधान की प्रक्रिया के रूप में, तथा
4. उत्प्रेरक सहकारिता समूह-कार्य के रूप में।

1. समूह चर्चा : एक प्रजातांत्रिक प्रक्रिया : प्रजातन्त्र का मूल है सामूहिकता। इस प्रक्रिया के अन्तर्गत समूह में उपस्थित प्रत्येक सदस्य परिचर्चा में सक्रिय सहभाग लेता है। प्रजातंत्र की प्रक्रिया को पढ़ाया नहीं बल्कि सिखाया जा सकता है और वह केवल सामूहिकता पर निर्भर है। प्रजातांत्रिक प्रक्रिया में समूह का नेता एवं समूह में उपस्थित सभी सदस्य आपसी तालमेल से समस्या का समाधान ढूँढ़ते हैं और प्राप्त हुए परिणाम से समान रूप से जिम्मेदार एवं जवाबदेही होते हैं। समूह-चर्चा में नेतृत्व तथा जिम्मेदारी समान रूप से सभी सदस्यों के लिए उपलब्ध रहती है। इस प्रकार समूह-चर्चा प्रशिक्षण की प्रजातांत्रिक प्रक्रिया एवं साधन के रूप में महत्त्वपूर्ण है।

2. समूह-चर्चा : शिक्षण की प्रक्रिया—समूह-चर्चा एक शैक्षणिक प्रक्रिया है, किन्तु समूह के सदस्य जब सक्रिय रूप से इसमें भाग लेते हैं और किसी ठोस नतीजे तक पहुँचते हैं। तभी उन्हें शिक्षण प्राप्त होता है। समूह-चर्चा मुख्यतः व्यक्तिगत विचारों में स्पष्टता, रुचि एवं प्रेरणा, निजी सहभागिता, विचारों का परीक्षण एवं मूल्यांकन तथा ज्ञान के संग्रहण आदि के शिक्षण में बहुत उपयोगी सिद्ध होती है।

3. समूह-चर्चा : समस्या समाधान की प्रक्रिया—समूह-चर्चा प्रमुख रूप से किसी समस्या के समाधान हेतु उपयुक्त मानी जाती है। समस्या का यह समाधान या हल समूह के सदस्यों द्वारा आपसी तालमेल, विचार विमर्श तथा सहयोग से किया जाता है। समूह में समस्या के विवरण को रखा जाता है। तद्नंतर संगत तथ्यों का संकलन कर उनका विश्लेषण किया जाता है। विश्लेषण की इस प्रक्रिया में समाधान के विपरीत तथ्यों का भी परीक्षण किया जाता है ताकि वैकल्पिक समाधान को विकसित किया जा सके। समस्या-समाधान हेतु उपलब्ध संसाधनों पर भी विचार-विमर्श किया जाना अपेक्षित है। समस्या के समाधान हेतु प्रस्तावित कार्य की योजना अर्थात 'कौन क्या करेगा', 'कब

करेगा', 'कहाँ' और 'कैसे' आदि को भी समूह द्वारा नियोजित किया जाता है। इन सारी प्रक्रिया में समूह के नेता अर्थात अध्यक्ष की भूमिका अहम् होती है।

4. समूह-चर्चा : एक उत्प्रेरक सहकारिता समूह-कार्य प्रक्रिया—समूह-चर्चा का मूलभूत तत्त्व सहकारिता एवं सहभाग है। किसी भी समूह-कार्य को सम्पन्न करने के लिए समूह-चर्चा एक प्रभावी सहकारिता साधन के रूप में महत्त्वपूर्ण होती है। समूह-प्रकार्य में अधिक से अधिक सदस्य तभी भाग ले सकेंगे जब वे कार्य की योजना में शुरू से अन्त तक शामिल होंगे। समुदाय-विकास का मूल सिद्धांत है—समूह-कार्य और समूह-कार्य का मूल है सहकारिता एवं सहभाग। अतः समूहकार्य को सफलतापूर्वक सम्पन्न करने के लिए एक प्रभावशाली साधन के रूप में समूह चर्चा की महत्ता निर्विवाद मानी जा सकती है।

समूह-चर्चा में अध्यक्ष की भूमिका

समूह-चर्चा में मुख्यतः दो बिन्दु होते हैं—अध्यक्ष या समूह का नेता तथा समूह में शामिल सदस्य। जैसे कि पहले कहा जा चुका है, समूह-चर्चा एक प्रजातांत्रिक प्रक्रिया है, जिसमें समूह के सभी सदस्यों का सहभाग एवं जिम्मेदारी समान रूप से महत्त्वपूर्ण होती है। किन्तु समूह को उचित नेतृत्व कौशल से नियंत्रित एवं संचालित कर वांछित परिणाम प्राप्त करने की प्रक्रिया में समूह के अध्यक्ष अर्थात नेता की भूमिका केन्द्रवर्ती मानी जा सकती है। समूह-चर्चा की सफलता बहुत हद तक उसके नेता पर ही निर्भर रहती है। विलियम कैंजिन्स ने चार प्रकार के समूह नेता माने हैं—

1. दिखावटी नेता
2. स्वचालक नेता
3. अहस्तक्षेप नेता
4. प्रजातांत्रिक नेता

1. दिखावटी नेता—इस श्रेणी का नेता समूह के लिए सर्वथा अनुपयुक्त माना जा सकता है। यह वह व्यक्ति होता है जो समूह का नियमित सदस्य नहीं होता किन्तु इसके बावजूद समूह पर उसका बहुत प्रभाव रहता है। यह व्यक्ति छाया-नेता (Shadow-Leader) के रूप में परदे के पीछे से काम करता है और अपने इरादों के अनुसार समूह को प्रभावित करता है। कभी-कभी समूह में अपने नेतृत्व को बनाये रखने के लिए वह दिखावटी तौर पर कार्य करता है। उसके सारे कार्यकलाप कृत्रिम होते हैं

2. स्वचालक नेता—इस श्रेणी का समूह-नेता स्वयं अनुशासित होता है और अपने विचारों के अनुसार समूह का संचालन करता है। यह नेता अपनी सोच एवं समझ के अनुसार विषय-वस्तु का निर्धारण करता है और तदनुसार समूह की आपसी चर्चा का नियोजन निर्धारित करता है। इस श्रेणी का नेता जानता है कि समूह से कार्यों को किस प्रकार करवाया जाय। यह नेता अत्यधिक उत्प्रेरक होने के कारण समूह के सदस्यों को चर्चा में हर सम्भव शामिल कर लेता है। दूसरे सदस्यों की

सक्रिय भागीदारी एवं भलाई हेतु वह कभी-कभी 'तानाशाह' की भूमिका भी अदा करते महसूस होता है। किन्तु सदस्यों को उसका यह 'तानाशाही' रूप अच्छा भी लगता है। किन्तु इसके विपरीत 'स्वचालक नेता' की सक्रियता एवं नेतृत्व गुणों के कारण कभी-कभी समूह उन पर इतना निर्भर हो जाता है कि अपनी सक्रियता खो बैठता है और नेता की अनुपस्थिति में समूह छिन्न-भिन्न होकर बिखर जाता है। समूह-चर्चा की प्रक्रिया में इस आदर्श स्थिति नहीं माना जा सकता।

3. **अहस्तक्षेप नेता**–इस श्रेणी का नेता, समूह के सदस्यों में कोई हस्तक्षेप नहीं करता। वह चर्चा का सारा भार एवं जिम्मेदारी समूह पर ही छोड़ देता है। दूसरे शब्दों में कहा जाय तो कह सकते हैं कि अहस्तक्षेप नेता स्वचालक नेता के बिल्कुल विपरीत होता है। यह नेता अपनी ओर से कुछ भी निर्णय नहीं लेता। न वह समूह को आदेश देता है, न उनकी चर्चा या विषय-विश्लेषण में कोई हस्तक्षेप करता है। समूह इस नेता पर निर्भर नहीं करता बल्कि यह नेता समूह पर प्रत्येक बात के लिए निर्भर रहता है। समूह के सदस्य जैसा चाहते हैं, वैसे ही वह करता है। इससे समूह में निराशा एवं आलस की प्रवृत्ति बढ़ती है।

4. **प्रजातांत्रिक नेता**–इस श्रेणी का नेता सभी प्रजातांत्रिक पहलुओं को अपनाकर समूह का नेतृत्व करता है। यह व्यक्ति समूह के सभी सदस्यों में नेतृत्व बाँटने का प्रयास करता है, अर्थात सामूहिक कार्य तथा उसके प्रत्येक परिणाम में वह समूह के प्रत्येक सदस्य को शामिल कर लेता है। समूह-चर्चा को प्रजातांत्रिक पद्धति से नियोजित करता है और वांछित परिणाम तथा समस्या-समाधान हेतु चर्चा के सभी बिन्दुओं में व्यक्तिगत रुचि लेता है। वह समूह के सदस्यों के साथ निष्पक्ष रहते हुए सभी से मित्रतापूर्ण व्यवहार करता है तथा उनका विश्वासपात्र अभिकर्ता के रूप में अपनी भूमिका निभाता है। संक्षेप में प्रजातांत्रिक नेता–

–सभी प्रजातांत्रिक पद्धतियों को अपनाता है।
–समूह की ओर से जिम्मेदार रहता है।
–समूह-कार्य में प्रत्येक सदस्य को सहभागी कर लेता है।
–समूह के प्रत्येक सदस्य में नेतृत्व बाँटने का प्रयास करता है।
–निष्पक्ष एवं मित्रतापूर्ण व्यवहार करता है।
–समस्या-समाधान की प्रक्रिया में सदस्यों को सभी बिन्दुओं पर मदद करता है।
–समूह-चर्चा, समस्या-विश्लेषण तथा वांछित परिणाम आदि के लिए कुशलतापूर्वक नियोजन तथा निष्पादन करता है।
–समूह के प्रत्येक सदस्य को नेतृत्व सहकारिता तथा सम्प्रेषण-कौशल आदि गुणों को वृद्धिगत करने में सर्वतोपरि सहायता करता है।

उक्त विवेचन से यह स्पष्ट है कि समूह-चर्चा में प्रजातांत्रिक नेता या अध्यक्ष अधिक उपयोगी और सक्षम सिद्ध हो सकता है। समूह चर्चा में नेता की भूमिका केवल ट्रैफिक पुलिस की तरह नहीं होती बल्कि इससे भी अधिक उसे अनेक विशिष्ट कार्य करने

होते हैं। समूह के अध्यक्ष के कुछ मुख्य कार्यों को निम्नानुसार दर्शाया जा सकता है—

—समूह में प्रस्तावित विषय का नियोजन तथा निष्पादन करना।

—प्रश्न-उपप्रश्नों द्वारा, चर्चा द्वारा विषय का स्पष्टीकरण करना।

—सभी सदस्यों का सहभाग चर्चा में सुनिश्चित करना।

—संकोची सदस्यों को प्रोत्साहित एवं अधिक सक्रिय करना।

—समस्या पर उचित विचार विमर्श एवं विश्लेषण करवाना।

—सदस्यों में संघर्ष की स्थिति में सफलतापूर्वक मध्यस्थता करना।

—असंगत अथवा अस्पष्ट विवरण या तथ्यों की व्याख्या करना।

—विचार और विश्लेषण का एकीकरण कर उसे सूत्रबद्ध करना।

—समूह का समुचित संयोजन एवं संचालन करना।

—समूह-कार्य तथा समस्या-समाधान द्वारा ठोस परिणाम को प्राप्त करना।

समूह-चर्चा में सदस्यों की भूमिका

समूह-चर्चा चूँकि एक शैक्षणिक प्रक्रिया और प्रजातांत्रिक पद्धति है, अतः इसमें अध्यक्ष के साथ-साथ समूह के प्रत्येक सदस्य की भूमिका बहुत अहमियत रखती है। समूह में सभी सदस्य भागीदार होने कारण समूह के प्रत्येक कार्य एवं परिणाम के लिए वे समान रूप से जिम्मेदार एवं जवाबदेही होते हैं। जिस प्रकार समूह के सुचारु संचालन और कार्य-निष्पादन में उसके अध्यक्ष की कुछ जिम्मेदारियाँ होती हैं, उसी प्रकार समूह के सदस्यों के भी कुछ कर्तव्य निर्धारित होते हैं जिन्हें निम्नानुसार रेखांकित किया जा सकता है—

—अध्यक्ष को उसके कार्य में सहायता करना।

—अपनी भूमिका के प्रति ईमानदार और स्पष्ट रहना।

—समूह-चर्चा एवं विचार-विमर्श के दौरान अपनी हरकतों से उसमें बाधा या रुकावट न डालना।

—चर्चा में कुछ योगदान करना चाहे अथवा महत्त्वपूर्ण विचार व्यक्त करना चाहे तो उसे स्पष्टता से प्रस्तुत करना।

—दूसरे सदस्यों के विचारों से सहमत न होने पर संयम से काम लेना और विनम्रतापूर्वक उसका खण्डन करना।

—दूसरे सदस्यों अथवा अध्यक्ष को ध्यानपूर्वक सुनना।

—विचारों का मूल्यांकन उसके गुणों से करना न कि उस व्यक्ति से जो प्रस्ताव रखता हो।

—समूह की सभी गतिविधियों में रुचि लेना और उनमें सक्रिय भाग लेना।

समूह-चर्चा में सदस्य-सचिव की भूमिका

समूह में जिस प्रकार अध्यक्ष अथवा उसका नेता आवश्यक होता है, उसी प्रकार प्रत्येक

समूह में सचिव की भी आवश्यकता रहती है। किन्तु यह सचिव कोई बाहरी व्यक्ति न होकर समूह का ही एक सदस्य होता है जिसे सदस्य-सचिव (Member-Secretary) कहा जाता है। अनेक प्रकार की महत्त्वपूर्ण बैठकों के लिए भी सदस्य-सचिव की जरूरत अनिवार्य रूप से होती है। समूह में सदस्यसचिव की आवश्यकता निम्नलिखित कारणों से होती है–

–समूह-चर्चा के स्मरण में सहायक के रूप में।

–समूह के विचार-विमर्श तथा विश्लेषण के सार-संक्षेप प्रस्तुतकर्ता के रूप में।

–प्रगति के मूल्यांकन के लिए आधार एवं सहायक के रूप में।

–समूह के संक्षिप्त निर्णयों को प्राप्त करने के साधन के रूप में।

–अध्यक्ष के सहायक के रूप में।

–समूह की चर्चा या कार्यवाही का प्रतिवेदन अथवा कार्यवृत्त तैयार करने के लिए स्थायी अभिलेखी के रूप में।

इस प्रकार, सदस्य-सचिव की भूमिका समूह के अन्य सदस्यों की अपेक्षा अधिक जिम्मेदारीपूर्ण और चुनौती से भरी होती है।

समूह-चर्चा का नियोजन

समूह-चर्चा एक गम्भीर विषय है न कि वाद-विवाद को पिष्टपेषण। अतः समस्या-समाधान अथवा वांछित ठोस परिणाम प्राप्त करने के लिए समूह-चर्चा का नियोजन (Planning) बहुत महत्त्व रखता है।

दूसरे शब्दों में उसके कौशलपूर्ण नियोजन पर ही समूह-चर्चा की सफलता निर्भर है। इसके कुछ बिन्दुओं पर विचार किया जाना जरूरी है। यथा–

1. समूह-चर्चा हेतु बैठक-व्यवस्था

उपलब्ध संसाधनों को ध्यान में रखते हुए तथा समूह का आकार दृष्टिगत रखते हुए बैठक की व्यवस्था की जानी चाहिए। समूह के सभी सदस्यों को अध्यक्ष और अध्यक्ष को सभी सदस्य देख सकें, इस प्रकार से कुर्सियों को वृत्ताकार में रखा जाना उचित होगा। ब्लैक बोर्ड, चार्ट का स्टैण्ड अथवा दृश्य उपकरण इस प्रकार रखे जाने चाहिए जिसे सभी सदस्य सहजता एवं आसानी से देख सकें। मंच पर ध्वनि, प्रकाश तथा अन्य आवश्यक सामग्री की व्यवस्था पहले से ही सुनिश्चित किया जाना श्रेयस्कर होगा। समूह के आकार के अनुसार ऐसे कक्ष का चयन करें जिसमें प्रतिध्वनि न गूँजती हो, अन्यथा प्रतिध्वनि के कारण समूह के विचार-विमर्श में बाधाएँ उत्पन्न हो सकती हैं।

2. समूह का आकार

समूह-चर्चा के प्रभावी परिणाम के लिए उसका आकार सीमित रहना बहुत जरूरी है। एक सफल समूह-चर्चा के लिए उसके सदस्यों की संख्या 10 या 15 से अधिक

नहीं होनी चाहिए। समूह में कम से कम सदस्य होने से उनमें आपसी तालमेल और सौहार्द बढ़ता है जिससे चर्चा अधिक प्रभावी होने में सहायता मिलती है। अध्यक्ष एवं सदस्य अल्प समय में ही एक-दूसरे की रुचि, रुझान तथा विचारप्रणाली को आसानी से समझ सकते हैं।

यदि किसी कारणवश समूह का आकार अपेक्षाकृत बड़ा है, तब ऐसी स्थिति में इसे 7 अथवा 10 सदस्यों के उप-समूह में बाँटकर चर्चा को सम्पन्न कराया जा सकता है। इस प्रक्रिया में प्रत्येक उप-समूह का स्वतंत्र अध्यक्ष हो सकता है। और सम्पूर्ण समूह के लिए सदस्य-सचिव संक्षिप्त विवरण प्रस्तुत कर सकता है। यदि प्रस्तावित समस्या अथवा प्रश्नों की संख्या अधिक है, तब उस स्थिति में प्रत्येक समूह अलग-अलग समस्या अथवा प्रश्नों पर विचार-विमर्श और चर्चा कर सकता है। समूह के अध्यक्ष का कर्तव्य होगा कि वह सभी उप-समूहों के विवरण को एकत्रित करें और उनका समामेलन करके ठोस परिणाम प्राप्त करें। उप-समूहों की स्थिति में समूह के अध्यक्ष की भूमिका अधिक जिम्मेदारी एवं चुनौतीपूर्ण होती है।

3. समय निर्धारण

समूह-चर्चा के लिए समय निर्धारण की भी महत्ता है। यह सुनिश्चित किया जाना चाहिए कि समूह के बैठक का आयोजन ऐसे समय किया जाए जिस समय लगभग सभी सदस्य उपस्थित रह सकें। बैठक की तिथि, स्थान एवं समय की सूचना पर्याप्त समय रहते हुए दे दी जानी चाहिए।

समूह की बैठक निर्धारित समय पर ही शुरू की जानी चाहिए और यथासम्भव समय पर ही समाप्त की जानी चाहिए। बैठक का आयोजन ऐसा किया जाय कि सम्पूर्ण बैठक की समयावधि दो घण्टे से अधिक न हो और यदि सम्भव हो तो बैठक को दो सत्रों में विभाजित किया जाये। ऐसी अवस्था में प्रत्येक सत्र एक या सवा घण्टे से अधिक न हो।

4. बैठक-पूर्व तैयारी

समूह-चर्चा के लिए यदि सहायभूत दृश्य-श्रव्य उपकरण, चार्ट, बोर्ड, मानचित्र आदि अन्य सामग्री का प्रयोग किया जाना है तब उनकी तैयारी बैठक, प्रारम्भ होने से पहले ही की जानी चाहिए। इन उपकरणों के लिए पर्याप्त बिजली, सहायक सामग्री आदि को समय से पहले ही तैयार रखी जाए। समूह की सक्रियता के बारे में विचार किया जाना चाहिए और उभरी हुई समस्याओं को पहले से ही जानने का प्रयास किया जाना चाहिए। समूह की बैठक शुरू होने से पहले ही समूह के सदस्यों हेतु जरूरी मूलभूत सुविधाएँ जैसे हवा, पानी बिजली एवं नैसर्गिक सुविधा आदि का प्रबंध सुनिश्चित किया जाना चाहिए।

5. समस्याओं का चयन

समूह द्वारा चर्चा के लिए समस्या अथवा प्रश्नों का निर्धारण और उनकी गणना बैठक प्रारम्भ होने से पूर्व ही कर लिया जाना चाहिए। इस बात को ध्यान में रखा जाना चाहिए कि व्यक्तिगत रूप में और सामूहिक रूप में अपनी आवश्यकताओं से सम्बन्धित समस्याओं में समूह के प्रत्येक सदस्य अधिक रुचि रखते हैं। अतः उनकी सलाह से ही समस्याओं का चयन किया जाना उपयोगी हो सकता है। यदि समूह बड़ा है तब समूह को सात अथवा दस सदस्यों के उप-समूह में बाँटकर उनमें अलग-अलग समस्याओं पर विचार-विमर्श किया जाना चाहिए। इससे अनेक लाभ होंगे, जैसे सभी सदस्यों की निर्धारित समयावधि में विचार व्यक्त करने का मौका मिलेगा, और शीघ्रता से सभी समस्याओं पर चर्चा हो सकेगी।

समूह-कार्य की निगरानी

समूह-चर्चा चूँकि एक शैक्षणिक प्रक्रिया है इसमें समूह-कार्य के सुचारु निष्पादन हेतु उसकी निगरानी (Monitoring) आवश्यक है। समूह-चर्चा में प्रशिक्षित तथा नौसिखियों के दोनों का समावेश है। किन्तु नौसिखियों के कार्य की निगरानी की ओर अधिक ध्यान दिया जाना चाहिए। इसके दो मुख्य कारण है। पहला यह कि यह सुनिश्चित किया जाना कि निर्देशित कार्य को सही दिशा में सही लक्ष्य के अनुसार सम्पन्न कर रहे हैं, और दूसरा यह कि वे कार्य को निर्धारित समय में पूरा कर सकें।

समूह को प्रकार्य सौंपना

समूह को कार्य सौंपते समय निम्नलिखित बातों की ओर विशेष ध्यान दें—

- —कार्य की दिशा एवं उद्देश्य स्पष्ट रूप से समूह को बताया जाए।
- —कार्य-निष्पादन के क्रिया-कलापों की रूपरेखा निर्धारित कर दी जाए।
- —कार्य पूर्ण करने हेतु समयावधि भी निश्चित कर दी जाए।
- —कार्य-निष्पादन हेतु आवश्यक भौतिक संसाधन समूह को उपलब्ध करा दिये जाएँ।

कक्ष में उपस्थित रहना

समूह को प्रकार्य सौंपने तथा उसके बारे में समुचित निर्देश देने के बाद कक्ष से बाहर न चले जाएँ। इसके बजाय कक्ष में ही उपस्थित रहें और चुपचाप एक कोने में खड़े हो जाएँ तथा समूह द्वारा कार्य शुरू होने की प्रतीक्षा करें। तब तक ध्यान दिया जाए जब तक कि वे अपना कार्य सही ढंग से शुरू न कर लें। कार्य शुरू होने के पश्चात जब तक जरूरी न हो तब तक कक्ष से बाहर न जाएँ। समूह को अहसास रहना चाहिए कि उनके क्रियाकलाप की निगरानी की जा रही है। शंका निरसन आदि के लिए आपकी उपस्थिति समूह के लिए उपयोगी हो सकती है।

समूह-कार्य में हस्तक्षेप न करना

समूह को कार्य सौंपने के बाद कक्ष में उपस्थित रहें लेकिन किसी हालत में उनके क्रिया-कलाप तथा प्रकार्य में हस्तक्षेप न करें। कुछ प्रशिक्षक कुछ ज्यादा ही बुद्धिमत्ता और उत्साह दिखाने के लिए समूह को उनके कार्य में अनावश्यक हस्तक्षेप करते हुए स्वयं ही कार्य सम्पन्न करना चाहते हैं। समूह के सदस्यों को बार-बार बीच में टोककर चर्चा में बाधाएँ उत्पन्न करते हैं। यह अच्छी स्थिति नहीं है। प्रशिक्षक को चाहिए कि समूह से दूरी बनाये रखें और उन्हें अपना कार्य सुचारु ढंग से पूरा करने दें।

समूह-कार्य में हस्तक्षेप कब करें

कभी-कभी ऐसी स्थिति आती है कि बड़े समूह को जब छोटे उप-समूहों में बाँटा जाता है तब किसी उप-समूह को कार्य-सम्बन्धी निर्देश ठीक-ठीक समझ में न आकर उसमें उलझन हो जाती है। ऐसी स्थिति में प्रशिक्षक को चाहिए कि उनमें स्वयं हस्तक्षेप करें। और उन्हें फिर से स्थिति समझाते हुए उनकी सहायता करें। आवश्यक समय दी जाने के बाद समूह को उनका कार्य करने के लिए स्वतन्त्र छोड़ देना चाहिए। यदि विषय और कार्य के बारे में कुछ भ्रांतियाँ हों या वे अस्पष्ट हो तभी भ्रम उत्पन्न हो सकता है। ऐसी स्थिति में आवश्यक हस्तक्षेप करके समूह की सहायता की जा सकती है।

समूह-चर्चा तथा समूह-प्रकार्य का मूल्यांकन

यह आवश्यक है कि समूह-चर्चा तथा समूह-प्रकार्य का मूल्यांकन किया जाए, इससे स्वयं-शिक्षण को प्रोत्साहन मिल सकेगा। समूह के सदस्यों को सामूहिक-चर्चा तथा उनके द्वारा निष्पादित कार्य सम्बन्धित स्व-मूल्यांकन के लिए प्रेरित किया जाना चाहिए जिससे उनके प्रभावोत्पादकता में वृद्धि होगी और कमियों को दूर करके कौशल को बढ़ाया जा सकेगा। समूह के अध्यक्ष अथवा नेता और प्रशिक्षक को यह जानना भी जरूरी है कि समूह के सदस्य चर्चा एवं कार्य के बारे में क्या सोचते हैं। मूल्यांकन के लिए निम्नलिखित बातों की ओर ध्यान दिया जाना चाहिए।

—समूह के सदस्यों को व्यक्तिगत रूप से मिलकर उनसे उनकी राय जानना।

—बैठक अथवा चर्चा के पश्चात सदस्यों की सामूहिक अथवा वैयक्तिक राय जानना कि बैठक की चर्चा-विषय अथवा निर्णय के बारे में क्या सोचते हैं।

—मूल्यांकन प्राप्त करने के लिए सभी सदस्यों को एक पर्ची दी जाय जिसमें उनसे कुछ प्रश्न पूछकर उनके उत्तर प्राप्त करें जैसे—

(अ) आज की बैठक के बारे में आपको सबसे अच्छी बात कौन-सी लगीं।

(आ) इसके बारे में आप कम से कम क्या कहना पसन्द करेंगे।

(इ) चर्चा या विषय में कौन सी बात अनावश्यक अथवा कम महत्त्व की थी।

(ई) उबाऊ थी या रोचक?

(उ) विषय संगत था या असंगत?

(ऊ) समूह कार्य प्रयोजनीय है अथवा अप्रयोजनीय?

(ए) भविष्य में अभिवृद्धि के लिए आपके सुझाव क्या हैं?

समूह-चर्चा और समूह-कार्य के बारे में जो मूल्यांकन किया गया उन्हें एकत्रित करके सभी सदस्यों को बता दिया जाना चाहिए।

(ख) समिति-बैठकों का आयोजन

सरकारी मंत्रालय, कार्यालय, सार्वजनिक क्षेत्र के उद्यम, संस्थानों, कम्पनियों, निगमों, निकायों तथा संगठनों में प्रशासन तथा परिचालन के विविध स्तरों पर प्रबंध एवं विकास हेतु विभिन्न समितियों का गठन किया जाता है। आपसी तालमेल, विचार-विमर्श, सहभाग से निर्णयों को प्राप्त करने के लिए इन समितियों की बैठकों का आयोजन निर्धारित समय पर किया जाता है। समितियाँ अपने उद्देश्य के अनुसार भिन्न-भिन्न प्रकार और आकार की होती हैं। कुछ समितियाँ उच्चाधिकारी प्राप्त होती हैं, कुछ स्थायी स्वरूप की होती हैं, कुछ अस्थायी तो कुछ आवधिक होती हैं। कुछ समितियाँ मात्र सलाहाकार के रूप में कार्य करती हैं, कुछ समितियाँ खोज-बीन कर प्रतिवेदन प्रस्तुत करती हैं और कुछ समितियाँ अत्यंत प्रभावशाली निर्णय ले सकती हैं। समितियों का स्वरूप और उद्देश्य भले ही भिन्न प्रकार का हो किन्तु उन सभी की बैठकें अनिवार्य रूप से आयोजित की जाती हैं। इन्हें समिति की बैठकें (Committee-Meetings) कहा जाता है।

इन विभिन्न स्वरूप की समितियों की बैठकों, मूल उद्देश्य, सरकारी नीति अथवा कार्यालयी नीति विषयक सूचना प्रस्तुत करना, सूचना एवं जानकारी एकत्रित करना, किसी प्रतिवेदन, विषय अथवा जाँच तथ्यों को स्वीकार करना, समस्या का समाधान ढूँढना और विस्तृत चर्चा-विश्लेषण से निर्णय लेना आदि होता है। किसी भी समिति के बैठक की सफलता मुख्य रूप से उसकी संगत योजना तथा कौशल्यपूर्ण तैयारी पर अवलम्बित होती है। यदि सुनियोजित ढंग से और कुशलतापूर्वक निष्पादन न किया जाए तो बैठकें अत्यंत नीरस, उबाऊ, अनुत्पादक, समय की बर्बादी करने वाला एवं खर्चीली साबित हो सकती हैं। समिति-बैठकें मुख्यतः निम्नलिखित बातों के लिए उपयोगी सिद्ध होती हैं–

—इनसे वैचारिक सृजनशीलता का विकास होता है।

—सहभागिता एवं सहकारिता की भावना वृद्धिगत होती है।

—किसी कठिन समस्या पर तुरन्त एवं प्रभावशाली निर्णय लेने में सहायता मिलती है।

—इनके माध्यम से सदस्य अपने कौशल, ज्ञान, अनुभव एवं प्रशिक्षण कुशलता आदि को उद्धरित कर सकते हैं, जिससे अन्य सदस्य लाभान्वित होते हैं।

—नेतृत्व गुण एवं कौशल के विकास हेतु बैठकें बहुत उपयुक्त सिद्ध होती हैं।

समिति की बैठकें अध्यधिक उपयुक्त प्रभावशाली तथा परिणामोन्मुख होने के लिए निम्नलिखित बातों को बैठक के दौरान टाला जाना चाहिए—

—कार्यसूची में सम्मिलित न हुए मुद्दों और विषयों पर चर्चा को टाला जाना चाहिए।

—कार्यालयों के रोजमर्रा के मामलों तथा विषयों को कार्य-सूची में शामिल नहीं किया जाना चाहिए।

—बैठकों के दौरान धूम्रपान करना, तम्बाकू या पान चबाना, शराब पीना आदि को पूर्णतः वर्जित करना चाहिए।

—बैठक की चर्चा के दौरान बीच-बीच में उठकर बाहर जाना, अन्य सदस्यों में कानाफूसी करना तथा एक-दूसरे को इशारे करना आदि बातों को पूर्णतः टाला जाना चाहिए।

—बैठक जारी रहते कभी भी अल्पाहार अथवा चाय-पान आदि नहीं परोसा जाना चाहिए।

—अध्यक्ष अथवा सदस्यों द्वारा अपनी व्यक्तिगत परेशानियाँ, शिकायतें एवं कहानियाँ आदि बैठक में नहीं कहना चाहिए।

—निर्धारित समय से अधिक अवधि तक बैठक की कार्यवाही जारी नहीं रखनी चाहिए।

समिति के घटक

समितियों के उद्देश्य के अनुसार उनका स्वरूप भले ही भिन्न-भिन्न रहता हो किन्तु लगभग प्रत्येक समिति के तीन महत्त्वपूर्ण घटक विद्यमान रहते हैं—

(अ) अध्यक्ष (Chairman)

(आ) सदस्य (Member)

(इ) सदस्य-सचिव (Member-Secretary)

(अ) अध्यक्ष—समिति गठित करते समय पहले विचार अध्यक्ष पद का होता है। अर्थात प्रत्येक समिति का अनिवार्य रूप से एक अध्यक्ष होता है। कुछ समितियों के अध्ययन-पदेन (Ex-Officio) होते हैं। किन्तु दोनों ही स्थितियों के अध्यक्ष के कुछ विशेष कर्तव्य होते हैं—

—नेतृत्व कौशल से बैठक को संचालित कर वांछित परिणाम प्राप्त करना।

—बैठक की योजना तैयार करना।

—बैठक के उद्देश्य एवं महत्त्व को परिभाषित करना।

—सभा सदस्यों का सक्रिय सहभाग और आपसी सौहार्द सुनिश्चित करना।

—यह सुनिश्चित करना कि बैठक समय पर शुरू और समाप्त हो।

(आ) सदस्य—समिति के गठन का उद्देश्य तथा महत्त्व के अनुसार उसमें सदस्यों की संख्या निर्धारित की जाती है। समिति में नामित (Nominated) सदस्यों के अलावा विषय तथा समस्या के स्वरूप के अनुसार कुछ आमंत्रित सदस्य (Invited members) भी हो सकते हैं। किन्तु आमंत्रित-सदस्य कुछ विशेष प्रसंग एवं बैठकों के अवसर पर ही बुलाये जाते हैं।

बैठक की सफलता तथा सूचारु संचालन में सभी सदस्यों का समान उत्तरदायित्व होता है। अतः सदस्यों को अपने कर्तव्य पालन में निम्नलिखित बातों पर अमल करना चाहिए–

–बैठक की कार्य-सूची पहले ही प्राप्त होने के कारण सदस्यों को चाहिए कि बैठक में जो मुद्दे उठाने हैं, उनकी पूर्व तैयारी कर लें।
–अपने विचार स्पष्ट रूप से कम से कम शब्दों में व्यक्त करें।
–अपने मुद्दे अथवा बात को सुसंगत ढंग से प्रस्तुत करें।
–जब अध्यक्ष अथवा दूसरे सदस्य अपना मत व्यक्त कर रहे हों तब उन्हें बीच में न टोकें। उन्हें ध्यानपूर्वक सुनें।
–किसी मुद्दे पर 'विरोध' के लिए 'विरोध' न करें।
–किसी भी सदस्य की व्यक्तिगत आलोचना न करें।
–महत्त्वपूर्ण जानकारी प्रस्तुत करते समय साक्ष्य-स्वरूप यथासम्भव संगत दस्तावेज भी प्रस्तुत करें।
–अध्यक्ष को समुचित सहयोग दें।

(इ) सदस्य-सचिव–समिति के कार्य-कलापों में सदस्य-सचिव की भूमिका अत्यंत महत्त्वपूर्ण मानी जाती है। समिति का स्वरूप यदि स्थायी है, तब सदस्यसचिव पदेन होता है; और यदि समिति अस्थायी है, तब सदस्य-सचिव का नामांकन अध्यक्ष अपने मतानुसार करता है। सदस्य-सचिव के कार्य निम्नानुसार होते हैं–

–अध्यक्ष की पूर्व अनुमति से बैठक की कार्य-सूची (Agenda) तैयार करना।
–अध्यक्ष की पूर्वानुमति एवं सुविधानुसार एवं सदस्यों की भी सुविधा ध्यान में रखते हुए बैठक की तिथि, स्थान एवं समय का निर्धारण करना तथा इसकी सूचना यथासम्भव लिखित रूप में अध्यक्ष एवं सदस्यों को देना।
–बैठक के दौरान उभरे महत्त्वपूर्ण मुद्दों को नोट करना।
–बैठक के सुचारु आयोजन में अध्यक्ष की सहायता करना।
–बैठक सम्पन्न होने के पश्चात बैठक का कार्यवृत्त (Minutes) तैयार कर उसे अध्यक्ष के अनुमोदन के पश्चात सभी सदस्यों में परिचालित करना।
–समिति तथा उसकी बैठकों की कार्यवाही एवं निर्णयों का समुचित अभिलेख (Record) बनाये रखना।

समिति के बैठक की कार्यवाही

समिति के बैठक की मुख्यतः तीन अवस्थाएँ मानी जा सकती हैं–प्रारम्भ, मध्य और अन्त। बैठक के प्रारम्भ में अध्यक्ष उपस्थित सदस्यों का स्वागत करता है तथा सद्भावनापूर्ण बैठक प्रारम्भ करता है। सदस्य-सचिव द्वारा तैयार की गई तथा बैठक के प्रारम्भ से पूर्व सदस्यों में वितरित की गई कार्यसूची में अंकित विषयों पर चर्चा

प्रारम्भ की जाती है। सबसे पहले मद होनी चाहिए—पिछली बैठक के कार्यवृत्त की पुष्टि। तदन्तर की मद होगी—पिछली बैठक में लिये गये निर्णयों पर की गई कार्यवाही। यह ब्यौरा सदस्य-सचिव द्वारा बैठक में प्रस्तुत किया जाना अपेक्षित होता है। उसके पश्चात मूल विषय अथवा समस्याओं पर मदवार चर्चा की जानी चाहिए। यहीं से बैठक का प्रारम्भ समाप्त होकर मध्य शुरू होता है। यहाँ अध्यक्ष की भूमिका बहुत महत्त्वपूर्ण होती है। अध्यक्ष को चाहिए कि चर्चा या विचार-विमर्श के लिए सभी सदस्यों को आमंत्रित करें और उन्हें अपने विचार, अनुभव, कौशल, योजना आदि व्यक्त करने का पूरा मौका दें। बैठक में किसी नाजुक मसले पर यदि मत भिन्नता होती है या विरोध प्रकट होते हैं तब सौहार्द का परिचय देते हुए कुशलतापूर्वक स्थिति को सँभाले। समिति के सदस्यों से अधिक जानकारी प्राप्त करने के उद्देश्य से अध्यक्ष द्वारा उन्हें प्रश्न या उपप्रश्न पूछे जा सकते हैं। किन्तु इसका अर्थ यह कदापि नहीं है कि अध्यक्ष हेडमास्टर जैसा बर्ताव करें। बैठक का अंतिम भाग होता है—चर्चा अथवा विचार-विमर्श का सारांश तथा निर्णयों का निष्कर्ष, जो अध्यक्ष प्रस्तुत करें। यह भी तय किया जाए कि निर्णयों पर क्या कार्रवाई की जानी है और उन्हें पूर्ण करने की जिम्मेदारी किसकी होगी। बैठक के अंत में सदस्य-सचिव अध्यक्ष के प्रति धन्यवाद ज्ञापन पर बैठक समाप्त होने की अनौपचारिक घोषणा करता है।

कार्यवृत्त लेखन

समिति-बैठक की प्रक्रिया में कार्यवृत्त (Minutes) का विशेष महत्त्व होता है। बैठक का कार्यवृत्त समिति का सदस्य-सचिव तैयार करता है। कार्यवृत्त की प्रकृति सम्बन्धित बैठक की प्रकृति से जुड़ी होती है। अर्थात बैठक का स्वरूप यदि अनौपचारिक है तब उसका कार्यवृत्त अपेक्षाकृत अधिक विस्तृत होता है। अनौपचारिक बैठक का कार्यवृत्त संक्षिप्त होता है और उसमें केवल उन्हीं बातों का समावेश रहता है जिन्हें तुरन्त कार्यान्वित किया जाना अपेक्षित होता है। कार्यवृत्त में बैठक के दौरान की गई विस्तृत चर्चा को प्रस्तुत न करके केवल मदवार लिये गये निर्णयों को संक्षिप्त रूप से दिया जाना चाहिए।

प्रत्येक मुद्दे पर, जिसके द्वारा अनुवर्ती कार्रवाई की जाना अपेक्षित है, उसका नाम निर्देश भी किया जाना चाहिए। कार्यवृत्त तैयार करने के पश्चात सदस्य सचिव उसे अनुमोदनार्थ समिति के अध्यक्ष के पास भेजता है। अध्यक्ष द्वारा अनुमोदित कार्यवृत्त की प्रतियों को सदस्य-सचिव सभी सदस्यों को भेज देता है। कार्यवृत्त की एक-एक प्रति उन व्यक्तियों या संस्थाओं को भी भेज दी जाती है। जिनके द्वारा अनुवर्ती कार्रवाई की जाना अपेक्षित होता है।

परिशिष्ट

ऋण निर्देश

1. इंदिरा गांधी राष्ट्रीय मुक्त विश्वविद्यालय, नई दिल्ली।
2. उत्तर महाराष्ट्र विश्वविद्यालय, जलगाँव (महाराष्ट्र)।
3. केन्द्रीय अनुवाद ब्यूरो, नई दिल्ली।
4. केन्द्रीय हिन्दी निदेशालय, नई दिल्ली।
5. केन्द्रीय हिन्दी संस्थान, आगरा, नई दिल्ली एवं हैदराबाद।
6. दक्षिण भारत हिन्दी प्रचार सभा, मद्रास एवं हैदराबाद
7. पुणे विश्वविद्यालय (हिन्दी विभाग), पुणे
8. बम्बई हिन्दी विद्यापीठ, मुम्बई
9. भारतीय अनुवाद परिषद, नई दिल्ली।
10. भारतीय भाषा परिषद, कलकत्ता।
11. भारतीय रिजर्व बैंक, बम्बई।
12. भारतीय ज्ञानपीठ, नई दिल्ली।
13. महाराष्ट्र राष्ट्रभाषा सभा, पुणे।
14. राजभाषा विभाग, गृह मंत्रालय, (भारत सरकार) नई दिल्ली।
15. राष्ट्रभाषा प्रचार समिति, वर्धा एवं पुणे।
16. वैज्ञानिक तथा तकनीक शब्दावली आयोग, नई दिल्ली।
17. संसदीय राजभाषा समिति, नई दिल्ली।

❑❑